基于OBE理念人才培养体系的构建与探索

主　编：杨子元
副主编：田延峰　刘景世　张俊辉　文　昊

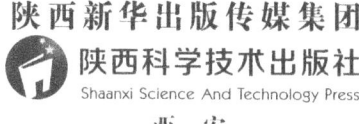

陕西新华出版传媒集团
陕西科学技术出版社
Shaanxi Science And Technology Press

——西　安——

图书在版编目(CIP)数据

基于OBE理念人才培养体系的构建与探索 / 杨子元主编.—西安：陕西科学技术出版社，2021.6
ISBN 978-7-5369-8063-1

Ⅰ.①基… Ⅱ.①杨… Ⅲ.①高等学校-人才培养-研究 Ⅳ.①G649.2

中国版本图书馆CIP数据核字(2021)第078883号

基于OBE理念人才培养体系的构建与探索
杨子元　主编

责任编辑	张 戬　焦 洁
封面设计	萨木文化
出版者	陕西新华出版传媒集团　陕西科学技术出版社 西安市曲江新区登高路1388号陕西新华出版传媒产业大厦B座 电话(029)87205187　传真(029)81205155　邮编710061 http://www.snstp.com
发行者	陕西新华出版传媒集团　陕西科学技术出版社 电话(029)81205180　81206809
印刷者	广东虎彩云印刷有限公司
规　格	720mm×1020mm　16开本
印　张	17.5
字　数	300千字
版　次	2021年6月第1版 2022年1月第1次印刷
书　号	ISBN 978-7-5369-8063-1
定　价	96.00元

版权所有　翻印必究

前言

2017年9月,中共中央办公厅、国务院办公厅印发了《关于深化教育体制机制改革的意见》这是国家颁发的关于教育改革发展的重要文件,该文件针对全面深化教育体制机制改革的问题,新时期我国教育发展中亟须解决的热点难点问题,进一步聚焦到育人方式改革这一人才培养的核心问题上来。伴随着科技进步和区域经济与社会快速发展,农业、农村、工业、服务业、社会领域、生态保护与节能减排领域、文化领域、政府管理等重点领域对标准化需求越来越迫切,急需建立与完善标准化体系,急需大量应用型标准化人才。如何培养与区域经济发展相适应的高素质高质量应用型本科标准化人才,成为人们关注的焦点。应用型本科教育是经济全球化、高等教育国家化、知识经济和科技发展的必然选择,是产业结构调整、区域经济发展的直接结果。应用型本科教育的核心就是培养复合型的人才,而基于传统学科体系为基础搭建的人才培养供给已经趋于饱和,区域经济社会发展对人才出现多维度、多层面、更大规模的需求。因此,人才培养模式的创新,成为区域发展和产业结构调整对人才培养的内在要求;加大应用型标准化人才培养,成为一种必然抉择。随着新业态、新技术的涌现,"产出导向教育"(Outcome based education,OBE)理念构建了培养应用型人才的新模式,它以学生为中心,以区域发展和产业需求为目标导向,以目标需求为正向导向,反向设计人才培养过程,实现人才培养需求,有效对接供给侧,对人才培养目标进行恰当定位,顶层设计人才培养规格,选择科学的人才培养途径和方式,达到与社会需求相适应的人才培养质量目标,成为人才培养模式创新的教学体系的教育模式,当下OBE理念已经成为国际工程教育领域的主流理念。随着我国教育教学改革的不断推进,将OBE理念融入到教育教学改革中,探索基于OBE理念的高校教学模式改革,是推进当前高校教育教学改革,追求卓越高等教育的正确方向,对提高应用型工科和师范人才培养质量有着现实的指导价值和重要意义。

基于OBE理念人才培养体系的构建

宝鸡文理学院作为以教师教育和工科应用为特色的地方本科高等学校,学校在60多年的办学过程中,已经为陕西地区特别是关天经济区中西部地区培养了大量的基础应用型人才,其中部分毕业生更是成长为单位的骨干力量。学校将进一步面向地方经济、科技、文化、教育、工程、管理等一线需要,确立以"OBE"理念为指导,以学生就业为导向,以专业建设为出发点,以课程改革为核心的指导思想,打破传统以理论教学为主的课程体系,建立基于教育发展且与行业实践、区域发展、学科基础相适应的动态化、系统化、分层次、多模块、实用型标准化课程体系,构建适应区域经济社会发展需要的应用型人才培养模式,全面开展"基于'OBE'理念的地方高校应用型本科人才培养模式的构建与探索"。本书汇编我们对"OBE"理念实践的阶段性成果和思考,期望能够通过总结和交流,进一步促进我校的教育教学改革,提高人才培养质量。

编　者

2021 年 4 月

目录

人才培养

积极推行OBE教育理念 促进地方应用型高校本科人才培养体系的构建 ……… 3

地方高校新文科建设的思路与OBE理念 …………………………………………… 10

基于OBE理念的地方高校双创人才培养模式研究与实践 ………………………… 15

地方院校培养应用型营销人才的研究与实践——以宝鸡文理学院市场营销专业
　　为例 ……………………………………………………………………………… 24

"中国制造2025"视域下的校地合作的创新联动机制探析——以高校机械类专业
　　的教学为例 ……………………………………………………………………… 29

地方高校电子专业应用型人才培养研究——以宝鸡文理学院为例 ……………… 36

物联网"一流专业"的应用型人才培养方案的探索与思考——以宝鸡文理学院为例
　　…………………………………………………………………………………… 45

基于应用型人才培养的MFEO模式实践研究——以人文地理与城乡规划专业为例
　　…………………………………………………………………………………… 51

我校轨道交通信号与控制专业人才培养体系及课程体系的研究 ………………… 58

自动化大类招生背景下轨道交通信号与控制专业课程建设的探索——以宝鸡文理
　　学院为例 ………………………………………………………………………… 63

新工科理念下工程应用型人才培养模式的探究——以给排水科学与工程专业为例
　　…………………………………………………………………………………… 69

新工科培养模式下的传感器技术课程教学方法研究 ……………………………… 74

材料物理专业建设探索——以宝鸡文理学院为例 ………………………………… 79

浅谈地方院校电子类应用型人才培养模式的转型与实践 ………………………… 82

应用型地方本科院校电气类专业创新人才培养模式研究 …… 85
教育信息化2.0背景下高校教师身份重构 …… 90
劳动与社会保障法学教学改革探析 …… 96
雨课堂在测绘工程专业课程中的应用研究 …… 101
基于互联网＋的电路分析混合式教学模式研究 …… 109
关于强度理论的教学探讨 …… 114
数字摄影测量课程教学和实践方法探讨——以测绘工程专业为例 …… 120
数控技术混合式教学改革与实践 …… 126
智慧课堂教学模式在大学课堂中的应用 …… 130
工科院校《构成基础》课程教学改革实践与研究 …… 137
新形势下计算机相关专业教学改革探讨 …… 143
工程实践培养对工科专业基础课教学法的改革探索 …… 147
基于OBE理念的高等教育
混合教学现状与适宜模式研究 …… 152

实践教学

经管类学生CPCI创新创业能力培养体系研究与实践 …… 165
基于创新创业能力培养的经管类虚拟仿真实验教学体系设计研究 …… 177
卓越法律人才视野下我校法学实践教学的改革与创新 …… 184
高校创新创业教育与文化产业管理专业发展融合机制 …… 191
视觉传达设计专业教学课题作业探析 …… 197
管理类专业会计实验课教学方法研究 …… 201
西府曲子曲牌与地域性流变特征初探 …… 205
基于"互联网＋"的大学生科技创新实践模式建设——以电子信息类为例 …… 209
基于专业认证背景下的校企合作实践方法探讨——以通信工程专业为例 …… 221
基于PBL教学理念的《人机工程学》实训教学模式研究 …… 226
共享型物联网工程专业教学资源平台建设探讨 …… 231

基于成果导向教育理念的实践类课程教学改革 …………………………… 235
以工程实践能力培养为核心的机制专业实践教学体系构建 …………… 239
人文地理与城乡规划专业实践类教学活动初探——以城市总体规划实习为例 …… 244
地方本科院校环境工程专业实践教学体系改革研究 …………………… 249
融合工科实践教育的地方高校学科竞赛组织管理模式改革探讨 ……… 254
大学生创业学习对创业导向的影响研究——基于创业自我效能的中介作用 …… 259

人才培养

积极推行 OBE 教育理念
促进地方应用型高校本科人才培养体系的构建

杨子元　田延峰　刘景世　张俊辉　文　昊

(宝鸡文理学院 教务处　陕西 宝鸡 721013)

【摘要】本文基于 OBE 理念,从人才培养方案的制定、评价体系及持续改进机制的建立等方面出发,对地方应用型高校本科人才培养体系的构建进行了探讨。文中强调:产出导向(OBE)、学生中心及持续改进三大理念已经成为高等教育改革的重要方向。

【关键词】OBE 理念;人才培养体系;评价体系

一、引言

2017 年中共中央、国务院办公厅颁布了《关于深化教育机制体制改革的意见》,《意见》明确指出:高等学校要深化人才培养模式的创新与改革,面向企业与社会经济发展,深入推进学校、企业协同育人,重点培养适应社会需要的创新型、复合型、应用型人才。此时,我校正接受教育部、西部评估中心与陕西省教育厅的审核评估工作。在审核评估自评自建的一年多时间中,我们对学校多年来人才培养工作进行了全面的总结与思考,深切感觉到必须更新人才培养观念与理念,创新人才培养模式。2017 年底,西部评估中心审核专家来我校,对我校人才培养工作进行了全面审核评估,专家组从我校办学条件、办学定位与理念、师资队伍、教学质量监控、教育教学改革、教学质量与人才培养质量、社会对毕业生反响等诸多方面,对我校进行了全面审核,在此基础上,为学校未来建设与发展提出了不少好的建议与意见,从中也使我们看到了学校人才培养过程中存在的不足与差距。作为主管教学的校领导,更坚定了改革我校人才培养理念与模式的决心。2018 年暑期,笔者有幸被选为教育部师范专业认证专家,在昆明进行为期三天的集中培训,高水平专家的培训使我受益匪浅。培训过程中,教育部专家明确指出:教育部已经将专业认证的三个基本理念即:学生中心、OBE目标导向(也叫产出导向)、持续改进作为今后高等教育改革的方向。回校后,学校组织相关人员进行了认真研究与思考,确定把"基于OBE理念的地方高校应用型本科人才培养体系的构建与探索"作为学校层面教学改革的重点课题,项目于2019年立项为陕西省高等教育教学改革研究重点项目实施。从18年开始至今,我们先后邀请了西南大学、西安石油大学、西安工业大学等高校的多位专家学者来我校对全体管理干部与教师进行OBE理念培训,为我校进行以OBE理念为基础的教育教学改革奠定了基础。

二、做好顶层设计,推进OBE理念下应用型人才培养体系的构建

1. 更新教育理念,使OBE目标导向理念深入人心

1982年,斯帕蒂首次提出OBE(Outcome-Based Education,简称OBE,也叫成果导向或产出导向)教育理念,这一理念逐步被西方教育所推崇并将这一理念引入工程专业认证标准中,与学生中心、持续改进共同构成工程专业认证的基本理念,经过多年发展,OBE产出导向理念已经成为美国、英国、加拿大等西方国家教育改革的主流理念。2013年6月,我国加入了《华盛顿协议》并成为该协议签约成员,这标志着具有国际实质等效的工程教育专业认证的工作在我国全面启动。我国在开始工程专业认证以来,OBE理念的推行,对于促进我国工程教育专业建设与教学改革、保障和提高工程教育人才培养质量发挥了重要作用。近年来,教育部将工程教育的三大理念也引入我国师范专业等其他专业认证标准中,并在部分师范专业进行认证试点,2018年教育部颁布的师范专业认证标准中,明确将目标导向(OBE)、学生中心、持续改进三大理念作为师范专业认证标准中的基本理念。目前,OBE人才培养理念已经成为工科专业与师范专业等专业认证标准的基本理念,也就是说,要进行师范专业或者工程专业认证工作,人才培养的全过程必须基于OBE理念。据我们了解,在没有参与专业认证的地方高校,OBE教育理念对大多数教师来说还比较陌生,比如在OBE理念下如何制定人才培养方案、如何制定课程教学大纲?尤其是在OBE理念下,教师如何进行教学设计、如何组织教学、如何对学生学业成绩进行评价、OBE理念下的教学与传统理念有什么区别?OBE理念下的教学究竟要求教师教学目标关注什么等等,这些对于教师来说都是全新的工作,需要教师深入思考与学习,并在教学实践中深化理解。从学校层面上讲,学校管理层首先必须全面领会OBE理念的关键要义,把握其深刻内涵,同时,必须深入研究我国高等教育的学情与教情,使OBE理念与我国高等教育的学情与教情有机融合,这样才能做好学校层面的顶层设计。

但要在人才培养中全面推行OBE理念,教师全面理解OBE理念的深刻内涵至关重要,必须对全体教师与管理干部进行OBE理念进行全面系统的培训,使OBE目标导向理念真正深入人心,这是构建基于OBE理念人才培养体系的关键。

2. 制定基于OBE理念的人才培养方案

构建基于OBE理念的应用型人才培养体系,首先是制定基于OBE目标导向理念下的人才培养方案。学校采取的思路是:首先在工科专业与师范专业推行OBE理念,逐步向其他专业推广。必须指出的是,基于OBE理念的人才培养方案的制定,绝不是对原来人才培养方案的修修补补,而是观念、理念、导向的实质性变化,更为重要的是OBE理念在人才培养全过程的贯彻执行。

如所周知,OBE理念最大的特征就是目标导向或者产出导向,因此,在人才培养方案的制定中,首当其是确定每一专业的培养目标。按照OBE理念,每一专业必须制定适应社会需求与本专业特点相适应的人才培养目标。这就要求各学院依据社会对不同专业人才的要求,并依据教育部2018年颁布的《普通高校本科专业类教学质量国家标准》,确定每一本科专业的培养目标。为学校师范专业与工程专业认证考虑,在制定师范专业与工科专业培养目标时,要同时兼顾考虑相关专业认证标准的要求。但必须指出的是,认证标准不是质量标准,认证标准是专业培养人才所需要达到的最低要求,因此,在人才培养方案时,培养目标的确定首先符合国家质量标准,同时要符合学生的学情与社会经济发展对人才的需求实际。

OBE理念下的人才培养方案的制定与传统人才培养方案制定相比体现以下特征:一、难度大,需要制定者对OBE理念的精神内涵有深刻的理解,这样才能使建立的人才培养体系符合OBE理念基本要求;二、工作量非常大;OBE人才培养理念的推行,除了人才培养方案的全面制定外,所有人才培养的相关制度文件也要依据OBE理念进行修订,这对教学管理人员也提出了非常高的要求,必须深入领会OBE理念的内涵与实质,这样才能使制度机制体现OBE理念的规范,也才能保证OBE理念在人才培养过程中得到全面落实;三、需要全体管理人员与全体教师共同参与;在OBE理念下,所有人才培养方案涉及的课程教学大纲要按照OBE思想进行全面修订,所以,要求全体教师必须深刻理解OBE理念的内涵,这样才确保所有课程大纲的修订符合OBE理念,这样才能按照OBE理念进行教学设计并组织教学。例如,师范专业基于OBE理念对毕业生有一个教学能力的毕业要求,因此,在人才培养方案制定中,就必须确定哪些课程或者哪些教学环节培养学生的教学能力,而根据每门课程对相关毕业要求达成的贡献强度确定该门课程的权重,如表1所示。

表 1 课堂体系对毕业要求支撑矩阵权重设置示例

毕业要求	课 程	权 重
教学能力	课程1	0.5
	课程2	教学能力
	课程3	0.2
	课程4	0.1

必须特别强调的是,在人才培养方案制定与教学设计中,必须处理好下面4个关系,一是要处理好内外需求与培养目标的关系,就是说确定培养目标要既要依据社会对人才需求,同时要考虑学生成长规律、学校办学思想与定位;按照OBE理念反向设计,正向操作的思想,人才培养方案制定是一个制定人才培养目标在确定毕业要求到构建课程体系的反向过程。二是要处理好培养目标与与毕业要求的关系,确保毕业要求对培养目标的全面支撑。三是处理好毕业要求与课程体系的关系,确保课程体系对毕业要求的全面支撑。四是处理好毕业要求与课程教学内容的关系,确保教学内容对毕业要求的支撑。处理好以上四个关系,就是要确保课程体系及教学内容对毕业要求的全面支撑,毕业要求对培养目标的全面支撑,而培养目标必须符合各利益方的需求,如学生、学校及用人单位的诉求。这样才会体现人才培养的OBE目标导向,如图1所示。

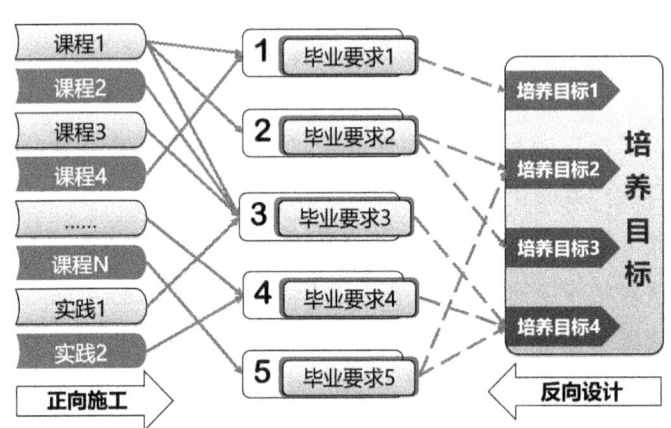

图 1 课程体系、毕业要求及培养目标的支撑关系

3. 建立教学质量评价体系

新的人才培养体系的建立,关键是OBE理念在人才培养过程的全面落实。在OBE理念落实中,最为重要的是教学质量与人才培养质量的评价。如何科学的对人才培养质量进行评价是OBE理念落实的重要环节。传统教育理念对学生学业成绩的评价仅仅给出考试成绩即可,然而,在OBE理念下,在人才培养方案设计中,所有毕业要求必须得到课程体系的全面支撑,而毕业要求必须对培养目标形成全面支撑,

因此,在 OBE 理念下对学生学业成绩的评价不仅仅要给学生学业成绩,更为重要的要按照学生考试情况分析,按照课程不同教学内容对毕业要求的权重,定量获取该门课程对毕业要求的达成度,而获取的达成度就表征了该课程教学目标的达成情况;在获得所有教学环节对毕业要求的达成度后,按照有关方法就可以获取培养目标的达成度,这些工作对老师来说都是全新的工作,需要学习和投入。尤其在推进 OBE 理念的教学管理实践中,在教学质量评价达成度的定量计算对不少老师都成了困难,特别是年龄大的教师和文科教师,因此,要在人才培养中全面推行 OBE 理念,必须对全体教师和管理人员进行系统的培训。

4. 构建持续改进的人才培养制度机制

OBE 理念的一个非常重要特征,就是要构建持续改进提升人才培养质量的闭环系统。也就是构建一个更加符合"以学生为中心,以学习成果为导向,不断持续改进"的人才培养体系。

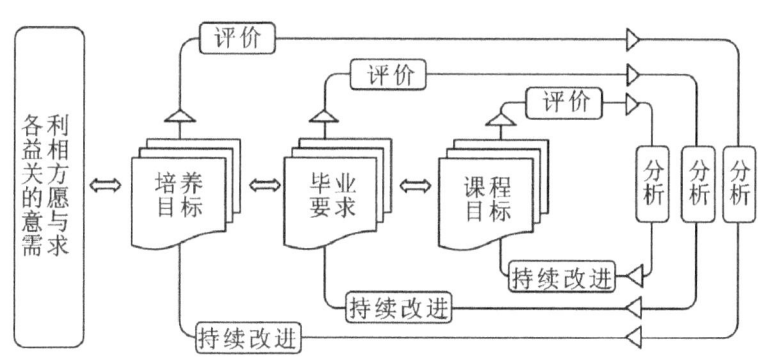

图 2　基于持续改进的反馈机制

如图 2 所示,体现了 OBE 理念反向设计、正向施工的思想,同时体现了持续改进的过程要求。OBE 理念是否在人才培养中发挥重要,关键是以 OBE 理念为核心的人才培养机制在人才培养过程的全面落实。在实施过程中,要求每门课程的任课教师,按照人才培养方案中该门课程对毕业要求的支撑强度,对学生进行学业评价,定量确定该门课程对毕业要求的达成度,而达成度就反映了该门课程教学目标的达成情况,老师以此作为参考,反思并找出教学中存在的问题,如某一教学内容对毕业的目标没有达成或者达成度比较低,就必须分析是学生学原因还是教师教的原因,以此为依据制定有针对性的方案,通过教学模式与方法改革,使下一次教学得到改进,使教学目标得以达成。同样,可以通过人才培养方案中不同课程对毕业要求的支撑,定量确定毕业要求的达成度,由此分析人才培养中那些教学环节存在问题,以便不断改进。最后一个环节就是评价培养目标的达成度,根据培养目标的达成度分析本届学生培养目标的达成度。当然,在培养目标的达成度分析中,既要在学校内部对人才培养目标的达成进行评价,同时要考虑外部,也就是用人单位对人才培养质量的评价,综合相关数据,确定培养目标的达成,以此分析改进人才培养中存在的问题,也可以根据社会外部评价对培养目标作出调整。这个持续改进的闭环系统,是OBE理念下确保人才培养质量的重要环节,需要新的制度机制的保障落实。因此,在应用型人才培养过程中,我们就必须从顶层设计层面,把握应用型人才培养机制,制定与之配套的培养制度、专业质量标准、培养质量考核细则、实施细则及内外评价体系等,形成动态调整的可持续改进的应用型人才培养机制,确保应用型人才培养有章可循。在此基础上,建立教师教学质量评价机制,形成教师投入教学工作并持续改进的动力机制。

三、结语

OBE教育理念最早起源于西方,这一教育理念与学生中心、持续改进两个基本理念构成了工程专业认证的三大理念。这些理念在美国等西方国家已有了多年的理论与实践探索,至今已形成了一套比较完整的理论体系和实施模式。近年来,OBE教育理念伴随着我国相关专业的专业认证工作,逐步被认可并在许多高校推行,对于推动高等教育改革,提高人才培养质量中发挥了重要重要。OBE教育理念最基本的特征是以学生的学习成果为导向,以此为目标聚焦和组织教育中的每个环节,使学生在学习过程中实现预期的结果。这种教育模式注重对学生学习的产出进行分析,反向设计学生的教育结构以及相关评价体系,从而达成提高人才培养质量的目的。因为学习者的产出是该教育模式的动力,这显然与传统的以教学内容驱动和教育投入的模式不同,从这个意义上说,OBE教育理念是高等教育人才培养理念的一种革新。作为在高等教育管理一线的教育工作者,在推进OBE理念的教育教学改革实践中,能够深切感受到这一教育理念对于推动地方应用型高校人才培养质量的提高所发挥的重要作用。同时,OBE理念的推行,是人才培养体系的重大改革,对一线教师的教学投入提出了非常高的要求,在破"四唯"大背景下,建立教师投入教学的导向机制是OBE理念全面推进的关键。此外,OBE模式是基于行为主义心理学原理,虽然有许多优点,但作为管理者,如果不能深入理解其内涵,生搬硬套,操作不当,可能演变成行为主义操控下的刻板教学模式。因为这个原因,OBE理念也被一些学者批评。OBE理念起源西方,引进国内高等教育,必须消化吸收,更重要的是要根据中国高等教育的现实与现状,根据国内学情分析,在实践中创新,否则生搬硬套,强行推行,势必造成形式主义的泛滥,戴着OBE理念的帽子,给老师增加了负担,但没有达到OBE理念推行的实际效果,必然被老师们所抛弃,唯有创新,发挥好OBE理念优势。面对百年未有之大变局,高等教育必须适应国家及社会经济发展需要、迎接新工业革命的挑战,必须站在世界高等教育的前沿,更新高等教育办学理念。在我国成为华盛顿协议正式成员以来,基于专业认证的三大理念:即产出导向(OBE)、学生中心及持续改进已经成为高等教育改革的重要方向,在地方应用型高校,推动以OBE理念为核心的人才培养体系的建立,将实现地方高校教育教学的三个转变,即:从学科导向向目标导向转变、从教师中心向学生中心转变、从质量监控向持续改进转变。逐步解决高等教育中重知识、轻能力,重传统、轻发展,重理论、轻实践,重校内、轻社会等方面问题。

【参考文献】

[1] Spady W G. Outcome-based intructional managment:A sociological perpective [J]. Austr J of Educ,1982,26:123-160.

[2] 李志义.解析工程教育专业认证的学生中心理念[J].中国高等教育,2014,(21):19-22.

[3] 常亮国.基于OBE理念的生物技术专业人才培养方案的修订与思考[J].教育教学论坛.2021,(4):185-188.

[4] 教育部高等学校教学指导委员会.普通高等学校本科专业类教学质量国家标准[M].北京:高等教育出版社,2018.

[5] 李志义.解析工程教育专业认证的成果导向理念[J].中国高等教育,2014,(17):7-10.

[6] 顾佩华,胡文龙,林鹏,等.基于"学习产出"(OBE)的工程教育模式[J].高等工程教育研究,2014,(1):27-37.

[7] 刘芳城,杜学领.基于OBE理念的中国化修正模型[J].贵州农机化,2020,(2):43-47

地方高校新文科建设的思路与 OBE 理念

田延峰　杨子元　刘景世　张俊辉　文　昊

(宝鸡文理学院 教务处　陕西 宝鸡 721013)

【摘要】地方高校在新文科建设和发展中,面临着一些问题。将 OBE 教育理念贯穿新文科建设的全过程,以成果产出为导向,对新文科建设很有价值。本文提出地方高校新文科建设结合 OBE 理念可以实施"六个融合":在思想观念中融合新理念;在文科专业建设中融合新增长;在人才培养目标中融合新需求;在毕业要求中融合新标准;在课程体系中融合新内容;在人才培养过程中融合新模式。

【关键词】地方高效;新文科建设;OBE 理念

新文科建设是适应新时代哲学社会科学发展的新要求,旨在推进哲学社会科学与新一轮科技革命和产业变革交叉融合。2020年11月,由教育部新文科建设工作组主办的新文科建设工作会议在山东大学(威海)召开。会议研究了新时代中国高等文科教育创新发展举措,发布了《新文科建设宣言》,新文科建设掀起了新热潮。对地方高校来说,要适应高教改革形势,深化教育教学改革,做好新文科建设,需要深入思考。本文结合 OBE 理念,对地方高校新文科建设的思路和途径予以探讨。

一、地方高校新文科建设面临的问题

地方高校一般处于非省会城市,以培养应用型人才为主,在新文科建设和发展中,面临着一些问题,亟需通过改革和建设予以解决。

(1)教育理念落后,阻碍了新文科专业的发展视野。教育理念与当前的变化和未来的需求不适应,传统文科占有比较大的比重,专业特色不够明显,专业人才培养目标不够明晰,与国家、地方社会经济的发展新需求有脱节现象;重视稳定,忽视改革,重视专业学习,忽视情感价值教育,以学生为中心、成果导向、持续改进的理念学习滞后、贯彻落实不到位。总的说来,与新文科建设相适应的教育观、教学观、课程观、质量观等有待改革。

（2）课程内容老套，弱化了新文科人才的知识体系。从资源供给的角度而言，传统文科以知识传输为主，提供给学生的知识体系比较老旧，虽然都开设有计算机应用基础等课程，但在专业课程中较少融入新技术、新手段，新技术与专业学习普遍存在两张皮的现象，与其他学科专业的融合不够，课程内容更新落后，话语体系陈旧，新的教学手段、教学模式运用不普遍，学生学习效率低下，培养目标、毕业要求等滞后于市场和产业发展需求。

（3）培养模式单一，限制了新文科人才培养质量提高。在培养模式中，实践环节占有的比例较低，而且比较单一，基于"互联网＋""人工智能＋""创新创业教育＋""课程思政、思政课程"的改革探索明显滞后，协同育人薄弱，人才链与产业链、行业链、创新链有机衔接成效不足，校企合作、校校合作、UGS合作（高校—地方政府—中小学校）等亟待提升。所有这些都对提高人才培养质量造成制约。

（4）教育资源短缺，制约了新文科建设全面开展。省属地方高校的办学经费主要依赖行政事业拨款，面临发展不平衡不充分的矛盾，特别是中西部地区，办学经费相对短缺，获取教育资源的能力也有不足。同时，非省会城市环境比较闭塞，旧的传统积淀深厚。在新文科建设中，不可能全面开花，也不可能在短期内反复试验。如果只是等着借鉴成功经验，新文科建设就会落后。

围绕新文科建设的核心内容"新技术＋文科"，地方高校需要立足实际，更好地培养适应经济社会发展需要的人才，明确给出"培养什么样的人，为谁培养人"的时代答卷，提出地方高校新文科建设的思路与途径，推进专业结构调整，改革培养模式，强化质量意识，使文科教育教学理念更加先进，学科专业具有更多的综合性，与新技术的融合更深，人才培养从知识、能力、素质等方面标准更高。

二、OBE教育理念的启示

转变思想观念，提高认识水平，以立德树人为根本任务，立足于地方高校的办学定位，以应对变化、塑造未来为基本理念，顺应哲学社会科学与新一轮科技革命和产业变革交叉融合的形势，以继承与创新、交叉与融合、协调与共享为主要途径，以文科人才培养模式改革为重点，努力实现文科专业人才培养的多元融合，注意培育新兴交叉学科专业，培养具有家国情怀的应用型、创新型文科专业人才，为经济社会发展提供智力保障和人才支持。这是地方高校新文科建设的应有之义。在这方面，OBE教育理念具有指导意义。

OBE理念即"产出导向教育"（Outcome based education，OBE）。产出导向教育是"以人人都能学会为前提，以学生为中心、成果为导向而设计的"教育模式，教学设计和教学实施的目标是学生通过教育过程最后所取得的学习成果，是为学生的生涯与专业的成就所做的准备。产出导向教育能够衡量培养的学生能够做什么,而不是知道什么。传统教育的结果是使学生思维"模式化",仅仅会从几个给定答案中选择正确的答案,面对开放型或实践型的问题便不知所措。OBE要求学生掌握获得结果的过程或方式,从解决有固定答案问题的能力拓展到解决开放问题的能力。

OBE理念并不是针对文科教育的,但其问题指向对文科教育也很有价值。

(1)文科教育要从以"学业"为中心的成绩导向观向以"行业"为中心的需求导向观转变,构建新的成才观。在现阶段,学业成绩不再是衡量人才出口的唯一标准。大学是培养人才的摇篮,而不是培养考试型选手的场所。学业成绩固然很重要,但对于那些大学毕业后即将踏上工作岗位的学生来说,行业对人才的需求、自己对职业的规划才能引领他们主动有效地进行学习。

(2)文科教育要从以"考"为中心的知识传播观向以"学"为中心的能力建构观转变,构建新的教学观。现在对学生要求学习的知识不再是"死"知识,而是一种应对实际情况的能力,一种能从社会课堂中学习的能力。"授人以鱼不如授人以渔",大学人才培养不仅仅局限在校园内,而是要求学生在无形中能养成终身学习的习惯,即使踏入社会后也能保持随时随刻接收新知识的状态。

(3)要从以"校园"为中心的一维理论观向以"社会"为中心的多维应用观转变,构建新的实践观。长期以来由于文科教育模式偏离培养目标,使得文科教育与行业、产业脱节,学生的实践经历严重缺失,因而开放的文科教育成为了封闭的校内教育。要将实践课堂延伸到校园之外,将行业、产业专家请到课堂中来,将实际工程问题融入到课程教学中,从而构筑起多维立体的实践教学体系。

无论是新的成才观、新的教学观还是新的实践观,都是基于OBE理念,并以学生为中心组织实施一切教学活动。进一步贯彻落实OBE理念,将OBE教育理念贯穿新文科建设的全过程,以成果产出为导向,弘扬优秀传统文化,对新文科建设很有价值。

三、地方高校新文科建设的思路途经

结合OBE理念,地方高校在新文科建设中可以实施"六个融合"。

(1)在思想观念中融合新理念。思想是行动的先导。深刻认识新文科建设的重要意义。我国面临的外部环境愈发复杂,新的科技和信息技术正在颠覆传统世界,经济社会发展急需培养适应新时代要求的"新文科"人才。作为地方高校,推进新文科建设,服务区域经济社会发展,是学校改革发展的必由之路。学校将高度重视新文科建设,加强组织领导,扩宽教育视野,强化顶层设计,搭建工作平台,创新文科育人新模式,走新兴文科和传统文科相得益彰、协同创新发展的质量之路。

(2)在文科专业建设中融合新增长。以"一流专业"建设为引导,持续强化专业内

涵建设,实现相关专业的深度融合,实现校地、校企、校校的深度融合,培养高质量人才,解决文科专业人才对社会经济发展的支撑问题,文科专业对学校、对地方发展的引领问题。选择一两个专业融合点作为试点着力培育新文科专业。推进结构调整,优化专业布局使文科专业结构更加合理,充满活力。

(3)在人才培养目标中融合新需求。人才培养目标是教育目的的具体化,是专业建设的灵魂和核心,高质量的人才培养首先要具备科学合理的人才培养目标。在人才培养目标的确定过程中,从专业目标定位出发,必须紧盯经济社会发展对人才培养的新需求,充分调研分析文科专业所对应的行业链、产业链、创新链人才需求的新趋势、新动向,邀请相关专家参与人才培养目标的制定,使人才培养目标具有可行性和前瞻性。

(4)在毕业要求中融合新标准。毕业要求体现专业人才培养的质量,是对人才培养目标的有力支撑。具体而言,毕业要求要及时调整并达到五个对标,对标社会需求标准、《本科专业类教学质量国家标准》、对标相关行业产业标准、对标专业认证标准、对标学校的人才培养质量培养标准,注重学生具有积极的情感、端正的态度、正确的价值观,具有人文底蕴和科学精神,在以后的工作和实践中具有终身学习能力和持续发展潜力。

(5)在课程体系中融合新内容。根据专业的不同特点,重点结合人工智能、大数据、云计算、生物科技等前沿最新技术,努力实现文科建设与新兴技术的深度融合,实现不同学科专业之间的融合。构建大类课程群,突出科技新发展、新技术和学生素养与能力的形成涉及到多个学科领域,提升学生的通用能力和专业能力;建设微专业课程群,以培养学生解决复杂问题的能力、多学科团队协作能力为目标,满足学生跨专业学习及个性化发展的要求;在全校性的通识选修课中,开设具有校本特色的系列选修课程,如周秦文化、地域文化等课程,彰显学校的育人特色;积极开展课程建设工作,鼓励教师及时更新教学内容,重新凝练课程的知识点和技能点,在课程内容中及时纳入新技术、新科技,使课程内容能够紧跟时代发展需要;加强文科专业相关的实验室建设,强化实践教学环节和创新创业教育,给文科学生更多的实验实践机会,切实增强学生的实践能力和创新能力。

(6)在人才培养过程中融合新模式。以"两性一度"为依据,开展新文科"课堂信息化革命",利用信息化教学平台,将更多的信息化手段有效融入课堂教学,打造具备新文科人才特点的"线上+线下"课堂教学新模式。在协同创新的基础上,实现培养主体的融合,建立人才培养共同体,校内不同专业的跨学科融合,高校与地方政府、企业融合,探索协作培养新模式。给学生提供更多的优质教学资源,给学生提供更多的选择机会,建立以学生为学习主体,能够激发学生学习积极性的主动学习新模式。

新文科建设方兴未艾。地方高校立足于培养高质量的应用型人才的目标定位,结合贯彻落实OBE理念,积极推进新文科建设,必将有力地促进人才培养水平提升。

【参考文献】

[1] 樊丽明,等.新文科建设的内涵与发展路径(笔谈)[J].中国高教研究,2019(10).

[2] 李凤林.加快建设"新文科"主动引领新时代[J].中国高等教育,2020(1).

[3] 王学典.何谓"新文科"[N].中华读书报,2020-6-3(5).

[4] 樊丽明,等.凝心聚力 创新建设 开创文科教育新未来[J].中国高等教育,2020(24).

[5] 王贵成,夏玉颜,蔡锦超.成果导向教育模式及其借鉴[J].当代教育论坛:宏观教育研究,2009(12).

[6] 郭锴.基于OBE理念的本科生综合素质培养路径及评价方法[J].北京教育(德育),2021(2).

基于 OBE 理念的地方高校双创人才培养模式研究与实践

杨伟东　杨子元　田延峰

（宝鸡文理学院　陕西　宝鸡　721013）

【摘要】 深化高等学校双创教育改革，建立健全双创教育模式，是实现我国高等教育外延式向内涵式发展转变的重要工程。如何构建科学合理的双创教育体系已成为各高等学校面临的重要课题。本文分析了目前地方高校双创教育现状及存在问题，通过对 OBE 理念融入双创教育中的必要性进行分析，提出从高校双创教育文化氛围、课程持续改进机制、双创教育师资队伍建设、教学方法改革、实践教学平台搭建、双创考核机制的构建等方面探索构建基于 OBE 理念的大学生双创人才培养模式。

【关键词】 创新创业教育；OBE 理念；地方高校

双创教育是 21 世纪世界高等教育发展的重要趋势。近年来，国家又先后在《国家中长期教育改革与发展规划纲要（2010～2020）》和《关于深化高等学校创新创业教育改革的实施意见》等文件中，提出在高校中大力推进创新创业教育，培养具有创新精神、勇于投身实践的创新创业人才。2016 年 6 月中国正式成为"华盛顿协议"的正式会员，培养国际认可的优秀人才，国内高校加快专业认证的步伐，进一步提高人才培养质量。专业认证提出了"成果导向、学生中心、持续改进"三大核心理念，其中成果导向理念（Outcome Based Education，简称 OBE）尤为关键。

深化高等学校双创教育改革，建立健全双创教育模式，是实现我国高等教育外延式向内涵式发展转变的重要工程。近年来，伴随专业认证工作的全面开展，作为专业认证指标体系中双创教育更是备受关注。各高校探索以专业认证理念为指导，深入推进双创教育改革，以专业认证要求构建双创教育模式。作为高等教育主阵地的地方高校，在全国高校大力开展专业认证的背景下，如何以 OBE 理念为指导，结合专业认证指标体系，推进以学习成果为导向的双创教育改革，构建科学合理的双创人才培养模式，切实提高学生双创能力，已成为其面临的重要课题。

一、OBE 理念融入高校双创教育的必要性分析

深化双创教育改革近年来是高校教育教学改革的核心内容,大学生双创能力的培养既是高校人才培养的重要部分,也是学生在校期间要逐渐获得的素质与能力,伴随着社会信息化和网络化的飞速发展,双创能力既可以拓展学生的职业发展空间,又可以为学生提供更多的就业机会,还可能为经济带来新的增长点。因此,近年来,各地方高校都高度重视双创教育,积极进行双创人才培养模式的探索与实践,并取得了一定成效。但是由于教育理念、课程体系、实训场所和教育氛围等因素影响,双创人才培养还存在一些亟待解决的问题。主要表现在高校开展双创教育过程中,一方面学生的学习成果往往通过某门课程的考核成绩来呈现,成绩高低成为衡量学生双创能力唯一指标,为更多的时候课程考核是采用一次性、终结性考核,这些成绩不能完全反映学生双创能力的提升情况和实际运用情况;另一方面受到传统教育理念的影响,高校将原始创新能力作为培养学生双创能力的主要目标,而忽视再创新和集成创新能力的培养,这在一定程度上导致目前高校双创教育与企业生产需求脱节,双创教育与企业需求契合度差。

OBE 理念是以成果为导向,注重教学产出的一种教育模式。OBE 理念要求高校要始终以企业生产需求为导向,在人才培养的过程中,先确定大学毕业生应具有的能力,然后探索构建科学的人才培养方案和课程体系,这是一种反向倒逼式的高等教育理念。而在具体实施的过程中,它要求以学生为中心构建教学体系,从多个方面考核评价学生,并针对在实际教学中出现的问题进行持续改进,最终达到既定教学目标。由此可见,OBE 教育理念能够将企业生产需求传递给高校,高校可以进行精准施教,从而实现学生双创能力与企业生产需求实现无缝衔接,提高高校人才培养与经济社会发展的契合度,同时运用 OBE 理念来指导、评价学生双创能力更加科学全面。因此,高校应将 OBE 理念融入双创教育之中,而作为我国高等教育主力军的地方高校,肩负着服务地方经济社会发展的重任,由于其所处位置、教育理念、教学条件、教育氛围等因素的影响,更应积极探索构建基于 OBE 理念的双创教育模式,为地方经济社会发展培养大量高素质、能力强、善创新、能创业的双创人才。

二、OBE 理念下高校双创教育模式的研究

在深入开展双创教育和专业认证背景下,高校作为人才的直接输送地,探索适应社会需求的人才培养模式是对高校提出的新要求。基于 OBE 理念实施双创人才培养,针对目前双创教育模式中的弊端,依托成果导向机制,逐步改善由教师占主体到学生占主体。

1. 营造以 OBE 理念为指引的高校双创教育文化氛围

环境对个人的成长有一定的影响,因此各高校在进行双创教育改革时,不断改善教育环境,充分挖掘环境中的优良因素,让环境成为促进教育教学质量提升的有效手段。在高校开展双创教育过程中,需要全员参与,形成全校联动、师生共创的"大教育"工作氛围。将 OBE 理念融入双创教育之中,可以优化高校双创教育环境,确保在双创教育模式中增添知识、学识、品格和能力等知识内容,增加大学生双创学习的积极性、主动性,提高高校人才培养质量。高校应该积极营造双创教育的校园文化氛围,积极利用校报、广播、校园网、微信、微博等宣传相关双创政策与成果。也可以聘请校外优秀创新人才,采取课堂教学,举办培训讲座等方式,进行宣传和教育。另外,高校也要提高双创教育的重视程度,整合各方力量,形成合力。

2. 构建以 OBE 理念为导向的课程持续改进机制

课程是高校人才培养的基础要素之一,OBE 教育理念是以学习成果为导向的教育,学生要达到一定的学习成果才能毕业,而课程就是学生达到毕业要求的基础单元,课程能否有效支持相应的毕业要求达成是衡量课程质量的主要依据。因此在 OBE 教育理念下的大学生双创教育,要建立人才培养方案动态调整机制,需要结合专家、企业和师生意见,契合经济社会生产实践,及时修订人才培养方案,不断完善双创教育模式,持续改进双创课程体系,努力让高校课堂教学效果与企业生产实践、创新需求等相契合,不断提高课堂教学的效用,从而使课程体系充分支撑起相应的毕业要求达成。课程设置方面,要理论与实践并重,并不断加强实践环节。一方面要将课堂理论教学作为高校双创教育的重要环节,因为课堂理论教学可以帮助学生认识双创教育,学习如何寻找双创机会、如何识别创业风险、探索双创模式等,另一方面要改变传统的"以教师为中心"的课堂教学模式,推行"以学生为中心"教学模式,让学生真正走进课堂,参与整个教学活动,变被动学习为主动学习。"实践出真知",由此可见实践的重要性,因此在重视课堂教学的同时,高校应重视并不断强化实践教学,教师实践教学中要融入教师已有的科研和教研成果,针对当前国内外的发展趋势持续改进教学内容和课程体系。高校在教学组织过程中要积极贯彻 OBE 理念,积极开展专业认证工作,为课程持续改进提供参考标准,实现高校人才培养与社会、企业需求的高度契合。

3. 建设基于 OBE 理念的双创教育师资队伍

教育大计、教师为本,在教育教学活动中,教师扮演着举足轻重的角色,在学生双创能力培养的过程中发挥着重要作用,因此,建设一支具有丰富的双创知识与技能的师资队伍,是培养学生双创能力重要保障。教师只有具备较强的双创素质才能引导学生开展双创活动,有效带动学生创新创业。在 OBE 理念下,如何在专业课程的教学中融入双创教育,强化学生的创新意识、突出创业理念、提高学生的双创技能至关重要。

一方面,高校应按照教育部双创教育要求,加强顶层设计,鼓励教师积极参与双创教学,制定师资培养规范,加强教师的双创意识和能力的培训,拓宽教师双创教学能力与视野;另一方面,应探索专任教师"走出去"和校外专家"引进来"相结合的师资队伍建设方案。高校应积极开展产学研合作,鼓励教师深入企业参观学习、挂职历练、参与研发,将企业先进生产技术与理念引入高校,并融入双创教学之中,帮助学生培养双创思维、提高双创能力、探索双创项目、寻求创业之路。另外高校可以与企业合作,聘请知名科学家、创业成功者、企业家、风险投资人等行业资深专家担任客座教授,以成果导向为机制,指导学生完成项目实践,帮助学生积累企业双创实战经验,开展协同育人工作。

4. 以OBE为导向推进教学方法改革,将双创教育融入课堂教学

OBE教育理念下的双创教育要以学生的发展为核心内容,即"以生为本",要重视学生感受、体验和潜能的发掘。这要求在教学环节设置上,要不断加强实践教学,优化教学环节,采用理论与实践融合促进的教学模式,在重视学生掌握相关技能与知识的同时,强化学生双创意识和实践能力的培养,将双创教育融入教学整个环节。在教学的设计上,要加强双创课程信息化建设,建设基于MOOC的双创教育课程,实施线上课程学分认定和转化制度,提倡线上教学和线下学习相结合、课内学习和课外学习相结合。同时邀请学科专家、行业、企业优秀人才不定期举办双创课程报告,将前沿学术发展和最新研究成果融入课堂教学,将各行各业优秀人才实践经验传授给学生,激发学生双创意识和热情。在教学方式上,要积极推广项目式、仿真式、研讨式、参与式、案例式等形式多样的教学方法,实施小班化教学,激发学生双创意识,开拓学生双创视野,充分调动其参与创新创业的热情与积极性。总之,在整个教学活动中,要以学生为中心,充分了解学生的学习需求,并不断调整教学方式满足学生的个性化学习需求。

5. 搭建基于OBE理念的实践教学平台

在双创教育中,学生实践动手能力培养是OBE理念下衡量双创教育成功与否的重要指标之一,而实践动手能力培养需要依靠双创实践平台来开展。针对地方高校双创教育中存在的"双创活动的场所不足、帮扶不到位"等问题,高校应从以下各级方面打造多层次的双创实践平台。一是地方高校应重视各类双创中心的建设,建立开放制度,为学生提供良好的双创实践平台和活动场所;二是地方高校应利用各类科研、教师项目等平台,大力开展"体验式教学""项目式教学",支持学生进入实验室开展研究工作,了解学科前沿,体验科学研究过程、方法和成果;三是地方高校要整合资源,建立共享机制,通过对专业实验室、双创实训室、实验教学平台的开放共享,打造

校内双创实践平台和基地,解决学生实践场所短缺问题;四是要开拓社会资源,建立校外双创实践基地,发挥校企各自优势,高校向学生提供理论教学,企业提供实践教学,校企合作缩短产学差距。同时建立校企的监督反馈机制,及时解决人才培养过程中出现的问题,实现协同育人;五是要利用各类竞赛平台,组织好各级各类双创竞赛,利用比赛提高学生的双创能力。各类双创平台必须坚持以项目为核心,引导更多的大学生参与双创项目,并从中接受锻炼,感受的双创过程,不断提升学生双创能力和水平。

6.构建基于 OBE 理念的双创考核机制

双创考核机制是否科学合理,将影响双创教育效果,在将 OBE 理念引入大学生双创教育中,需要构建相应的考核评价机制,在建立双创考核机制的过程中,应在考核体系中增加学习中的创新性表现,不仅要关注学习成绩,更要关注学生双创思维、双创意识与双创能力等方面的提高。在双创考核体系中应该将学生双创能力纳入其中,将学生双创成果视为学生课程成绩与毕业论文成绩,这样全体师生才能提升对创新创业教育的重视程度。

三、基于 OBE 理念的双创教育模式的实践

宝鸡文理学院作为一所地方高校,以专业认证为契机,以 OBE 教育理念为指引,以培养"素质高、能力强、善创新、敢创业"应用型人才为目标,"三融合"的双创教育理念为统领,以"三个"层次双创教育课程和"五类"双创教育平台为支撑,以"四方面"建设为保障的"3354"双创教育模式。经过改革创新和实践验证,成效显著。

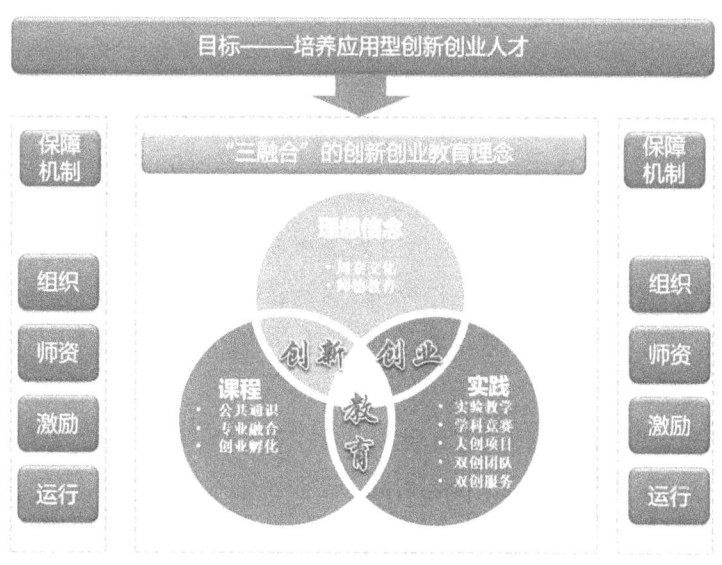

地方高新"3354"大学生创新创业教育模式框架图

1. 双创教育与理想信念教育融合,塑造特色双创教育模式

一是充分挖掘学校周秦文化资源优势,开设《周秦伦理文化》通识教育必修课程,举办"周秦文化讲堂",建设在线课程,让学生在传承周秦文化中体悟社会责任、树立国家情怀、锻炼顽强意志;二是发挥师范院校的师德教育优势,努力把有道德情操、有仁爱之心等师德要素,转化为学生双创道德品质,通过课堂教学融师德、主题活动强师德、实践活动塑师德、校园文化扬师德的师德教育活动,培养学生明大德、守公德、戒私德的双创道德品质。将周秦文化教育和师风师德教育贯穿人才培养全过程,实现优势周秦文化基因和师德教育优势与双创教育目标紧密耦合,构建了渗透周秦文化基因和师德教育的双创育人模式

2. 双创教育与专业课程教育融合,构建持续改进的立体化课程体系

在教学过程中渗透双创教育,及时修订人才培养方案和教学大纲,改革教学内容,创新教学方法,根据教育教学规律和学生所处发展阶段,循序渐进制定创新创业类课程计划,构建"公共通识＋专业融合＋创业孵化"的分段、全程、立体化的双创课程体系。

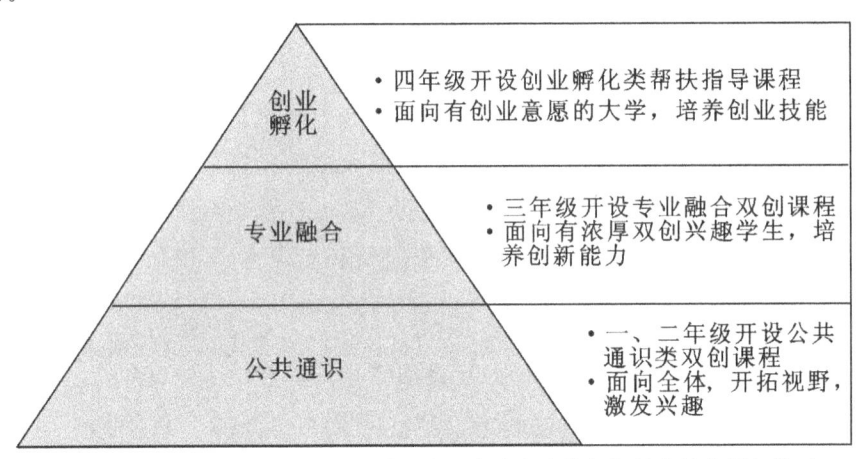

"公共通识＋专业融合＋创业孵化"三个层次递进式的创新创业教育课程体系

(1)"公共通识"教育阶段:面向一、二年级所有学生开设公共通识类双创教育必修课、选修课(双创教育必修课占2个学分,选修课至少获得1个学分),主要有创业基础、就业创业指导、创新创业基础等3门课程,开拓学生视野,激发学生兴趣,实现双创教育全覆盖。

(2)"专业融合"教育阶段:面向不同专业三年级具有双创兴趣的学生开设与专业融合的双创选修课(至少获得2个学分),包含创新创业论坛、讲座、竞赛和创新创业模拟实践等22门课程,培养学生的创新能力与创业潜能,让学生了解当前经济发展的新业态和新常态,掌握最前沿的专业双创知识、激发学生双创内驱力,实现双创教育差异化培养。

(3)"创业孵化"教育阶段:面向有创业意愿的大学四年级学生开设创业孵化类的帮扶指导课程,主要包括创业管理、SYB创业培训、创业沙龙、创业论坛、创新创业大赛等,强化创业技能培养与项目培育,使学生是实现自主创业,实现双创教育的个性化培养。三个层次递进的双创课程,使双创教育四年不断线。

同时,积极进行教学方法的改革创新,激发学生主动学习的内生动力。建设精品资源共享课,提升双创课程建设的信息化水平,促进双创课程资源的共建共享。

3.双创教育与实践活动融合,搭建五类双创实践平台

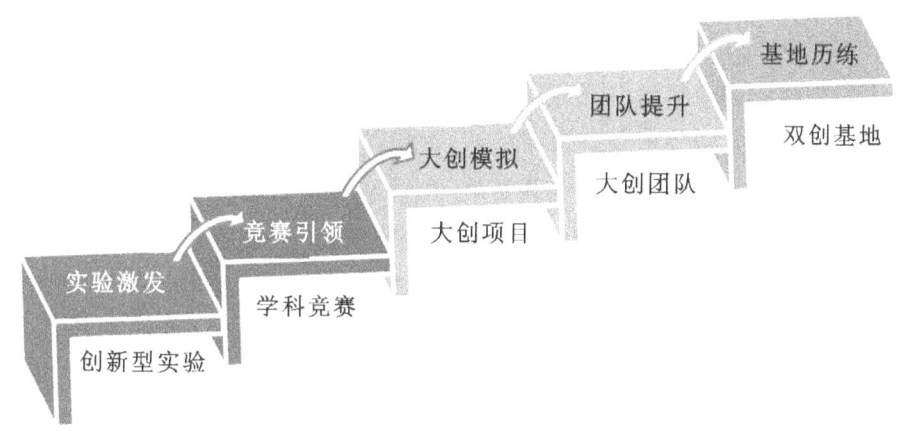

五类递进式创新创业教育实训平台

双创教育与实验、实习、学科竞赛等实践相融合,搭建"创新型实验—学科竞赛—大创项目—大创团队—双创基地"五类双创教育实践平台,构建了实验激发、竞赛引领、大创模拟、团队提升、基地历练的进阶式双创实训体系,用实践催生双创项目,锻炼实践能力和双创能力。

(1)创新型实验平台:一是在实践教学中,各专业不断增加综合性、设计性实验比例,近年来,有综合性、设计性实验的实践课程保持在85%以上,这些实验由学生自主选题、设计与实施,实现课程教学从实验到项目自主设计转化;二是制定《实验室开放管理办法》,建立实验室开放制度,每年立项100多项开放性实验项目,吸引约有2000余名学生选做,培养学生创新思维、激发学生创新灵感;

(2)学科竞赛平台:制定《学科竞赛管理办法》,坚持"兼顾级别、支持专业、重点优先、保留特色"的原则,每年设立学科竞赛专经费,资助30余项学科竞赛项目,通过学科竞赛,激发了学习热情,培养学生创造性解决问题的能力和团队协作精神;

(3)大创项目平台:制定《"大学生创新创业训练计划"实施方案》等2项文件,组成校、省和国家级三级项目,给予科研指导、训练场地和配套资金等支持,每年立项200余项大创项目,吸引约600余名学生参与。秉承"做中学"的理念开展项目研究,

让学生在"自主完成课题研究的综合实践活动"中,学习创新创业基本知识与技能。

(4)大学生双创团队和社团平台:制定《大学生创新创业团队管理办法》,组建10个大学生双创团队,聘请行业专家担任双创导师全程参与学生指导,实现双创师资多方融合,资源共享利用,团队每年举行30余场报告和沙龙、培育指导培训指导700余人次、400多个双创项目,组织参加各类双创大赛、对优秀的创业项目进行帮扶指导等,不断拓展学生双创知识和视野,提升双创意识与能力,孵化双创项目;组建"就业帮帮团""大学生鸿维创业协会"等社团,举办创新创业大赛、科技创新大赛等课外创业实践活动,激发学生的创业热情,提升双创能力。

(5)双创服务平台:成立学校就业指导服务中心,开展以"就业创业指导"为核心的"服务大学生就业创业活动",通过创业就业培训、就业创业资金资助、创业项目推介、就业创业法规政策帮扶指导等系列活动;投资建设5个创新实训室,4000m^2大学生双创实训中心,建立286个校外实践基地,邀请基地专家进行创业知识讲座,组织创业典型事迹、人物宣讲、创业政策、资金扶持等活动;建立就业创业网络服务平台,为学生提供实时国家政策、市场动向等信息,并做好创业项目对接、知识产权交易等服务,健全大学生就业创业指导服务机制。

4. 多措并举,建设四类保障措施

一是加强顶层设计,优化组织保障。成立由校领导任组长"双创教育领导小组"成立"双创教育中心""就业创业指导中心""学院双创教育工作小组",定期召开专题会议,统筹推进双创教育工作。二是打造导师团队,提供师资保障。按照"专兼职结合、优势互补"的原则,选聘具有创新创业指导经验、热衷指导学生创新创业的教师担任校内双创导师,组织校内导师参加培训,提高指导能力;聘请校外专家、创业成功者担任专业课、双创课授课或指导教师,充实了双创教育师资队伍,加强协同育人;三是建立双创教育导师库,制定考核、激励、淘汰制度;三是实施目标管理,完善激励机制。将双创教育绩效纳入院系目标考核,强化教师的主体责任。制定《大学生创新活动暂行规定》等10项规章制度,设立双创专项经费和学分,建立学分累计转换制度,激励学生参与双创活动。制定《教学成果奖励办法》和《专业技术职务任职资格评审量化赋分办法》等规章制度,将双创教育纳入职称评审,充分调动教师指导双创活动的积极性;四是促进齐抓共管,健全运行机制。明确教务处、学工部、招就处、团委等职能部门分工,下达目标任务,合力推进双创教育工作,全校资源为"创"而动。

经过多年建设,目前学校双创教育覆盖面广、学生双创能力明显提升。近年来,学生先后创办企业30余个,公开发表论文250余篇,创作科技专利和艺术作品250余项,1600余人次获得校级奖励,930余人次获国家级、省部级奖励,取得了较好的育人效果。

【参考文献】

[1] 杨伟东,李景宜.新常态下地方高校构建创新创业教育体系的探索与实践[J].教育教学论坛,2016(48):167-168.

[2] 杜妍,卢俊.辅导员如何做好就业指导工作[J].文教资料,2016(08):121-122.

[3] 何丹丹,王立娟.基于OBE的民办高校大学生创新创业能力评价体系的研究与构建[J].教育教学论坛,2018(17):46-47.

[4] 张莉琼,潘斌,陈新."以学生为中心的教学"课程评价体系的构建与应用[J].职业,2014(3):74-75.

[5] 王红军.基于工程教育专业认证OBE理念的毕业要求达成度评价解析[J].教育现代化,2017,4(49):162-166.

[6] 张运波,郑文,梁春辉,张卓.基于OBE的应用型本科教育课程体系建设[J].长春工程学院学报(社会科学版),2019,20(4):122-124.

[7] 李一婧.从就业能力角度谈高校大学生"双创"能力的提升[J].河南教育(高教),2017(12):104-107.

[8] 刘亚娟.民办高校大学生"双创"能力培养面临的挑战及其应对[D].华中师范大学,2016.

地方院校培养应用型营销人才的研究与实践
——以宝鸡文理学院市场营销专业为例

东晓莉

(宝鸡文理学院 经济管理学院　陕西 宝鸡 721013)

【摘要】通过对各个地方院校经管类人才培养模式的研究发现,在地方院校人才培养目标设置、模式等各方面存在相似的问题,即缺乏准确定位和模式创新。本文总结归纳了几大明显问题并提出地方院校定位准确、创新人才培养模式、培养应用型营销人才培养的方法和途径,希望能够借此解决宝鸡文理学院市场营销专业在人才培养方面的困惑,并且为其更好的培养社会需要的复合应用型人才提供新的发展思路。

【关键词】地方院校;应用型营销人才;营销专业;宝鸡文理学院

坐落于非一线城市的地方院校都肩负着向当地经济输送高素质、高质量的应用型人才的重任。一直以来,就业市场对营销专业的毕业生需求量很大,该专业在全国各地的地方性院校几乎均有设立,有些院校发展不错,但对于大多数地方性高校来说,如何培养符合企业需求的市场营销人才仍然是值得思考与探索的重要问题。

宝鸡文理学院与其他同类型大学相比,营销专业由于各种原因导致相对薄弱、师资力量不足、学生就业层次偏低、实践创业机会较少、专业定位不明确,因此我校应该在培养应用型人才的道路上摸索出符合学校、学院特色,充分利用现有资源,进行准确定位、创新人才培养模式的探索与研究。本文就该问题从以下几个方面进行阐述:

一、地方院校营销人才培养模式现状

在我国,对高等院校的专业分类标准不严格统一,在对专业设置和分类的研究上是严重滞后于社会的现实需求,而在这方面,政府相关部门的指导既不明确,也不细致,导致很多地方高校对自己所承担的职能和任务并不明确,这反应在学校定位、办学定位、专业培养方面确定和人才培养目标设定上就体现为:办学定位不准确、人才培养目标不明确、不考虑社会中对人才的需求程度、需求层次,盲目追随名校、重点院校的脚步,同时人才培养模式的设计上又受传统大学的影响,不顾本校的境地与配套资源,设定高于本校能力的"研究型、学术型"的目标,让我校的部分专业目前的人才培养方案设置上存在定位模糊、方式单一、偏理论化、偏学术化,这些问题对营销专业的影响尤其严重,僵化模式下所培养的毕业生,很难适应地方经济发展的需求。

2000年以来,就业市场中对营销专业的人才需求量非常大,在国家人力资源和社会保障部公布的"全国人才市场供求情况及分析"中显示,各大企业在招聘中(应届生、社会招聘)的人才需求数量比例中营销专业的学生占比排名始终在第一位,这说明市场对营销人才的需求量非常。但是其中存在的问题是:社会、企业所需要的营销人才应该具备的综合性能力(市场推广、策划、渠道管理、拓展、文案写作、媒体运营等等),现在的大多数营销专业毕业生并不具备这些能力,不能够完全胜任企业的相关工作和岗位。因此,如何立足于宝鸡或者陕西省的经济发展现状和趋势,对营销专业学生的培养模式和路径进行创新,以便能够满足企业需求是我校应该思考与探索的重要课题。

二、宝鸡文理学院营销专业办学现状与人才培养存在问题

地方院校人才培养中存在的问题,我校也不能幸免。和重点院校的同类专业相比,我校营销专业的人才培养存在着缺少特色、应用性不强、培养模式陈旧,培养效果不明显等问题。主要原因有:

(1)由于专业历史较短,暂时没有雄厚的师资力量,缺乏科研型人才,同时也缺少具有相对优势的学科方向。

(2)宝鸡市政府对我校的财政投入不足,营销科研经费有限。相对于经济发达地区对高校的财政支持,陕西地区的同类院校都存在科研经费不足的问题,同时即使有投入也比较偏向学校的重点院系和重点学科,对于非重点学科的营销专业都不是特别重视,因此也严重制约了该专业在科研上的发展水平。

(3)学生缺乏自我管理的能力。没有养成良好的学习习惯,学校没有形成良好的学习风气,导致学生的自我学习意识较低,存在一定的创新创业意识,但是没有足够的理论知识指导,导致失败案例居多。在就业方面,我校毕业生在就业过程中,因为招聘单位的学校背景歧视等各种原因导致,大部分学生都选择了中小企业和基层单位,能够进入大企业、强企业的人数偏少。

(4)我校营销专业的办学定位目标是"服务地方",培养应用型人才,但是现实中的办学环境导致这个定位只能流于表面,缺乏学生参与社会实践的机会,应用性其实并不强,培养模式经过几次修订,新旧培养方案的更替让不同年级的学生所学到的专

业课程体系不同,这对老师和学生都造成很大的问题。教师缺乏培训提升机会,沿用一成不变的教材对学生的培养效果不明显。

(5)课程设计及教学过程"重理论、轻实践"。在营销专业的课程建设和实践教学过程中,课程时间安排和配套都没有到位,同时由于实践教学的课时分配大多数都是嵌在理论课中,所以时间有限、缺乏弹性,效果不佳。同时,由于学校的地理区域限制,校企合作的机会甚少,因此学生几乎没有机会在真实的企业中去系统的操作学习,无法达到实践教学的目的。

三、准确定位、创新人才培养模式,地方院校培养应用型营销人才的研究与实践

基于前文对我校营销专业在人才培养模式、方案现状及存在问题的分析,我校营销专业的人才培养模式应该以准确定位、创新培养模式为切入口,创建符合我校实际情况的人才培养模式,培养"应用型"人才,具体操作思路有以下几个方面:

1. 人才培养准确定位

人才培养的方向和定位是专业发展应解决的核心问题。要解决这个问题,就必须综合考虑各方面的因素,首先应该深入研究陕西省、宝鸡市地方的经济发展现状、行业结构分布、企业发展需求等问题,进行大量的调研,获取有效信息,为调整及准确定位本专业的培养方向来提供依据。同时,应向做的较好的同类院校的同类专业进行学习,调取优秀经验进行复刻,但又不能盲目随从,需要认清自身特色、优势,发展属于自己的核心竞争优势,保证能够顺利且高效、高质的向社会输入符合要求的人才。

2. 确定人才培养目标和应用型人才规格的标准

培养应用型人才最困难的是如何界定"应用型"。要解决这个问题,就必须深入企业去调研高素质的应用型人才的规格标准是什么,即根据企业的人才招聘信息、岗位职责划分、任务分配等信息来分析各个岗位所需要的人才素质有哪些,应该具备何种程度的专业素质等。针对企业要求,来制定专业培养目标以及尽可能量化的人才规格指标体系,根据企业需求来制定和调整我校的营销专业人才培养目标。

3. 创新人才培养模式

(1)建立以"理论+实践"为主导型的营销专业课程教学体系。市场营销专业是基于经济学、管理学、心理学、行为科学、统计学等各种专业知识融合的应用学科,具有较强的专业知识的综合性,所以要求营销专业的课程设计必须要系统全面的同时还要符合社会实际情况的需求。因此,在营销专业的课程体系设计和教学内容选择

上,要同时兼顾理论与实践,既要保证理论的层次丰富、内容更新及时,还要能够突出营销专业的实践性特点,做好两者之间的过渡、连接。因此,基于我校本专业学生的实际情况,同时结合学校、学院及教师的社会资源,来按照企业实际工作流程中的人才能力需求情况,构建符合需求的教学体系和内容,搭建一个开放性的教学实践平台,争取让学生掌握理论的前提下去进行社会实践,达到良好的教学及培养效果。

(2)建立校企联合培养体系。本校有现成的实习基地,但大多都流于形式,没有起到实习基地应有的作用。我们应充分利用现有资源,建立完善的校企联合培养模式。让学生"走出去",通过教师带学生参观考察实习基地的运作流程,让学生从直观上获得专业知识在工作实践中的应用感受;也可以让企业人员"走进来",邀请企业的管理人员走进课堂,和学生面对面讲解企业实战的相关课程。同时,也可以通过实验模拟的形式让学生去进行企业运营,熟悉流程和感受经营效果,并可以通过参加营销大赛、电子商务大赛等,加强学生与企业之间的联系。在大四毕业生进行毕业论文选题时可以建议学生以相关企业的具体营销问题为研究对象,帮助企业解决实际营销问题,这个举措不仅可以帮助企业解决问题、帮助学生完成毕业设计,一定程度上也可以体现学生的能力,解决其就业问题。

(3)"导师制"对学生全程关注、指导,理论结合实践、校内结合校外。营销的实践过程是长期连续性进行才能够有效果,因此,在学生实践过程中,教师的作用就相当于"导师",在学生操作的每一个环节都要进行把关,尤其是涉及到校企合作的企业方面,对学生的各项操作能力和要求都很高,否则会影响到企业的正常运营,最终会导致校企合作的矛盾,因此要求导师要管理好学生团队,指导学生要带着明确的学习、操作目标去实践,在保质保量解决问题的同时提升个人的素质和能力,达到实践锻炼的效果和目的。

积极培养"双师型"教学人才和团队,邀请具有丰富实战经验的企业家参与教学,尽最大可能激发学生的学习兴趣,发挥教师个人专长指导学生选择并确定学习、实践、创新、创业的方向,指导学生进行项目操作等。

在教学、实践过程中,需要注意的是:应始终以学生自主学习、实践为主导,教师可以提供理论教导和实践指导(教师主导课内、学生主导课外),保证学生做到理论联系实际去解决现实问题。

4.建立科学合理的考核机制

对营销专业的学生考核,应比其它专业更有弹性。除了课堂上的纪律、表现、期末考试的考核之外,还可以尝试对其参与的实践活动进行考核,前提是必须要设置一套科学合理的考核指标体系,比如可以以学生的创业绩效(创业收益、设计的营销方案应用效果等)作为考核的指标之一。

四、结束语

如何找准自己的办学定位,如何进行人才培养模式的创新改革,如何建立和谐有效的校企合作机制,为社会、企业输送大量满足就业市场需求的综合型人才(高素质、高能力、高潜力的复合型人才),这对于各类地方院校来说,是非常迫切需要解决的几大问题,许多地方院校都在进行积极的研究和探索。我校作为宝鸡唯一一所高等院校,更应该为当地经济发展贡献更多具备综合能力的专业人才,我们会以开拓创新的精神,求真务实的态度,校企、师生互动的方式,在该专业的教学改革、人才培养模式设计和创新上进行更高层次的探索和研究,努力争取更好的回报社会。

【参考文献】

[1] 马雪松.市场营销专业人才培养方案对学生实践能力的影响研究[J].经济师,2014,(4):16-20.

[2] 小燕.试论"3+1"人才培养模式下的市场营销课程改革[J].黑龙江高教研究,2010,(10):164-166.

[3] 向丽.新媒体背景下新建地方本科院校市场营销专业应用型人才培养思路探讨[J].农业网络信息,2014,(9):136-138.

[4] 王轲柱.应用型本科市场营销专业"3+1"人才[J].商业时代,2014,(9):6-7.

"中国制造2025"视域下的校地合作的创新联动机制探析
——以高校机械类专业的教学为例

李春磊

(宝鸡文理学院 机械工程学院　陕西 宝鸡 721016)

【摘要】在"中国制造2025"的实施背景下,高校机械类专业要实现长远发展,必须主动融入到制造产业转型升级的洪流当中,为先进制造技术及其产品的创新突破提供人才和知识资源的机制支持。校地协同可以激活高校在产业变革中的人才输出和知识创新的主体地位,通过校地合作各方之间的交流与互动,利于促使相关创新协调统一,为国家经济社会的发展做出最大贡献。本文以实施"中国制造2025"战略的现实需求为逻辑起点,对高校机械类专业教学的校地协同创新联动机制进行了探索,并提出了校地协同共建的路径与方法,希望能在高等教育校地协同教学的理念与手段创新等方面起到抛砖引玉的作用。

【关键词】中国制造2025;高校;机械类专业;校地协同

一、引言

在日益激烈的国际竞争背景下,我国出台了"中国制造2025"强国发展战略,力求成为新一代生产模式——智能制造体系构建的重要参与者和标准制定者。然而,工业技术体系和生产模式的创新,很难单靠一个社会单元来完成,作为智力和技术资源的聚集和培育高地,高校与区域的社会经济发展走协同之路,是推动区域产业技术研发力量进步的重要举措,也是培养能够支撑我国产业转型升级、落实"中国制造2025"战略规划的创新型人才的必由之路。因此,有必要建立校地协同的育人机制,充分利用区域内的政策导向和产业资源,探索和实践校地深度合作协同与创新联动的机械类专业人才培养的新模式。

本文以"中国制造2025"发展战略需求和制造业转型升级对机械类人才的现实需求为逻辑起点,以校地联动创新的教学模式为核心,通过区域内政、产、学、研、用的深度合作,确立以"校地协同、创新联动;学用结合,成果转化"为原则的机械类专业人才培养理念,制定与区域产业技术创新、扩散与转化落地相匹配的教学改革目标和发展机制。

二、校地合作需解决的主要问题

机械类专业教学的校地协同着力解决高校面向服务地方的人才培养机制不完善、体现区域产业特点的工程实践不足等突出问题。

1. 树立以中省市产业规划为政策导向的人才培养理念

以宝鸡文理学院为例,机械类专业的校地协同教学改革要依据《中国制造2025》、《〈中国制造2025〉陕西实施意见》、《宝鸡市工业发展追赶超越行动方案》、《宝鸡制造2025行动纲要》等文件精神,充分发挥学校服务地方产业升级发展的基本职能,采用政、产、学、研、用协同的方式,由学校牵头,联合地方相关的产业协会、制造企业以及工信、科技等主管单位,共同搭建以技术瓶颈突破和急需产业人才技能养成为核心的教研及育人机制,强化实践高校育人与地方发展需求协同、教学改革目标与产业进化逻辑相匹配的人才培养理念。

2. 重构面向服务地方经济社会发展的教学内容体系

坚持面向"中国制造2025"等中省市的政策规划和地方市场需求导向,在高校机械类专业人才培养教学体系创新方面突出3个关键问题:一是对机械类各专业的培养方案进行修订,以中省市的政策规划和地方市场需求为导向,构建与产业进化需求相匹配的课程体系和教学内容,突破传统仅围绕学科制定培养方案的单一模式,实现专业教学优化与地方产业进步的相互融合和共同促进。二是构建校地联动的教学内容动态调整机制,围绕地方产业进化和人才市场需求的不断变化,对专业设置、课程内容以及教学计划进行弹性化设计。三是构建双师型的开放师资机制。一方面,要坚定在校内凝练出一批双师型队伍,有计划地将校内专任教师分批次地派往地方支柱企业进行实践锻炼,在为地方产业发展提供技术服务的同时丰富教师的专业知识和内涵;另一方面,要积极聘请企业的高级技术人员进校指导讲学,提前将企业的生产实践和发展需求引入到教学环节中,促使教学内容实现按需的优化与调整。

3. 强化科学理论与服务地方的工程实践相结合

按照校地协同发展、相互融合促进的工程人才培养理念,同时也是为了地方落实"中国制造2025"发展规划搭建技能创新储备和引智平台,校地合作教学必须注重构建理论教学与实践培养相互贯通、联动的教学体系。设计柔性、分层的教学结构,促使机械类专业学生可以在多元化的培养层面上都得到训练。对于高校机械类专业,还必须开设更多的工程实践和技能创新活动,采用地方产业项目驱动的教学方式来锻炼学生的动手和创新能力。

三、当前校地合作人才培养模式中的不足

在"中国制造2025"的实施背景下,高校机械类专业的人才培养目标是为了满足产业升级对人才和技术创新的需要,提升工程教育与企业转型对接。地方高等院校开展校地合作教学,已成为高校发挥服务地方产业进化职能的重要途径。然而"校地合作"还存在许多不尽人意胡地方。

1. 合作的广度与深度严重不足

近年来,产学研协同的工程人才培养理念得到了国家的高度重视和大力推广。同时,教育、科技、工信等主管部门也将服务地方产业进步和促进地方急需技术孵化作为高校申请的各类自然科学基金、科学基础研究计划、技术创新引导专项以及教研、教改项目的批准立项依据。地方高校为了通过评估、创大以及创建一流大学、一流学科、一流专业等现实需求,通过政府主管单位或利用各种社会关系,积极寻求政府和相关企业的帮助与合作,与地方政府、科研院所以及一些支柱性企业签署了共建、合作等协议。但通过观察不难发现,很多协议都缺乏后续的实质推进且流于形式,高校将协议的层次、数量作为衡量校地合作质量的依据,地方政府将合作挂牌作为完成促进教育发展的指标,企业将与知名院校的项目合作当作推广宣传自身技术实力和知名分量的工具,真正的实质性交流与合作教学活动十分缺乏,更没有深入的学科建设与工学互动,校地合作教学无论是在广度上还是深度上都处于较低水平。

2. 合作模式制约发展

校地协同必须建立"地方政府主导、相关产业指导、地方高校和企业积极落实"的机制。但现实却是高校比较热心,企业、产业协会以及地方政府的积极性都不高。究其深层次原因,主要是因为合作各方没有把握住共赢的利益点、缺乏长期有效的合作方向。上文已经提到,很多校地合作项目都流于形式,企业、政府虽然在经费上提供了支持,但却并没有从合作中受益,高校的很多科学、教研成果并没有真正转化落地,仅仅以论文、专利、研究报告等形式进行了浅层次体现。此外,合作各方在长期合作方向上没有凝聚共识,即对合作的长期性和持续性没有进行深入规划,一些校地合作项目都是就事论事,各个项目间缺乏明确的逻辑因果关系,造成了"相互割裂、各自为政"的被动局面,一方面可能导致重复合作,增大了资源浪费,另一方面也不利于形成

长效的合作机制。

四、机械类专业校地协同创新联动机制的探索与建议

高校机械类专业的校地协同创新联动的机制框架如下图所示,具体包含以下3个层面的内容。

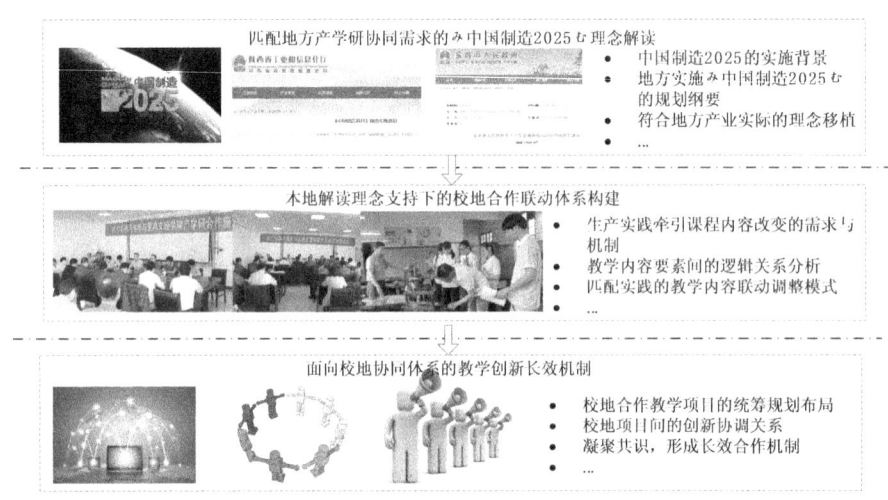

校地协同创新联动机制的体系框架

1. 匹配地方产学研协同需求的"中国制造2025"理念解读

"中国制造2025"是国家推进科技兴国的重要决策部署,给各地制定产业规划提供了指导,但我国各地的工业基础水平存在差距,且各地在国家的总体战略布局中承担的角色和地位也不一致。因此,以服务地方经济社会发展为天然职能的各地高校,应准确把握地方产业升级的方向和重点,形成能对地方产业进化需求进行有效满足的工程人才培养和技术创新体系,同时这也是提升国家战略实施质量和走具有地方自主特色的高校发展之路的必由之径。一方面,高校应该为地方政府出台配套"中国制造2025"实施的地方产业规划建言献策,承担智库角色;另一方面,高校应该强化实践突出服务地方产业需求的产学研合作项目,并注重成果在地方产业链内的扩散与转化。

2. 本地解读理念支持下的校地合作联动体系构建

校地协同的机械类专业教学是一个贯穿理论和实践教学全过程的复杂系统,它是面向人才培养全生命周期的,可以根据产业发展需求对教学的环节和内容要素进行动态调整与优化的新型人才培养模式。在该体系下,专业理论教学和工程实践教学的各个要素都是需求牵引和相互关联的,当一个要素的需求发生了改变,该要素的教学设计应该随之变动,且其他相关要素也应联动响应,即整个教学过程具有"动态

响应需求,相互联动进化"的特性。因此,有必要对当前机械类专业的教学内容体系进行分解与重构,建立各部分教学内容与实际生产实践间的相互映射关系,并从中凝练出从产业实践改变牵引教学内容变更的关系模型。在此基础上,对各部分教学内容要素之间的关系进行梳理,形成各专业理论课程内容与实践创新活动相互协调统一的教学内容体系。

3. 面向校地协同体系的教学创新长效机制

在当前国家大力倡导产学研合作、校企联合、校地协同的高等教育改革的大趋势背景下,很多高校都争取到了不少合作项目与经费支持,并且诞生了一系列的科学与教研成果,但这些成果的实际转化效率不高,且各个成果间缺乏明确的逻辑因果关系,相互促进融合的能力也较差。事实上,匹配地方产业进化需求的校地协同应该是一个统筹布局、长期合作的体系规划,要求各个合作项目在横向以及纵向间能够相互融合与协调共进,所有的合作创新能够对推动工程教育质量提升和服务地方产业进步形成最大"合力",促进工程人才培养从各环节割裂创新向全过程协调共进的先进模式转变。鉴于此,必须在校地协同的各个参与方间凝聚共识,共同形成长远的合作目标与规划。在长远合作目标的指导下,对校地的合作教学项目进行统筹布局,出台长效扶持方案并有计划、有步骤、分阶段地开展校地合作项目。

五、协同共建路径与方法

1. 问计于地方产业需求,革新工程人才培养理念

地方工业发展尤其是推动相关产业转型升级对工程人才的需求,必然与地方产业的发展规划目标密切相关,要求人才培养应当随着产业需求的改变而不断优化调整,产业的进化需求在很大程度上决定着工程人才培养的层次结构、市场需求以及核心素养标准等方面的具体要求。而高校工程人才培养理念的落后是导致人才培养的结构性失调、对实体产业的适应性差的根本原因。因此,必须问计于地方产业发展需求,形成以学校为主体,地方政府、产业协会以及支柱企业广泛参与凝练与修正的人才培养理念。高校要根据地方产业发展对技术创新、技能养成的需求,对教学计划、内容和人才培养方案进行动态调整与优化。

2. 实施校地合作项目驱动的机械类专业课程建设

校地合作项目是发挥高校服务地方产业进化职能的重要媒介,而项目驱动教学法能将理论与实践进行有机结合,提升学生解决实际工程问题的能力,因此通过两者结合来改善高校工科人才输送的结构失调与市场适应性较低等问题可谓恰逢其时且势在必行。校地合作项目的执行质量除了需要重视论文、专利等成果产出外,还应将

学生参与、项目涉及课程的教学改革情况作为重要评判依据,形成多元化的评价指标。利用项目合作机会,高校应该积极聘请其他合作方的管理和技术人员参与项目涉及课程的设置及其内容的修订。

3. 建立多层次交叉融合的创新实践平台和开放师资机制

高校机械类专业的教学要抓住校地合作带来的机遇,构建多层次且合作各方能深度参与的创新实践平台,比如地方科技主管部门支持的产业技术研发实验室、工程技术中心、关键核心技术的孵化基地以及与企业联合建立的产学研机构等等,并在此基础上对课程实践体系进行优化设计,充分利用这些实践平台培育高品质的教学实践项目。此外,高校还应建立开放的师资机制,采用"请进来"和"走出去"的并行措施。一方面,应积极聘请地方产业界及相关企业的工程技术人员担任客座教师,对教学内容尤其是实践活动进行指导;另一方面,要将本校老师派往企业进行挂职锻炼,丰富专任教师的视野并增强他们理论联系工程实践的能力,促使课堂教学与工程实践内容的有机结合。在此基础上,机械类专业的课程设计和毕业设计可以推广采用"企业—学校"双导师制,在命题、指导、答辩等环节充分吸收工程实践人员参与,实现学生所学与企业所用的无缝对接。

六、结束语

在国家大力践行"中国制造2025"重大战略部署的背景下,高校机械类专业要实现长远发展,必须主动融入到制造产业转型升级的洪流当中,为先进制造技术及其产品的创新突破提供人才和知识资源的机制支持。校地协同可以激活高校在产业变革中的人才输出和知识创新的主体地位,通过校地合作各方之间的交流与互动,利于促使相关创新可以协调统一,为国家经济社会的发展做出最大贡献。

【参考文献】

[1] 中华人民共和国国务院. 中国制造2025[Z]. 2015-05-08. http://www.gov.cn/zhengce/content/2015-05/19/content_9784.htm.

[2] 中华人民共和国陕西省人民政府.《中国制造2025》陕西实施意见[Z]. 2016-06-17. http://www.shaanxi.gov.cn/0/103/11571.htm.

[3] 中华人民共和国宝鸡市人民政府. 宝鸡市工业发展追赶超越行动方案[Z]. 2017-08-03. http://www.baoji.gov.cn/site/11/html/276/291/389/292467.htm.

[4] 中华人民共和国宝鸡市人民政府. 宝鸡制造2025行动纲要[Z]. 2016-12-12. http://www.baoji.gov.cn/site/11/html/276/291/389/287511.htm.

[5] 王银花,古广灵. 校地协同育人模式的理论探源与实践路径研究——以佛山科学技术学院为例[J]. 佛山科学技术学院学报(社会科学版),2016,34(6):62-66.

[6]谢海娟,杨小平,贺星星,等.校地校企协同培养模式在桂电MPAcc应用探索[J].中国乡镇企业会计,2017(4):165-167.

[7]陈小辉,刘晓英.地方本科院校校地协同培养应用型人才——以榆林学院为例[J].价值工程,2016,35(10):257-258.

[8]梁海波.基于校地协同的高师院校教师教育人才培养模式探索——以广西师范学院为例[J].广西教育,2016(19):120-122.

[9]吴昊荣,李晓晓,孙付春.校地协同创新模式探索——服务地方机械制造业[J].经营管理者,2015(30):240-241.

[10]李慧敏.基于校地协同创新联盟的高校科研体制改革——以广州市为例[J].中国高校科技,2017(7):34-35.

地方高校电子专业应用型人才培养研究
——以宝鸡文理学院为例

张建伟 钱 郁

(宝鸡文理学院 物理与光电技术学院 陕西 宝鸡 721016)

【摘要】电子行业的高速发展和需求与专业人才培养滞后的现状形成巨大反差,这一问题在地方高校尤其突出。为了解决这一问题,首先从政策背景、学科特点、社会需求和高校自身原因四个角度论述了校企合作在应用型人才培养中的必要性。其次,以宝鸡文理学院电子专业的有效探索为例,分析总结了将校企合作应用到实践教学改革中的措施以及取得的效果。具体为建立校企合作实践教学体系、搭建校企合作平台以及建立相应的评价体系。最后,谈到了校企合作中政策和制度监督的重要性。为地方高校电子专业人才培养模式的改革做出了有效的探索。

【关键词】电子专业;校企合作平台;实践教学体系;评价体系

随着电子技术、计算机技术和"移动互联"技术的迅速发展,电子专业从软件到硬件发生了巨大的变化,相关行业也迅速发展起来。据不完全统计,每年的电子工程行业就业缺口达数万人,对口专业的毕业生供不应求。但高速增长的社会和企业需求与高校特别是地方高校的专业人才培养规格、人才培养质量形成矛盾,结构单一、内容滞后、脱离实践的培养内容和培养方式与企业需求严重脱钩,传统的教学模式遭遇严重的挑战。

在"地方高校向应用技术型高校转型"的大背景下,随着教育部"卓越工程师教育培养计划"的开展和实施,2013年起,宝鸡文理学院电子专业在人才培养方面进行了大量的改革,其中重要一点就是将企业引入高校办学过程,加强校企合作,充分发挥企业在应用型人才培养方面的优势。为此,分别在2013年、2014年、2017年三度修改和调整人才培养方案,使之具有更加针对性的培养规格和培养内容。经过连续4

年的不断实践,不断调整和改善,到目前为止基本建成了基于校企合作的、切合宝鸡文理学院实际的、具有一定专业特色的应用型人才培养体系。

一、校企合作人才培养的必要性

1. 政策背景

早在 2010 年 6 月,教育部就联合有关部门和行业协(学)会启动了"卓越工程师教育培养计划",共同实施"卓越工程师教育培养计划"(以下简称"卓越计划")。时任教育部副部长陈希同志在会上指出"卓越计划"具有三个特点:一是行业企业深度参与培养过程;二是学校按通用标准和行业标准培养工程人才;三是强化培养学生的工程能力和创新能力。其中第一条就指出在工程实践人才的培养过程中企业参与的重要性和必要性。随着第一批、第二批乃至第三批"卓越计划"培养高校名单的出炉,越来越多高校在其工科人才培养中引入了深度的校企合作。

为推动工程教育改革创新,2017 年 2 月,教育部在复旦大学召开了高等工程教育发展战略研讨会,探讨新工科的内涵特征、新工科建设与发展的路径选择,并达成了所谓的"复旦共识"。该"共识"一共十条,篇幅所限,在这里不再赘述,其中第七条提到"新工科建设需要社会力量积极参与。打造共商、共建、共享的工程教育责任共同体,深入推进产学合作、产教融合、科教协同,通过校企联合制定培养目标和培养方案、共同建设课程与开发教程、共建实验室和实训实习基地、合作培养培训师资、合作开展研究等,鼓励行业企业参与到教育教学各个环节中,促进人才培养与产业需求紧密结合"。在新工科建设的大背景下,"校企合作、共同培养"是所有教育工作者的共识。

2. 学科特点

与电子密切相关的一级学科有三个,分别是:信息与通信工程、电子与技术、计算机科学与技术。可见,电子工程是一门综合性很强的交叉学科,内容涉及电子技术、计算机技术、通信技术、工程管理学等等其他学科,项目开发在不同阶段、不同层次、不同范围需要不同的知识,在以上各个学科交叉协作的基础上,才能逐渐完成一个软硬件项目的开发。基于电子所需知识的延伸性和覆盖面都不是其他学科所能相比的,任何一个地方院校的二级学院的办学力量和有限的资源是无法独立完成人才培养的,所以必须进行校企合作,企业走进来,学生和老师走出去。

3. 社会需求

半导体技术、光电技术和计算机技术的不断发展,再加上互联网经济的崛起,使得电子行业迎来的高速发展的10年。根据中国产业调研网最新发布的2017年中国电子行业发展调研与市场前景分析报告指出,2017年,我国电子和信息技术服务业实现收入4.6万亿元,同比增长13.2%。其中,智能手机、半导体和汽车电子分别位居增速前三。专家预测,我国电子行业的发展才刚刚起步,涉及通信、软件、信息等多个行业的电子产业已经成为我国信息产业的核心增长点。高速发展的行业导致对专业人才的需求量巨大,据不完全统计,每年的人才缺口都在10万左右。而"校企合作,联合培养"的模式则可以在短时间解决这个问题,培养出符合企业要求的电子专业人才。

4.高校自身原因

如前文所述,电子行业快速变化的产业结构对人才的培养规格和要求也快速发生着变化,行业对从业者的要求越来越高,越来越细。地方高校一般位于2、3线城市,信息较为闭塞,特别是像宝鸡文理学院这样的前身为师范院校的大学,更加缺乏工程实践人才培养经验。培养方案和体系滞后,往往会出现培养的很多毕业生不具备企业所要求的基本能力的问题。此外,地方高校从硬件建设上也存在很多问题:缺乏具有从业背景和开发经验的师资,实验条件落后,开发软件更新缓慢等等。要在短时间内解决这个问题,就必须引入"校企合作,共同培养"的模式,企业通过共建实验室等方式将新技术、新思想、新工艺引入高校的课堂,弥补高校在这方面的短板。

二、基于校企合作的实践教学改革

在工程实践人才的实际培养过程中,地方高校因为软硬件条件、师资、教学手段的落后等原因,实践环节(实验、课程设计、实习实训、毕业设计等)的问题最多,是直接导致人才培养质量不高的关键环节,也是破冰的重中之重。基于此,2013年起,宝鸡文理学院从实践教学体系的构建、校企合作平台的搭建以及评价体系的建立等三个方面做出了有益的尝试,取得了一定的成果。

1.构建校企合作教学体系

经过充分的调查研究,重新确定崭新的,切合实际的人才培养规格:德、智、体全面发展,具有良好的团队协作素养,掌握自然科学和人文社科基础知识,掌握电子电路设计基础理论,具有扎实的专业基础和较强的工程实施能力,能够在软硬件研发和设计、项目管理等领域服务的应用型人才。为此,在校企合作的基础上,构建了阶段化和模块化的实践教学体系。模块划分及阶段设计如下图所示。

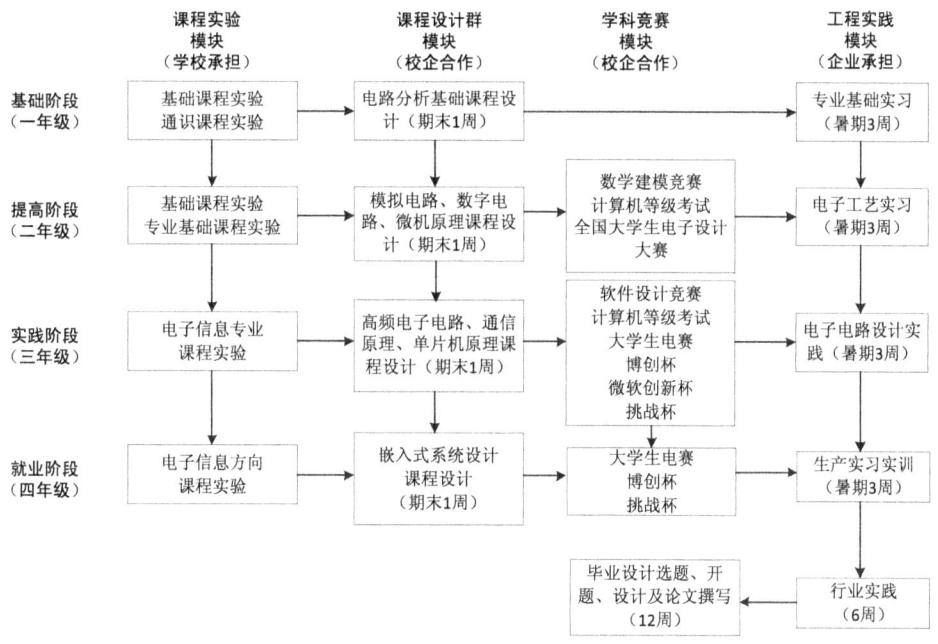

基于校企合作的电子专业实践体系

一年级属于基础教育阶段。主要培养和建立学生的理论基础,包括电路分析基础、计算机基础操作能力、数学计算能力、英语阅读写作能力等,旨在培养学生的基本学习能力,初步建立专业认知,打好专业基础,培养专业学习兴趣。①通识教育课程、数学课程、大学物理课程旨在建立学生基本的学习和计算能力,掌握实验方法和学会使用数学工具;②计算机基础课程以及之后为期一周的程序设计基础课程设计,旨在让学生掌握初步的软件设计的方法,是学生学习软件项目开发的初步训练;③一年级暑期的认知实习,时间3周,实习地点在企业,由企业导师负责,带领学生观摩并初步参与项目开发过程,并同时以主题讲座的形式对学生进行相关培训,进一步明确学生的专业认知。此外,全年不定期在校内组织讲座和报告会,内容方面倾向于行业动态、发展趋势、职业规划等方面,这方面企业导师和培训师全程参与。目的是加强学生对本专业的了解,提高学习兴趣,增加学习动力。整个第一阶段较为关键,课程设置和环节安排都要务实、细致,目的是为学生后续高阶学习和未来就业打下坚实的基础。就目前情况来看,基本实现阶段性目标。这些效果从一个数字可以反映:2014~2017年3个学年以来,电子专业大一转专业人数为0,而其他学院转入本专业的人数在逐年递增。

二年级属于能力提高阶段。在第一阶段电路基础和计算机操作基础上,开始进行深入的、专业性的课程学习,专业性的课程在这一阶段全面展开,学生通过这个阶段的学习和锻炼,对专业的认识更加具体,能力会在这个阶段得到快速提升。①专业基础课程实验相比通识教育和数学基础,更有针对性和方向性,也为后续方向课程的学习打下基础。②随着专业课的全面铺开,与每门对应的课程设计会对专业课程学习进行全面的总结。这部分内容一般是聘请企业导师与本校教师共同承担,地点在校内实训中心和计算中心,时间集中的课题性训练可以使学生大大提高实践能力。③这个阶段的另一个特点就是学生开始接触、参与各种学科竞赛和考试,比如数学建模竞赛、计算机等级考试、全国大学生电子设计大赛(以下简称"大学生电赛")等,通过参加竞赛和计算机能力考试,检验技能,锻炼学生的创新能力和团队协作能力。④暑期为期3周的电子工艺实习,实习内容软硬结合,既有程序、系统设计,也有电路焊接制作,旨在扩展学生的知识领域,提高项目开发能力的同时,具备对硬件电路的理解和设计、组装、调试能力。这部分由企业导师全程负责,地点也在校外的企业中。另外,与第一阶段相同,全程不定期穿插关于行业标准、职业道德规范、项目开发管理、专业技能实训、新技术新工艺等学术报告和讲座,这部分内容同样是聘请企业专业的培训师、软硬件工程师、HR来承担,目的是扩展学生的视野同时使其学习项目开发的基本理念,培养学生的项目意识。第二阶段的训练相比第一阶段更加具体和具有针对性,企业的参与度达到接近40%。

三年级属于实践阶段。在掌握了基础和专业理论知识的前提下,在这一阶段会展开大量的实践训练,实践训练的内容、深度、广度都会有大幅提高,实践时间也会明显增加,几乎是前两个阶段的总和。目的是对学生的实践开发能力进行针对性的训练,提高技术和能力,为即将到来的四年级就业做好准备。①相对于专业基础课程实验,电子专业课程实验更加具体、细致和具有方向性,仔细针对某一领域知识进行学习和训练。部分专业性强的课程根据情况会聘请企业高级工程师进行实验指导,取得较好的效果。这也是前两个阶段不曾出现的情况,企业导师已经部分参与课程教学活动。②高频电子线路、通信综合、单片机原理与设计等课程设计群,依然会在期末占用一周时间进行,这是对课程很好的总结实践环节,这部分同样是企业导师全程参与。③学科竞赛(电赛、挑战杯、博创杯、微软创新杯)继续开展,此外更加丰富多样的的竞赛活动也吸引着学生的参与。宝鸡文理学院2017年大学生本科学科竞赛项目达20余项,其中电子专业学生教师参与的项目就打到50%,如下表所示。④暑期为期3周的专业实习,让学生走出去,在新的环境下学习如何利用所学知识和技能,合理分工,团结合作,共同完成一个具有一定难度的开发项目。此过程企业导师全程参与,全面负责。经过这个阶段的训练,学生的实践能力得到大幅提高,企业参与度也接近60%。

2017年宝鸡文理学院大学生本科学科竞赛一览表(部分)

序号	竞赛名称	主办单位	竞赛时间	资助经费(万元)
1	"互联网+"大学生创新创业大赛	教育部	3~10月	10
2	大学生数学建模竞赛	教育部高教司	9月	9
3	机械创新设计大赛	陕西省教育厅、高校机械教学指导委员会	3~5月	6
4	大学生电子设计竞赛	教育部、信息产业部	8月	6
5	全国大学生物联网设计大赛	高等学校计算机指导委员会	6-8月	5
6	大学生计算机设计大赛	高等学校计算机指导委员会	5~8月	4
7	全国工业设计大赛	陕西省教育厅	6月	3
8	大学生数学竞赛	中国数学学会	10月	3
9	大学生移动通信技术大赛	大唐电信科技产业集团	4~9月	2
10	企业模拟经营沙盘大赛	高等学校工商管理类专业教学指导委员会	6月	2

四年级称为就业阶段。电子专业的大部分学生在这个阶段面临的问题就是就业。如何使学生具备用人单位所要求的基本素质,也成为这个阶段所要解决的主要问题。①第一学期的方向课实验和嵌入式系统设计课程设计属于常规教学环节,但内容设计更有针对性,在有限的课时中使用案例分析的教学方法培养学生树立正确的、有创新性的设计思想。②为期3周的生产实训和为期6周的行业实践,让学生进入企业,进行长时间的实习性质的学习,使得学生进一步得到针对性的锻炼,并明确自己的就业方向和职业规划。此过程企业导师全程参与。③为期12周的毕业设计,使学生充分、深入且全面地展开项目开发的全过程,从市场调研、需求分析、查阅文献到确定方案、撰写各类项目文档再到项目实施、开发过程管理、测试验收,再到最终的撰写毕业论文和设计报告。目的是提升学生的实践技能和科学研究能力,激发学生的专业潜质。

2. 搭建校企合作机制和平台

首先,企业导师是原有电子专业校内师资队伍的良好补充。通过各种交流机制和形式,企业导师进入学校,直接面对学生;校内专业教师则通过访学、培训、挂职锻炼、兼职等形式到企业去。关于教师的培训交流,每年在与企业签订学生培养协议时都会将细则写入,已经形成惯例。通过连续几年的深入交流,形成了稳定的、校企合作的、优质的教学指导团队。其次,通过共建实验室的形式将企业优质资源引入校内,与 NI、TI、中兴、大唐电信、中软国际、软通动力等业内知名公司建立共建挂牌实验室。一般由学校提供场地,企业提供实验设备和指导人员,目前已经建成的实验室有电子综合实验室、嵌入式系统设计实验室、虚拟仪器设计实验室和电子工程创新创业中心,计划建设的实验室有 Android 设计实验室、项目测试实验室等。充分利用企业资源,合作共赢,是所有参与者的共识。此外,与西安博纳通信科技有限公司、大唐移动设备有限公司、软通动力西安分公司、宝鸡技师学院、西安华清远见信息技术有限公司等共建多个校外实习基地,使学生的专业实训、生产实习、行业实践等有了良好的平台,实现了从学校到企业的无缝对接。

3. 完善校企合作的实践教学评价体系

首先改革成绩评价方式。对于理论性强的基础课程(如信号与系统、数字信号处理等),依然理论考核为主;对于专业课程加大实践环节的成绩比重,按 50% 的比例计入课程总成绩;对于单独成课的实验课程,实验理论考试和实验操作考试各占 50%,目的以考促学,督促学生加强对实践环节的重视,提高操作能力。其次,建立实践学分制。对于计算机等级考试,计算机软考,每通过一级,可以获得相应的学分,该学分可以抵扣选修课学分,计入学生总学分;对于各类学科竞赛(电赛),根据获得奖励的级别不同,学生获得相应的实践学分;对于大创项目立项,每申报成功一项省级以上大创项目获得相应学分,每结题一项,增加相应的学分。再次,毕业设计改变以往校内导师一人负责制,引入企业导师,由两位导师共同完成学生毕业设计的指导、答辩和成绩评定。最后,专业实训、生产实习等集中实践环节的成绩主要由企业导师给出,成绩评定细则由企业制定,但必须向学校提供详细的实习过程及考核证明材料。从另一个角度来看,评价体系其实应该是基于校企合作的实践体系的一部分,务实、严格而有效的评价体系决定着整个实践教学环节的效果和质量。

三、实施效果

2013 年 9 月开始,经过 4 年的教学实践,按照"引进来,走出去"的学生实践环节建设思路,在保证理论教学基础的同时,逐渐建立起模块化的实践教学体系并逐步推进实践,全面深入校企合作。通过教学实践和人才培养方案的数次修订中大幅增加集中实践环节时间等等实际措施,在有限的教学条件下,完成了 4 届学生的培养任务,取得了较好的教学效果。

2017 年本科专业审核评估期间,聘请第三方专业调查公司对全校所有在办专业进行背对背的调查统计分析,形成专业性的《宝鸡文理学院 2017 年本科教学质量报告》,数据具有相当程度的客观性,可以真实反映专业教学质量的提升。

但是,在实施过程中也会出现各种问题,例如企业质量参差不齐,如何筛选甄别;企业导师限选课开设与人才培养方案的匹配问题;学生参与企业实践的学分如何换算问题等等。这就需要保证畅通的培养质量反馈监控通道,在加大校企合作的同时,建设完善、有效地监督评价体系与之匹配。

四、结语

综上所述,校企合作是地方院校电子专业提高应用型人才培养质量的捷径,随着走出去和请进来不断加强,开放式的办学也将逐步实现。此外,要想实现长久的、可持续的合作发展、共建共赢,地方院校一方面要在政策层面对校企合作办学予以保障和支持;另一方面要建立和完善监督机制,对企业建立准入机制,采取招标竞标方式,综合各方面意见选择合作机构。此外,在合作过程中,通过详细的过程监控体系,保证企业对教学质量的严格把关。总之,地方高校深受各种先天不足(地域、硬件条件、师资等)的影响,但电子专业和学科的特点要求我们必须引入校企合作机制,在这个方向,还有很多可以探索的领域,可以尝试的方法。

【参考文献】

[1] 田联进.现代中国高等教育制度实践问题探讨[J].高等理科教育,2010,90(2):3-8.

[2] 何飞,蒋冬初,李稳国,等.地方本科院校电子专业应用型人才培养的研究[J].大学教育,2013(8):68-69.

[3] 李鹏.电子工程专业面向工程应用型人才培养的专业课程改革研究[J].课程教育研究,2013(11):221-222.

[4] 陈松,潘理,郭云林,等.基于创新基地的应用型人才培养方式[J].计算机教育,2014(1):68-71.

[5] 谢德英,陈弟虎,邓少芝,等.创新人才培养实践教学平台的构建[J].实验室研究与探索,2011,30(3):222-224.

[6] 孙爱良,王紫婷.构建大学生学科竞赛平台培养高素质创新人才[J].实验室研究与探索,2012,31(6):96-98.

[7] 赵明富,罗彬彬,胡新宁,等.培养电子工程专业应用型高级专业人才的探索与实践[J].武汉大学学报(理学版),2012,58(S2):25-31.

[8] 李如春,沈永增,贾立新.电子类创新人才校企联合培养新模式探索[J].高等理科教育,2012,101(1):150-152.

[9] 古天龙,郭庆,魏银霞.行业特色高校工程应用型人才培养模式[M].北京:电子工业出版社,2012.

[10] 郑卫东,吴志荣等.校企共建课程平台,共同实施人才培养[J].中国大学教学,2010(11):

72-74.
[11] 彭远威.主体性视角下的大学生创新意识培养[J].黑龙江高教研究,2012(2):163-165.
[12] 古天龙,景新幸,郭庆,等.本科院校工程应用型人才培养模式改革探索[J].中国高教研究,2012,12(1):107-110.
[13] 杨云,倪勇.电子创新基地建设与创新人才培养模式实践[J].实验室研究与探索,2010,29(7):342-344.
[14] 肖万里,杨凯.关于行业特色型大学专业建设的思考[J].中国电力教育,2010,5(13):29-31.
[15] 宝鸡文理学院.宝鸡文理学院2017年本科教学质量报告[R].宝鸡:宝鸡文理学院,2017.

物联网"一流专业"的应用型
人才培养方案的探索与思考
——以宝鸡文理学院为例

马巧梅

(宝鸡文理学院 计算机学院　陕西 宝鸡 721013)

【摘要】为了适应国家和地方加快新型产业的快速发展,立足于地方的基层服务并促进地方经济的快速发展,现针对我校物联网"一流专业"建设的 2017 版人才培养方案,结合物联网体系结构的三层体系框架,进一步分析和探讨了物联网"一流专业"的人才培养方案的培养目标定位,由此提出了物联网"一流专业"的创新培养人才方案、合理化的课程体系建设、工程型教学团队的建设以及提高实践能力的教学思路等,其最终目的是为了提高物联网"一流专业"的应用型人才的工程实践能力。

【关键词】物联网工程专业;人才培养;课程建设;实践能力

【作者简介】马巧梅,汉族,陕西榆林人。讲师,硕士,主研方向:物联网工程、网络与信息安全;计算机学院就职。

【项目基金】2017 年教育部第二批产学研合作协同育人项目(201702094030)及 2018 年教育部第一批产学研合作协同育人项目(201801275013);陕西省教育厅科学研究计划基金资助项目(16JK1048);宝鸡文理学院重点项目(ZK2017011)资助。宝鸡文理学院第十三批校级本科生教育教学改革研究项目(18JGYB58,18JGYB57)。

对于新兴的信息技术领域而言,制约物联网技术发展的关键因素之一是专业技术的匮乏,那么为了满足国家对战略性新兴产业发展对高素质人才的迫切需求,就必须积极培养工程性新兴产业相关专业的技术人才。

近几年来,物联网作为国家重点发展的新兴产业,在智慧楼宇、智慧城市、智慧交通等产业发挥巨大作用,其中智慧电网、智慧医疗方面的技术人才及其匮乏,在"十三五"期间需求的专业技术人才均在百万左右,需求量最大的智能农业,竟然需几百万甚至上千万物联网专业技术人才。

2009年以来,物联网被认为是继互联网之后的第三次信息革命,更多的企业将目光投向先进的物联网技术,同时也有二十多所高校已正式开设物联网工程专业。因此,在这种形势下,许多物联网企业便应运而生,但是物联网技术的专业人才的缺口十分严重,因此,物联网工程"一流专业"的就业前景非常乐观。

一、物联网工程专业应用型人才培养目标

物联网工程"一流专业"应用型人才培养的目标是基于物联网专业应用能力的培养,并需适应国家和社会产业发展的需求,培养具备扎实的网络技术、通信技术、传感技术等电子信息领域专业基础,具有嵌入式系统和应用无线传感网络相关知识综合解决实际问题的能力,同时要掌握传感器网络、RFID、传感器、软件与系统集成、M2M等技术,具备从事智能医疗、智能家居、智能交通、智能物流等行业中物联网的系统集成、物联网系统管理与服务能力、物联网系统综合应用能力,能够维护相关应用系统等工作,成为社会发展必需的物联网相关领域的复合型应用型人才。

二、物联网工程专业人才培养的研究现状

目前,全国许多院校都已开设了物联网工程专业,该专业作为我校一个新型的应用型人才的专业,在2011年成立以来,也取得了一定的成果,但是,在物联网工程人才培养中的人才培养目标设定、专业定位目标、教学模式改革、师资队伍建设等方面仍存在很多问题。

1. 物联网工程专业培养目标需进一步提升

虽然我校计算机学院就物联网工程专业在应用型人才培养方面也进行了一些调研和实践,但物联网专业基于应用型人才培养的培养目标、课程体系建设、毕业要求等仍需不断优化调整。另外,国家大力提倡应用型本科专业与企业开展"校企合作,产教融合"的人才培养模式,目前我校与部分企业也建立了合作关系,总体来说,"产教融合"还不够深入,其教学的内容与企业实际生产、运行、维护等方面的融合深度还不够,其专业的人才培养目标及课程体系需要加强。

2. 教师专业程度需进一步加强

作为一个新兴的研究学科领域,物联网专业的人才培养方案的制定及课程体系建设都处在摸索阶段,急需不断完善;而且学科建设也不成熟;严重缺乏物联网技术实践教学的师资队伍等问题。这些将对任课教师提出了更高要求,任课教师需不断扩充知识结构,更新专业认知,并提高工程实践能力。同时,物联网专业融合了通信工程专业、计算机科学专业、自动化、微电子检测等交叉学科的专业技术。如何将多

门学科综合起来,较好地运用于物联网工程专业。

3. 教学改革需进一步加强

第一,进一步加强课程建设。目前,大部分高校的物联网工程专业的部分专业课程内容与实践工程脱节,不能够及时更新教材内容,落后于实际行业采用的新型技术;同时,某些课程的网络教学资源不足,高质量的精品课件有待进一步开发,多媒体教学质量有待提高等诸多问题,根本达不到应用型本科人才培的真正目的。

第二,课堂教学方式相对落后。多数教师仍采用传统的教学方式进行课堂授课,未将当下流行的现代化的教学方式渗透进去,与工程教育理念和应用型本科教学存在一定的差距;教师的教学改革研究偏侧重于理论研究,其研究成果在教学实践中推广难度较大、应用不高。

第三,课程考核评价方法需改进。目前采用的课程考核评价仍然沿用传统的课程考核方式,采用期末成绩和平时成绩按比例折算的方法,很少关注学生的知识转化成能力的情况,即如何将所学理论应用到实践中,不符合应用型人才培养的理念。

三、物联网工程专业人才培养的改革举措

为了弥补目前教学现状中的不足之处,适应当今社会对物联网工程技术人才的需求,需探索和实践一种新型的教学模式。因为采用传统的教学方式,不能激发学生学习的兴趣和积极性,也不能培养学生的综合实践能力,更不能去提高学生的创新创业能力。

1. 深度校企合作,创新人才培养模式

依托宝鸡市"宝鸡人工智能产业发展促进中心",借助"西部数字经济研究院宝鸡分院暨宝鸡数字经济研究院"的资源优势,立足数字化、电子信息、人工智能等区域经济支柱、战略性新兴产业需求,宝鸡文理学院计算机学院先后与广州粤嵌通信科技股份公司、万琦威数字建筑股份有限公司签署校企合作协议,探索基于校企深度互嵌的校企合作机制内涵建设。结合物联网专业优势,与万琦威数字公司共同探讨如何将数字化应用到物联网的新型专业中,深度实现专业课程内容与产业应用对接,促进产业应用人才培养规范化,以"计算机学院与万琦威数字建筑股份有限公司的校企合作"为抓手,建立"计算机学院—物联网工程专业"二级校企合作架构,以物联网工程专业应用型人才的需求为依据,明确物联网工程人才服务对象,校企合作共同完成教学任务。

2. 构建"应用型人才"的合理化课程体系

队物联网工程专业来说,理论教学仍是基础,需要对其关键技术、体系结构和相

关领域的典型应用进行完整的讲授,而实验教学作为理论课程的延伸,是由理论到实践的过程,完成由下而上的知识获取和验证;实践应用能力与理论知识培养并重,根据物联网应用型人才岗位的工作需求,构建"应用型人才"的系统化课程体系,使理论知识与实践应用密切结合、互相渗透,通过课程设计、公司实习、项目驱动等方式,让学生置身于"工作应用过程"中的学习过程,完成项目训练。其课程体系结构设置如下图所示。

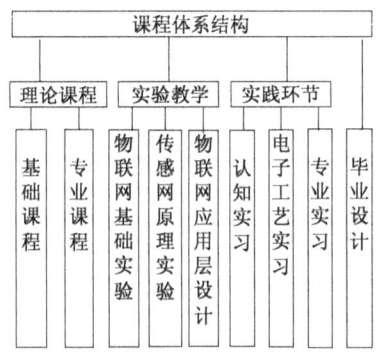

课程体系结构

通过上述的实践与理论的教学环节设置,学生通过学习理论课,将会对知识融会贯通,充分了解物联网的架构和应用体系,具备一定的物联网系统理念和基本的组网设计能力。但是在实际应用领域中,需将多门课程交叉、甚至多学科的知识融合为一体。这种将所学知识灵活地应用于实际系统的能力,是物联网专业的学生真正的学以致用的体现。

3. 贯彻"以赛促改、以证促学"的教学模式

以提高实践应用能力为导向,有针对性地组织实施物联网专业多种相关竞赛,全面促进物联网专业实践教学改革。在组织物联网专业学生参加竞赛的过程中,可以开展具有针对性的专业知识点的教学、实际能力测试等措施,达到提高学生动手能力的目的,使学生具有良好的参赛应用能力。

积极组织学生参与中国"互联网+"创新创业大赛、全国物联网嵌入式设计大赛、全国智能互联大赛等,引入全国物联网技术人才培养认证(IOTT)和嵌入式技术认证机构(IDETCO)等项目,将国际物联网认证的教学课程和内容引入到培养学生的课堂过程中,全面提升物联网专业学生的实践能力、动手能力,使学生达到物联网中级职业资格。

4. 建设工程型的教学团队

参考"1-2-3-6"模式,通过引进、培养等途径,组织一支特色鲜明的特殊教学团队。"1-2-3-6"模式指:培养1名专业学科带头人,通过参加物联网专业技术培

训,学习物联网项目开发新技术,并参与研发企业物联网相关科研项目,提高专业技术水平和科研能力;引进2名企业"双师型"教师,依据其项目实施管理经验,积极参与教材编写、课程标准制订、毕业设计、课程设计等建设工作;培养3名"双师型"教师,通过物联网职业资格认证、高端专业技术培训等多种形式组织这3名教师进行实践锻炼,可以到企业挂职,了解物联网技术行业最新发展动态,提高实践教学和项目开发能力;聘请6名来自企业一线的专家担任专业顾问和兼职教师,共同制定物联网专业培养目标,构建合理的课程体系,研究人才培养定位,制订课程建设标准等,指导学生实习实训、开放实验、毕业设计等,并要求专业顾问和兼职教师每年在校工作时间不低于3个月,充分保证其在校有效工作时间。

5. 强化实验,引领前沿新技术

物联网工程作为实践性很强的工科专业,其实验是教学中的必备环节。学生通过实验操作,可以体验到理论知识在实践中的直观性。在实验教学过程中应该注意以下几方面。

(1)实验内容形式多样化。例如:讲解物联网在智能家居的应用时,可以带学生去实验室亲自体验下模拟的智能家居是如何运行的;在讲解物联网的安全与防御内容时,可引入一些趣味防御实例,以此激发学生的积极性;在讲解无线个人区域网时,可让学生现场使用手机中的蓝牙功能进行数据通信,进一步了解无线个人区域网传输等特点。

(2)组织小组互助性学习。实验前,由一名组长带领其他几名合理搭配的小组成员进行分组;若在实验过程中,遇到疑难问题,先让学生小组内讨论并主动发言,培养学生学习的积极性和主动性。另外,在课程实践教学过程中,学生往往只有在模拟的实验环境下才会发现各种问题。

此外,可以利用先进的网络信息技术,实时直播微视频、MOOC以及雨课堂的形式等,在网络上学生和老师进行实时、快捷地课堂交互,及时解决学生的问题,从而顺利完成实验内容。

6. 完善专业教学质量管理机制

第一,实施专业教学质量监控机制。充分调动教师开展课程建设及物联网专业建设的积极性,促进教学质量的稳步和提升教学工作的稳步开展。学校确立校与二级学院教学质量保障制度,并建立健全的评学制度和教师考核制度,将评估结果计入教师的绩效考评体系,与评优、晋升职称关联,进一步强化教师教学质量意识。

第二,建立管理质量标准。依据物联网人才培养目标和专业定位,制定了科学合理的教学管理质量标准。通过开展专项检查和常规教学检查,依据相关教学管理规章制度,对教学建设、保障、运行、管理等方面进行检查和评价,及时发现并妥善解决问题,保证各个教学环节顺利运行,不断改进教学管理水平,提高教学质量。

第三,完善教学质量监控体系。通过常规教学检查、处级领导干部听课、学生网上评教、期中期末学生座谈会等一系列措施的实施,及时发现并解决教学工作中的问题和不足,不断完善教学质量监控体系。

四、结束语

通过分析物联网工程专业人才培养模式的现状,借助"西部数字经济研究院宝鸡分院暨宝鸡数字经济研究院"平台,通过实施校企深度互嵌,构建创新人才培养模式,形成合理的"应用型人才"系统化课程体系,建设"双师型"教学团队等改革措施,达到提高我校物联网"一流专业"应用型人才培养质量的目的,给物联网工程专业应用型人才培养提供一定的参考和借鉴。

【参考文献】

[1] 魏星,杨小劲,柯捷.物联网工程专业应用型人才培养模式探究[J].钦州学院学报,2017,32(1):59-63.

[2] 田丰.物联网工程创新复合型人才培养模式研究[J].科技视界,2013(21):101-102.

[3] 沈艳霞,孙子文.物联网工程专业协同育人培养模式探索与实践[J].物联网技术,2015(8):107-108.

[4] 任晓莉.物联网工程专业课程体系建设[J].微信电脑应用.2018,34(2):40-42.

[5] 教育部关于进一步深化本科教学改革全面提高教学质量的若干意见[S]教高[2007]号文件.

[6] 罗忠亮,戴经国.地方性本科院校物联网工程人才培养的探讨[J].韶关学院学报.,2014(12):84-87.

[7] 何洁,罗兴宇.基于应用型本科的物联网工程专业人才培养模式探索[J].电脑迷,2018(9):206.

[8] 李志新,任斌,孔德刚,等.应用型本科物联网工程专业人才培养模式及课程体系研究与实践[J].长春工程学院学报(社会科学版),2018,19(1):127-129.

[9] 刘凯,张翠玲,谢涛.物联网专业应用型人才培养模式研究[J].教育现代化.2018(29):7-8.

[10] 彭凯,杨应强,朱帅琦."互联网+"环境下物联网工程专业人才培养模式研究[J].新课程研究(中旬刊),2017(6):33-34.

基于应用型人才培养的 MFEO 模式实践研究
——以人文地理与城乡规划专业为例

陈姗姗　白　峰

（宝鸡文理学院 地理与环境学院　陕西 宝鸡 721013）

【摘要】随着我国高等教育的发展，培养应用型人才成为目前我国高等教育改革需要解决的一个突出问题，在这个高等教育改革的新形势下，如何在满足市场人才需求基础上，突出人文地理与城乡规划特色人才培养的新模式，是地方高校面临的一项难题。本文在 MFEO 模式内涵剖析基础上，提出人文地理与城乡规划专业的 MFEO 模式新出路，通过构建适用于本校人文专业的培养体系和设置适合应用型人才培养目标的教育理念，提出人才培养模式、课程设计、教学实践等环节的建议措施，旨在为本专业培养地方性、应用型、创新型人才模式的探索与实践提供有效途径。

【关键词】MFEO 模式；人文地理与城市规划专业；模块化；实践教学

人文地理与城乡规划专业的前身是地理科学类下面的二级专业——资源环境与城乡规划管理。2012 年教育部将资源环境与城乡规划管理专业撤销，调整为自然地理与资源环境和人文地理与城乡规划 2 个专业，国家将人文地理与城乡规划专业培养目标定位为以区域与城乡建设和统筹规划技术为重点培养技能，以实现区域可持续发展为目标，以地理信息技术为依托，培养具有城乡规划应用能力的专门人才这一指向，表述了在对接人才市场需求和服务社会需求基础上，探索与实践人才培养模式这一方向。鉴于此，本文提出了以 MFEO 新模式探索，构建适用于本校人文地理与城乡规划专业的培养理念及方案。

一、应用型人才培养下的 MFEO 模式内涵剖析

应用型人才，主要是指能将所学到的基础知识和基本技能应用于实际和实践，能够将概括性的纯理论转化为可操作、可实践的产物构型的一种专门的人才类型，但其

具体内涵已经随着高等教育历史的发展发生了很大变化。模式已由应该型人才培养＝职业/职业技术/技能教育的这一误区,转换为了：应用型人才＝应用科学＋应用实践与技术创新＋理论知识体系的模式。近年来,人文地理与城乡规划专业本科培养是以改革培养模式和完善培养应用型人才机制为主要目标,通过素质教育和实践能力、创新能力培养,为学生公共素质与专业素质拓展提供良好环境。

MFEO模式基于应用型人才新内涵,针对本专业应用型人才培养的定位和构建,目标意义深远。集合了：①多元化(Multivariate)—应用型、创新性人才培养目标;②柔性化(Flexible)—灵活、贴切授课与应用技术发展目标;③弹性化(Elasticity)—本土化、特色化、自主性教学与学习环境;④开放性(open)—实践教学体系、跨学科交叉与社会交流的体系平台构建。首先MFEO模式为人文地理与城乡规划专业学生的实践能力和专业素质的显著提高,提供了一个明确的多维培养方式;其次,对最新的应用型人才培养方案制定提出的"反向倒推,正向实施"思路提供了行之有效的方案框架;最后,对本专业学生就业能力和发展潜力持续增强提供了具体操作方法,推广应用价值高,很适于社会需求的高素质应用人才培养。

二、人文地理与城乡规划专业的MFEO模式新出路

1. 基于多元化的应用创新型人才培养模式

创新人才的培养成为新世纪社会发展的迫切需求,理工科思维与能力是创新人才核心素养的重要部分。人文地理与城乡规划专业的设立,既符合国际城乡规划专业的多学科交叉性质定位,又顺应了国内外城乡规划发展的"人文化""软"技术化等多元化发展潮流。多元化不但要体现在教育教学类型多样化,多途径,多层次,多规格上,更要体现在以反映学生需求与差异性发展的学习评价体系上。这对培养具有创新型精神和创新型能力的高素质人才,对提升专业课程选择和课程选择等方面具有针对性的指引;多元化发展要凸显"STEAM"新理念,拓宽课程口径,以学科整合交叉的方式培养学生素养,关注该专业学生解决真实问题的能力,学会从交叉学科整合的过程中获取相关联的知识和技能;多元化需要在学生学习为主,老师授课为辅的环境下整合课程资源,关键是将多样化多学科交叉融入学科课程内容中,充分加强本专业课程资源中知识与实践的联系,让学生在自发的创新性的解决问题过程中理解学科的核心概念和原则,进一步不断尝试构建新知识,并在探索过程的推进中锻炼其科学探究能力和实践能力。

2. 基于柔性化的发展目标培养模式

人文地理与城乡规划专业要在应用人才培养模式和人才培养方案的修订调整中

充分体现"柔性化"模式。首先,要根据社会人才需求反推本专业培养的特色与优势,建立柔性化课程体系与内容,以适应市场与单位用人为要求为指向,关注学生学习要求构建课程目标。其次,从需求多样化角度出发在人才培养定位中摒弃同质化目标培养,综合把握市场人才供需变化基础上,让模式具备更强的细分能力,推动教学系统更加适应当前复杂多变的市场需求,为本专业发展取得更好的效益;最后,充分体现灵活、贴切的课程设置模块,通过"定制化和服务化"能力培养思维,依据个性化、特色化教学方式分阶段、分类别方式和多模块化选择的构建课程体系实现柔性化,重点关注本专业具体课程设置中的知识结构、能力结构、实践需求、技术培养等,体现本专业学生的应用技术发展目的。

3. 基于弹性化的地方高校人才培养方案理念

弹性化模式要在教学内容和教学策略中融汇其中。专业弹性是目前高校人才培养模式改革的重要举措之一,通过提升本专业学生的自主选择性和增强专业承诺各维度载荷方式达到有效缩小专业教学与市场的滞后性问题。在教学内容中秉承因材施教理念选择适合学生知识实际的教学内容;对学生的学习单元可根据学生的不同程度和水平进行弹性学习安排,在灵活设置模块教学中把握本科教材和社会实践岗位的衔接,以职业需求为出发点差异性提升学生学习动机,让更多学生达到目标和满足感;教学空间时间上更要体现灵活的多维度,以"教学做合一"为核心将专业技能全覆盖于教学各个环节;打破人文地理与城乡规划现阶段课程设置模式,按照大模块逐级分层构建课程体系与教学内容,由学生自主选择某些模块修够学分即可,提升学生创造性学习和个性发展。

4. 基于开放性的实践教学体系模式培养

实践教学是培养学生实践能力、创新能力和综合能力的关键环节。实践教学环节与模式要在"双创"能力、产教融合、校企合作的大背景下重新拓展和构建新内容。明确实践教学目标定位、能力技术要求和教学环节安排设计,尤其在城乡统筹、人居环境可持续、新型城镇化改革与转型的背景下,将开放性实践教学与规划学科理论紧密结合探索应用实践新路径;具体方式可采用全过程、"链条式"和多层次的实践教学体系培养创新应用人才,通过项目驱动、科研带动、案例体系教学、技术实践操作与实习等方式开放化多样化的体现实践教学内涵与实施途径;依托固有资源,拓宽校外资源,建设应用型创新素质人才实践教学基地。强调理论与实践两个教学体系的相互平行、融合交叉,纵向上前后衔接、横向上相互沟通。以实验室、校内工程实践基地、校外企业合作实习基地为交叉网络的一体化教学。

三、MFEO模式在本校该专业人才培养中的实践思考

基于上述 MFEO 模式内涵与人文地理与城乡规划专业的 MFEO 模式新出路的研究,结合宝鸡文理学院人文地理与城乡规划专业背景、发展现状以及近几年授课心得提出本校人文地理与城乡规划专业人才培养模式的思考与实施方案。

地环院人文地理与城乡规划专业是根据教育部《普通高等学校本科专业目录(2012年)》的规定,由原资源环境与城乡规划管理专业拆分而来,是以人口、资源、环境与区域可持续发展的研究、应用、管理为内容的基础性与应用性相结合的专业,具有"培养具备扎实的专业知识、良好业务素质和专业技能的、能从事城乡建设、区域规划、开发的高素质人才"的专业特色。已建成陕西省灾害监测与机理模拟重点实验室、渭河流域资源环境与生态文明研究所、地学实验教学示范中心等多个教学科研平台。本专业培养具备人文地理与城乡规划管理的基本理论、知识和技能,具有创新精神和实践能力,知识、能力、素质协调发展,能够在政府管理部门和企事业单位从事城市规划建设与管理工作,且可在教育、科研部门从事教学与研究工作的高素质应用型人才。

本专业要培养既善于宏观区域经济层面机理分析又精于微观层面规划设计的复合人才,是现阶段经济社会发展亟需的应用型专业。基于 MFEO 模式探索培养具有地方特色的应用型人才培养模式,是符合地方需求和专业特色永续发展的关键。

1. M

从应用型社会需求情况而言,欠发达地区的城乡规划人才地域分布失衡较为严重,作为服务地方为主的学校,本专业对口人才可为宝鸡市城镇规划设计、宜居城乡环境、城镇化推进与旅游业发展等方面提供专业后备人才。这就要求在专业培养目标定位上不但要凸显"一专多能"而且要在具体课程体系中精心构建,突出多元化与交叉性。以本校该专业为例,2017版人才培养方案的各类课程学时学分分配如表1。建议对该课程结构和课程体系进行调整,坚持精选和拓宽相结合,体现交叉学科的纳入比例。在保证理论知识的同时,向规划设计应用技术方面倾斜,同时增设实践课环节比例。在专业课程和选修课程(通选+选修)的设置上要纳入跨学科整合模式,即把握相关课程模式和广域课程模式之间形成连贯、有组织的课程结构,甚至可以大胆的改进通识教育课程和选修课程,以本专业学生特征、兴趣和本地化职业需求为导向,同时融入 STEM 知识并分块构建课程类别,纳入科学、技术、工程和数学教育板块。培养应用型人才更要强调科学教育的跨越学科的性质,通过专业核心课(行业需求)+选修课程(STEM 分块辅助)+综合课程(广域能力延伸)的有机组合灵活方式

搭配课程结构和课程体系类别。

课程结构与学分分配

课程类别		学时数	比例/%	学分数	比例/%
通识教育课程	通修课程	838	30.01	41	25.39
	通选课程	144	5.16	8	4.95
学科基础课程	必修课程	142	5.09	7	4.33
专业教育课程	必修课程	792	28.37	58	35.91
	选修课程	732	26.22	35.5	21.98
综合教育课程	必修课程	72	2.58	4	2.48
	选修课程	72	2.58	8	4.95
合　计		2792	100	161.5	100

2. F

对于本校人文地理与城乡规划专业"柔性化"实践的路径把握而言，关键点在于根据社会人才需求反推本专业培养的特色与优势，针对性的建立柔性化课程体系与内容。比如，本专业当前的特色课程是人文地理学和城乡规划原理，作为专业必修课的其中两门课而言实际上没有凸显本校该专业特色课程的内涵，这就造成对接社会需求方面缺乏连贯性和可操作性。可以通过具体的本地域（宝鸡市）考察调研分析基础上通过借鉴产出导向（OBE）理念内涵构建特色课程。紧抓培养目标要从市场需求中获取的理念，进一步构建课程体系、确定教学内容、教学资源以及教学方法。现阶段宝鸡市该专业就业需求较明显的集中于城乡规划、区域综合分析、规划技能、土地规划管理等方面，反推我校本专业特色课程，应该在区分城市规划专业的基础上凸显技能型优势和专项规划优势，比如经济地理学、城市地理学、城市规划、乡村规划、土地利用规划等方向，重点突出遥感与地理信息系统技能性课程的培训和实践。根据教师专长和地环院教育资源优势灵活配置，不局限于教研室和专业单位，充分利用地理大类教师资源提升优势学科的深度与广度。

3. E

专业弹性是保证柔性化培养与学生自主选择人才培养模式落实的有效途径。本校人文地理与城乡规划的弹性化发展可通过分等级模块化课程体系设置和学生自主弹性化选择两个方面互相结合的方式实现。在设置模块教学中要把握课程性质和实践岗位的整合度，在学生自主选择上要把握能力差异和就业方向差异的多维度。结合院校该专业2017版人才培养方案的课程设置与教学计划，建议如下：首先，教学内容和课程体系按照因材施教的原则选定适合学生知识实际的教学内容，可把通识教育课程按照考研深造类、专业就业方向类、跨专业就业类、创新创业类四大类别分阶段分类别设置;其次,深度构建模块化教学方式,按照知识结构、能力结构、职业素养结构,设置和构建课程体系以及链条式课程模块(见下图)。三大模块相互融合相互支撑,每个模块纳入具体课程,教学内容在模块化结构中灵活组合。学生可以根据兴趣导向自由选课,按照模块组合达成学分。最后,基于模块化课程模块要进一步完善学分制的新评价体系,既要体现软化专业考核评分,也要建立多层次、多途径、多级评估方法。在大模块化课程体系的框架下做到夯实专业基础、凸显专业技能、廓清专业方向和培养应用型人才的目的。

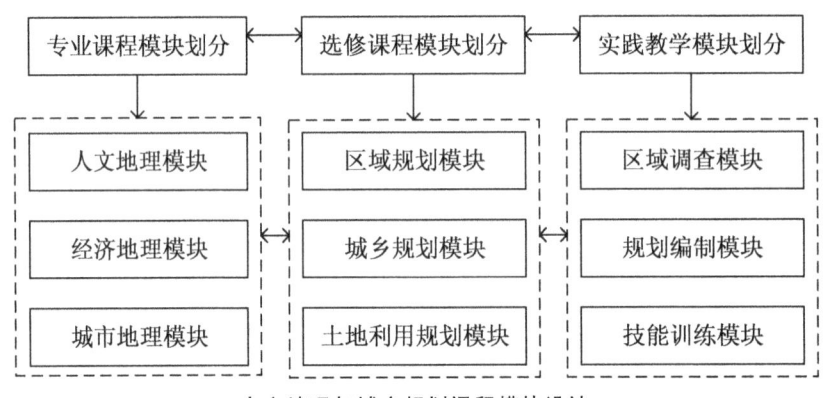

人文地理与城乡规划课程模块设计

4.0

实践教学是地环院本专业的薄弱环节,也是整个人文地理与城乡规划专业亟需解决和完善的内容。通过以就业能力和发展潜力为培养目的,基于开放性思维拓宽教学方式,对实践教学体系进行改革,将实践渗透到教学目标、教学环节、课程体系、教学研究、考核方式等各个方面。本专业在开放性实践教学体系中要基于"理论+技术+实践"的培养方式将"思维+应用+市场"体现出来。不管是项目驱动教学方式、案例体系教学方式、探究式与启发式教学方式、实践技术训练教学方式、创新创业实践培养模式、探究学研和导师制模式、实验实践教学方法方式、校企合作模式、产学研教融合模式等等,都可以加以尝试和融会贯通,不拘泥于个别方式,依据教学具体内容特征、教师特长、学生需求自由选择与切换,实现全程性实践教学方法组合,尽量做到实践教学模式和途径的开放化与多元化。实践教学的另一个重要方面就是要紧密结合国家和地方需求做到实时更新动态调整,以科学的发展观为指导,与时俱进,删减陈旧过时的教学内容,优化实践教学项目。将专业领域的前沿知识和科研创新活动引入实践教学,注重本学科的发展前沿与多学科的交叉,为培养学生实践创新能力打下良好基础。通过在本专业教学实践环节上纳入"空间规划""三区三线""美丽乡村规划""智慧城市"等前沿热点实践专题,积极与新成立的自然资源部规划业务对接。将理论知识与实践教学在真实生产生活的学习情境和具体现实问题的解决中得到很好融合。

四、结语

综上所述,基于应用型人才培养的 MFEO 模式为人文地理与城乡规划专业未来发展提供了一个新颖的思维方式。该模式对我校本专业实践能力和专业素质显著提高、就业能力和发展潜力提升具有重要的推广应用价值,为高素质应用型人才培养的持续改进提供了一条有效的途径。

【参考文献】

[1] 林媚珍,邓慧玲,滕丽."三融合四驱动"应用型人才培养模式创新与实践——以人文地理与城乡规划专业为例[J].大学教育,2018,(6):10-13.

[2] 林媚珍,谢冬敏,杨木壮.卓越教学团队"五位一体"模式的构建与实践——以人文地理与城乡规划专业为例[J].教育教学论坛,2018,31(8):133-136.

[3] 仲娇娇.STEAM 教学活动设计与应用研究[D].华东师范大学.

[4] 张守忠,王兰霞.黑龙江科技大学人文地理与城乡规划专业实践教学构建[J].安徽农业科学.2107,45(5):247-250.

[5] 刘碧强,叶陈欣.基于创新型人才培养的高校本科生科研训练实践教学改革——以福州大学为例[J].江汉大学学报(社会科学版)教,2013,(4):75-81.

我校轨道交通信号与控制专业人才培养体系及课程体系的研究

周妮娜　陈启香　姜苏英

(宝鸡文理学院 电子电气工程学院　陕西 宝鸡 721016)

【摘要】本文通过对轨道交通信号与控制专业的行业背景、轨道交通信号与控制专业的人才需求现状进行分析,结合我校办学特点以及该专业的行业特点、学生的就业等问题,研究制定出符合我校实际的人才培养体系和课程体系,明确我校轨道交通信号与控制专业的定位,合理设置课程模块,为加强学生的实践能力,提出职群课程框架和EPO的教学模式,以期提高人才培养质量,为学生就业、创业做好知识的储备工作。

【关键词】教学模式;人才培养;课程体系

【作者简介】周妮娜,汉族,陕西三原人,宝鸡文理学院电子电气工程学院,副教授,硕士。

一、概述

1. 轨道交通信号与控制专业的行业背景及我校该专业的基本情况

目前,我国的轨道交通正处于高速发展时期,地铁、城际铁路、高速铁路建设成为继铁路大规模投资之后新的投资热点,成为"十二五"基础建设投资的新增长点。未来我国的城市圈将逐渐形成城市中心区采用地铁、轻轨,城区与郊区及卫星城间采用市域铁路,即"内轨外铁"的布局模式,构成城市轨道交通网络的基本骨架。基于轨道交通事业的蓬勃发展,轨道交通专业学生拥有广阔的就业市场和巨大的市场需求,2013年教育部高等学校本科招生目录新增特设专业"轨道交通信号与控制",我校抓住机遇,于2012年申报轨道交通信号与控制专业,2013年增设该专业,并于当年开始第一届轨道交通信号与控制本科专业的招生。

二、轨道交通信号与控制专业的人才需求现状

轨道交通信号与控制专业人员主要分布于铁路局、地铁公司、工程局、轨道设备生产商、设计院等单位。随着我国城市轨道交通行业快速发展,特别是近年来我国铁路走向世界,相关单位对有经验的专业技术、职业技能人才需求量剧增,然而行业人才供给远远不足。

在我国教育培训体系中,轨道交通信号与控制是新兴专业,开设该专业的院校较少,且整体的招生规模非常有限,难以满足市场对人才的需求。从投资规模、社会影响上来说,城市轨道交通的发展前景非常广阔,但高校在人才培养的系统性专业性上却有很大不足。除了北交、西南交大、兰州交大三所高校外,其他开设轨道交通信号与控制专业的院校普遍专业开设时间普遍不长,师资、教材、教育模式、课程体系以及人才的培养目标亟需调整和改善。

例如地铁需求量特别大的人才是在地铁进入运营状态后每个站点,包括需配备的机车司机、车辆控制人员、车辆维修维护人员、轨道维修人员、车站维护人员、技术协调管理人员、车站值班员、调度人员、运营管理人员、乘务员、售票员等客运服务类人才和设施设备维护保养类人才,而新增员工的主体是中高专层次的毕业生,缺少具有较高技能的高层次技术人员。综上所述,轨道交通信号与控制专业就有很大的发展空间,人才需求量大,也就对学校的人才培养提出了更加实际的目标和要求。

三、我校轨道交通信号与控制专业的定位及目前人才培养体系存在的问题

我校是一所师范专业背景、文理工管学科齐全的的普通高校,但是没有轨道交通的行业背景,故我校的轨道交通信号与控制专业的办学应该求真务实、提炼特色、增强能力。我校轨道交通信号与控制专业侧重于对轨道信号的控制,通过专业虚拟仿真软件与实操硬件的结合,着力培养学生的实际技能和解决实际问题的能力。

由于该专业是在原有铁路机车车辆、铁道运输等基础上结合城市轨道交通大发展的形势设置的,毕业生就业也集中在铁路、地铁、城轨等行业,目前我校该专业人才培养体系存在的问题是实验实训设备不足、教学计划、人才培养方案不完善等问题,处于摸着石头过河阶段。由于是新办专业以及专业本身的特点,一些基本的设备、仪器受制于设备体积大、价格贵等情况不能进入学校实训,给教学带来了不便。由于轨道交通技术的迅速发展,课堂理论教学严重脱离于生产生活实际,学校里面讲到的很多信号设备在实际中早已经淘汰。通过对通过对北京交通大学、兰州交通大学、长安大安的参观、调研、学习,结合国内轨道专业的发展方向、科研方向、学生的就业、考研等问题,制定形成了目前的专业人才培养方案。该人才培养方案通过近两年的实际

运行,已经出现了诸如专业课程设置的关系错乱、方向课程开设重复、任选课程数目繁多却大而不精等问题,国内地铁、城轨行业的发展对专业人才提出了新的要求,因此,改革现有的人才培养方案迫在眉睫。

四、我校轨道交通信号与控制专业人才培养体系的改革思路和具体做法

(一)改革思路

以注重学生实践能力的培养和提高为指导,按照课程改革、实践环节改革两个步骤展开,优化课程体系结构,强化轨道交通信号与通信技术类课程的关联,增加铁路编组站自动化CIPS、CTCS列控系统等学科前沿理论,在教学环节充分加入MAT-LAB、LabView、VC++等仿真软件,实现虚实结合的无缝连接,加强学生对于所学专业的理解,拓宽学生思路,激发学生的学习积极性。

(二)具体做法

对于轨道交通信号与控制专业人才培养体系的改革主要分为两大部分,第一部分是人才培养方案体系中的课程体系的改革;第二部分是实践教学环节的改革,实践出真知,实践不仅可以帮助学生加深理解,更重要的是在实践过程中学生会运用所学理论知识形成自己的职业技能。

1.课程体系改革的具体做法

课程理论教学改革方面,以培养适应轨道发展的人才为核心,以注重专业知识掌握、实践能力提升为出发点,建立符合人才培养规律的课程体系。

(1)制定CCF(Career Cluster-based Curriculum Framework)职群课程框架,建设以高等数学、英语等通识教学模块,以电路、数字电子技术、模拟电子技术、单片机、微机原理等为基础模块,以轨道交通信号基础设备、铁路信号运营基础、车站控制技术、区间信号自动控制、列车运行自动控制系统、编组站自动化、计算机联锁等课程为核心课程模块,以计算机网络、通信、MATLAB、DSP技术、铁道信号远程控制、高速铁路技术、GSM-R为就业能力模块的课程群建设体系。

(2)适当删减课程教学过程中滞后于工程实际的内容,增加新方法、新设备的介绍、讲解。如,传统的驼峰信号技术,目前已经发展为CIPS编组站自动化控制系统,这一部分内容讲解时侧重点就可以调整。课程的教学还应紧跟当前轨道交通技术的发展步骤,及时的将新技术新应用传授于学生。例如当前我国轨道交通已走向高速化、便捷化,高铁快速发展起来,在理论授课时应将高铁与既有线对比讲解,并对高铁所应用的新型的信号控制技术予以讲解。我国铁路、高铁已走向世界,这也就对我们

提出了新的要求,加强专业英语的教学,使学生具有丰富的专业英语词汇,良好的外文沟通能力,适应时代和行业的发展。

(3)制定EPO(Explore Practice Operate)的教学模式,即从单纯的传统课堂教学转向讨论式、探究式学习,让学生去动手、去操作、去运行,变"被动式"学习为"主动式"学习,鼓励学生构想、设计、实施、完成自己的想法,强调学生是问题的主人,重视讨论过程,提高学生的专业性和理解力。

(4)为学生提供跨学科课程的平台,如给学生选修一定的基础理论课程、人文类课程、运动与健康类课程和设计类课程,学生的大学教育应注重长远性,跨科系课程为学生的长足发展注入动力和能量。

2. 实践教学环节改革的具体做法

轨道交通信号与控制专业涉及到的专业实验设备特别多,把实际地铁、铁路中的的道岔、机车、钢轨等实验设备搬进实验室进行实验的做法不易实现,一是因为这些实际物件具有体积大、单套设备价格昂贵、数量少、教师无法实现大班实训演示等特点,二是因为即便这些设备进入实验室,也会由于人多、看不到、听不清、拆装麻烦等原因,造成实验效果不好、教学组织混乱等问题。

实践教学环节改革的具体做法如下:

在实践教学中,实物演示以关键设备为主,例如继电器、转辙机以及补偿电容、电缆模拟网络盒、应答器等仅用于课堂演示,主要是让学生掌握其构造,便于工作原理的理解。对于此类设备可以通过与铁路局等单位开展合作、积极协商,将其报废的此类设备提供给学校开展教学,这样既可以给学生提供实践机会,了解设备基本情况,又可以为学校节约资金。

对于专业课程的实验,建议虚实结合较好,即建立模拟仿真系统,让学生对系统的运行有感性的认知,同时引导学生自己编写一些简单的仿真程序,例如学生可借助VC++编程工具编写联锁程序,实现列车进路的办理、取消等功能,进而熟练掌握车站控制的核心理论。对于实际中常用的实训设备,则可以利用3D动画等予以体现,学生既可以看到设备直观的动作过程又能够加深理解,课程讲解时的晦涩难懂也很好的得到解决。

对于综合性实验设计性实验以及课程设计,在轨道交通信号与控制专业实验室,学生可以自主编程,充分利用学习过的单片机、微机原理、数据库等课程知识,完成对列车的自动运行控制。学生通过编制调度指挥计划和下达控制系统指令,实现列车在模拟线路上的安全运行、行车调度等,直观体现出各项行车组织作业与车站、线路、车辆等运输设备之间的关联关系,完成仿真实训系统制定的行车任务。城市轨道交通自动运行准移动闭塞防护实验、城市轨道交通进路安排实验、轨道交通信号机实验、轨道电路的组成、测试及故障处理实训、轨道电路电气绝缘节的组成及安装实训、轨道电路的安装、调试及测量实训、电动转辙机的结构及电气故障处理实训等实验实训也都可以利用C++编程完成。

加强学生使用 MATLAB、LabView 等软件的能力,在已有仿真实验室的基础上完成 ATP 模拟模块、列车动力学模型、机车环境模型参数设置及显示模块、前车机车环境模型参数设置及显示模块和后车机车环境模型参数设置及显示模块的仿真设计,一方面实现了列车动力曲线及前后辆车自动防护的模拟,实现列车的实时远程监控,及时进行监测;另一方面解决了理论和实际的关联问题,使学生熟练掌握列车自动防护原理及列车如何自动生成防护曲线和曲线监测实现方法等相关原理。

除了实践环节虚实无缝结合外,积极拓展校外实践基地,有机融入实践教学也是实践环节改革方法之一。国外很多工科大学都在推进 Earn-As-You-Learn 的培养模式,我们也应该积极寻求新的实习、实践基地,探索新的实习方式,如增加与伙伴大学的合作,增强与公司的合作,让学生有机会在创业的环境里学习,有利培养创业思维,适应社会需求变化太快的情况。

五、结论

本文结合轨道交通信号与控制专业的行业背景、我校该专业的专业定位、学生的就业方向、目前存在的问题展开讨论、进行深入分析,探索符合我校实际的专业人才培养体系的思路和可行性做法,给出了切实可行的课程体系改革和实践环节改革的具体做法,提出了职群课程框架和 EPO 的教学模式,为我校轨道交通信号与控制专业的人才培养质量保驾护航,为轨道交通信号与控制专业的学生就业打下基础、做出设想。

【参考文献】

[1] 刘伯鸿.轨道交通特色专业人才培养课程体系的改革与研究[J].科教文汇,2013(11):66-68.

[2] 许爱军.虚拟现实技术在轨道交通类专业教学中的应用[J].长江大学学报(社会科学版),2011,34(4):134-135.

[3] 唐杨波,郑乐藩.探索"以学生为中心"教学法在城市轨道交通控制专业实训教学中的应用[J].南方纸业教育学刊,2013,3(6):30-32.

自动化大类招生背景下轨道交通信号与控制专业课程建设的探索
——以宝鸡文理学院为例

陈启香

（宝鸡文理学院 电子电气工程学院　陕西 宝鸡 721016）

【摘要】 轨道交通信号与控制专业在自动化大类招生、分流培养的背景下，根据宝鸡文理学院"大类招生、分流培养"的特点及轨道交通信号与控制专业培养体系，对大类背景下轨道交通信号与控制专业理论课课程体系、实践体系构建做了详细的阐述。理论课课程体系、实践课程体系的构建，为该专业培养方案的制定和各类人才的培养提供了保障。

【关键词】 轨道交通信号与控制；课程建设；大类招生；实践体系

【作者简介】 陈启香，汉族，甘肃白银人。硕士研究生，现工作于宝鸡文理学院电子电气工程学院，担任轨道交通信号与控制教研室主任、讲师。

一、概述

随着我国轨道交通（含普速铁路、高速铁路、城市轨道交通、磁浮交通及城市有轨交通等）的快速发展，社会对轨道交通信号与控制的人才需求量急剧增长，轨道交通信号与控制专业应运而生。最初设有轨道交通信号与控制专业（以下简称信号专业）的兰州交通大学、北京交通大学、上海铁道大学（2000年与同济大学合并）培养的毕业生已不能满足行业需求，为适应轨道交通行业发展需要及优化学科专业结构，2012年教育部增设了一批应用性强、行业针对性强的新专业，其中包括为保证轨道交通安全可靠运行而增设的"轨道交通信号与控制"专业。基于此背景，我校于2013年开设轨道交通信号与控制专业，并开始招生。

为适应市场经济发展及社会生活多元化的特点，深入贯彻落实《国家中长期教育改革和发展纲要(2010－2020年)》和国务院办公厅《关于深化高等学校创新创业教育改革的实施意见》的精神,满足厚基础、宽口径,具备自主学习能力、拓展知识潜力、创新创业能力的复合型、创新型人才培养需求,根据教育部2012版《普通高等学校本科专业目录》,以及《华盛顿协议》协议下工程认证总体要求,及轨道交通信号与控制专业具有学科交叉性强、渗透深、行业相关性强,涉及多门学科的特点,我校于2015年对轨道交通信号与控制专业实行以自动化大类形式招生。

二、"大类招生、分流培养"模式

大类招生是指在高校本科生招生中按照学科大类,不分具体专业进行招生。进校后,低年级的新生进行通识教育,高年级学生按照学生的意愿再具体选择专业、分流培养。目前"大类招生、分流培养"主要模式有三种:学科大类招生;院系招生;实验班招生。根据我校的办学特色及电子电气工程学院专业设置特点,我校采用学科大类招生模式,即按自动化大类招生,人才培养模式如图1所示。

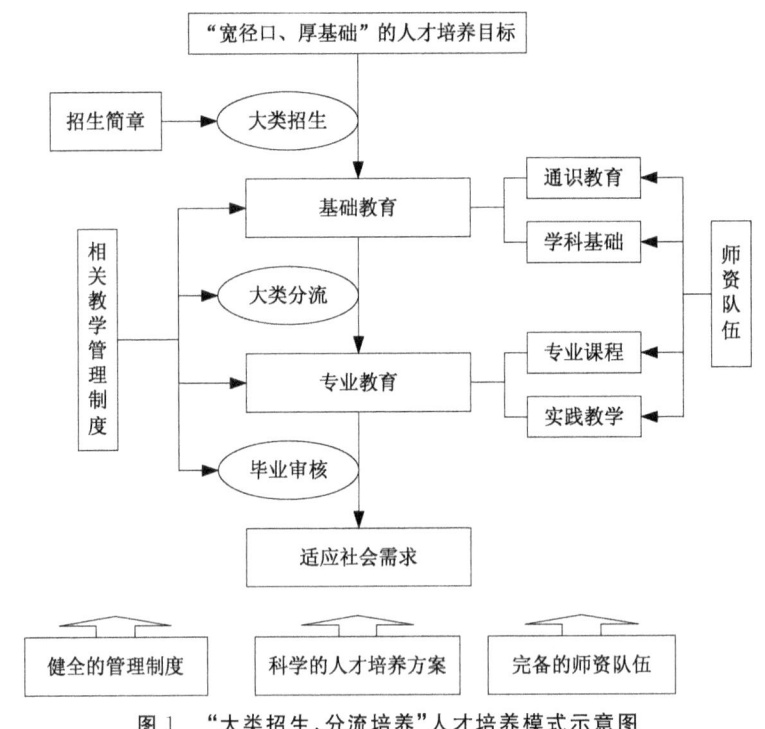

图1 "大类招生、分流培养"人才培养模式示意图

由图1可知,确定大类招生的模式后,紧接着要进行大类分流,大类分流分为三个阶段,第一阶段学生填报志愿;第二阶段大类分流,即进行专业选择;最后为专业分班阶段。根据我校自动化大类分流的经验来看,大类分流的关键在于分流时间的确定和分流方式。我校于2015年首次进性自动化大类招生,于2017年进行分流,采用

学分绩点优先、学生志愿为依据。今年10月份对2015级自动化大类学生和专业课教师进行分流时间、分流方式调查问卷,90%的学生表示分流时间滞后,导致在大学二年级课业繁重,学无重点,80%的老师也表示分流时间滞后,学生专业基础差;对于专业分流方式,95%的学生表示合理,但大部分的专业课教师表示不合理,只做到成绩优秀的学生选择了自己喜欢的专业,而新开专业轨道交通信号与控制专业学分绩点偏低的学生占大部分,使得专业教学过程艰难。

鉴于2015级自动化大类专业分流所出现的问题,我校于2017年对专业分流进行整改,分流时间定于大学一年级结束,分流方式采用学生志愿优先、学生绩点为依据,学校进行宏观调控。

三、大类背景下信号专业培养体系

信号专业在实施自动化大类招生这一新型培养模式后,需对理论课程体系、实验体系、实践体系等进行有机整合和全新构建,优化课程内涵,以适应新的培养模式。在进行大量调研后,参照知名大学同类本科培养体系,构建宽厚的通识教育和基础知识培养平台,在平台之上建立自动化类学科基础课程模块、以交通信息工程及控制二级学科为核心的专业核心课程和专业方向、前沿与特色课程模块、以及贯穿整个培养过程的实验、实践教学模块在内的人才培养体系。

1. 理论课课程体系

自动化大类背景下信号专业课程体系的建立,要兼顾我国专业认证的要求,因此制订信号专业课程体系的思路如下:以培养目标及毕业要求为导向,以提高学生的综合工程能力、时间能力为核心,兼顾轨道交通发展方向,采用多样化的教学模式,增加并改进实践教学任务,建设我校特色鲜明、骨干课程线路清晰、实践教学内容丰富的课程体系。按照该思路建立的理论课课程体系如图2所示。

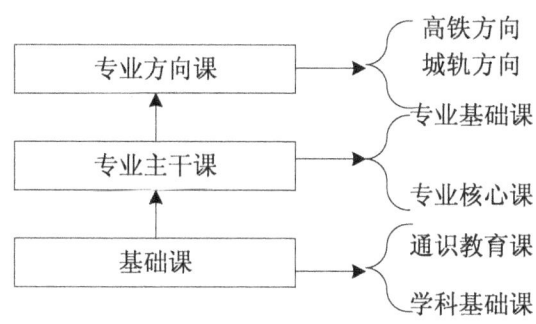

图2 信号专业理论课课程体系示意图

信号专业在实施"大类招生,分流培养"模式后,课程体系的设置要体现"宽口径、厚基础"的培养目标,需搭建宽厚的通识教育和学科基础知识培养平台,实现基础能力和基本素养的培养。大类平台课程的教学目标是培养学生掌握专业基础知识和基本理论,从而更深入地理解专业。

因此前三个学期设置通识教育课和学科基础课,第一学期、第二学期分别开设自动化导论和轨道交通概论,反映专业基本知识和基本理论,使学生对大类中的各专业有所了解,避免分流选择时盲目。第二学期确定专业后,专业课程要体现"强能力"的培养目标,根据学科性质和本专业培养目标设置典型的专业主干课程,构建一个特色鲜明、适宜个性发展的专业培养平台,强化学生的实践与创新能力。信号专业专业课的设置采取"一体两翼"的课程结构,即形成以"普速铁路信号"方向为专业主体,增设高速铁路信号和城市轨道交通信号两个方向的"一体两翼"课程体系。因而第2至5学期先进行专业基础课程,再进行专业核心课,在第5学期在兼修专业主干课程的同时按照个人兴趣选修专业方向,第7学期进行专业拓展,掌握轨道交通领域最新技术及拓展知识面。

2. 实践课程体系

实践教学的内容包括通识教育实践、课程实验、课程设计、科技创新活动、专业实习和毕业设计等。依据自动化大类背景下信号专业人才培养体系及兼顾专业认证的信号专业课程体系建立的思路,构建"课程实验、专业实习、综合设计、创新实践"四层次、渐进式的实践课程新体系,如图3所示。其中专业课程实验、开放性实验、专业实习、课程设计是整个实践课程体系的核心,覆盖信号专业所有理论课的内容,工程实践能力、创新创业等能力的培养贯穿于整个实践教学过程。

(1)通识教育实践。通识教育实践包括计算机课程实践、军事训练等环节,主要培养学生有效思考、清晰沟通、适切判断、正确价值观等实践能力。

(2)课程实验。理论课程与课程实验相辅相成,以达到理论联系实际的目的。课程实验的设置应以课程内容来设置。实验过程中以学生为主体,老师引导,让学生自己动手,充分发掘学生的潜力。实验的形式有验证型、综合型、设计型。典型的实验课程有:电类基础课程实验(电路分析、模数电技术等)、计算机类(单片机、微机原理等)、专业课(车站信号自动控制系统、列车运行控制系统等)。

(3)专业实习。专业实习包括专业认知实习、生产实习、毕业实习。通过认知实习培养学生的认知能力,使学生熟悉轨道交通运输系统,熟悉信号设备和系统及其操作;生产实习通过校内、校外实习基地,运用所学专业知识进行综合工程实践,培养学生的设计能力;毕业实习以跟岗形式的培养学生的实施能力。

(4)综合设计。综合设计包括综合实验、课程设计、毕业设计。综合实验在校内联锁列控一体化实验室内完成,是学生完成专业课学习后,将专业理论知识应用到实验中,培养学生分析问题、解决问题的能力;课程设计主要有数字电技术课设、单片机课设、专业课课设（车站、区间、远程控制），加强学生的设计能力；毕业设计本科教育最后一个综合性、创造性的教学实践环节，是对学生在校期间所学基础理论、专业知识和实践技能的全面总结，是对学生综合能力和素质的全面检验，提升学生的工程实践能力。

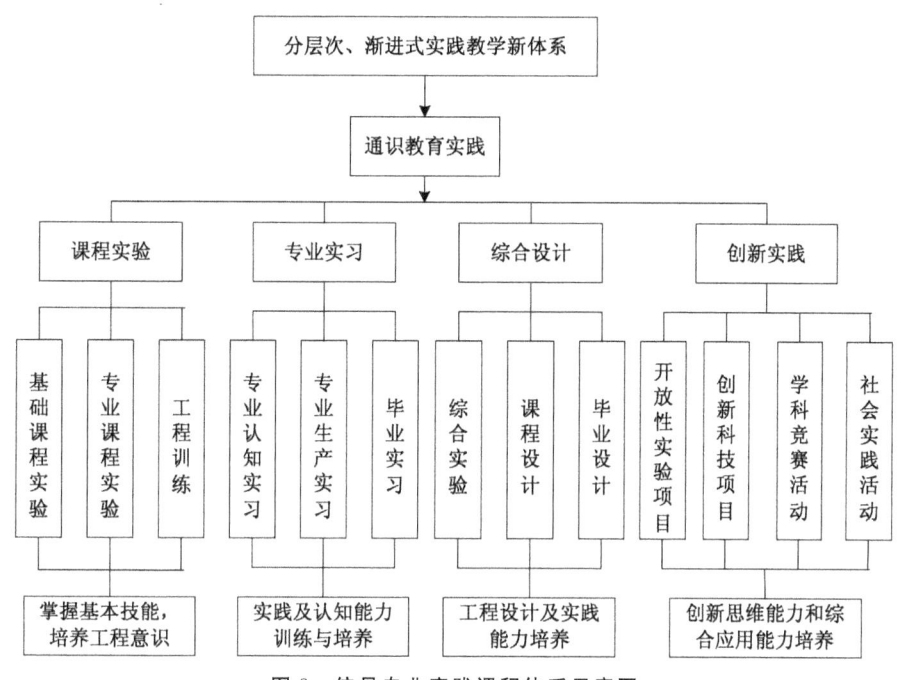

图3 信号专业实践课程体系示意图

（5）创新实践。创新实践环节主要以大学生创新项目（国家级，市级和校级）、大学生创业项目、学科竞赛、开放性试验等形式实施，培养学生的创新创业能力。

整个实践课程体系的实施以课堂教学为基础、以课程实验、课程设计为提升、以学科竞赛等为载体、以生产实习、毕业实习、毕业设计为强化，同时将实践融入到教师科研项目中，带动学生的积极性，达到工程实践能力、创新创业等能力的培养。

四、结论

根据"大类招生、分流培养"的特点及专业认证的要求，本文以宝鸡文理学院为例，针对自动化大类背景下轨道交通信号与控制专业人才培养，构建了基于基础课、专业主干课程和专业方向课程的理论课课程体系；构建了"课程实验、专业实习、综合设计、创新实践"四层次、渐进式的实践课程新体系。理论课课程体系的建设有助于创新性、复合型人才的培养，实践课程体系的建设大大提高了学生工程实践能力及创新能力。

基于OBE理念人才培养体系的构建

【参考文献】

[1] 苏志华,袁焱萍,王阳.高等学校大类招生、分流培养背景下的课程体系设置研究[J].教育教学论坛,2018,34(8):156-157.

[2] 李炎锋,薛素铎,李振宝.地方院校工科大类专业办学改革探索[J].中国大学教学,2016,(6):18-21.

[3] 高强,李翠兰,张晋京.推进高校大类招生改革若干问题的探讨[J].大学教育,2018,(12):18-21.

[4] 郭秀清,陈邦兴,王绍银.轨道交通信号与控制专业课程体系研究[J].大学教育,2017,39(5):39-45.

[5] 薛士龙,郭燚,刘以建.电气工程及其自动化专业实践教学体系的研究[J].教育教学论坛,2015,(5):121-123.

[6] 熙伟,廖晓钟,霍德茹.毕业设计教学过程管理和质量监控的探索与实践[M].第三届教学管理与课程建设学术会议论文集,2012,64-67.

新工科理念下工程应用型人才培养模式的探究
——以给排水科学与工程专业为例

赵 倩 王 科

(宝鸡文理学院 地理与环境学院 陕西 宝鸡 721013)

【摘要】随着新工科建设的推行,工程教育理念的改变,如何改革人才培养模式,培养出符合市场需求的工程应用型技术人才,是当今地方性高校所面临的一项难题。本文主要以给排水科学与工程专业为例,探讨其在学科建设发展过程中存在的问题,并结合新工科理念对工程应用型人才的培养模式进行研究,提出通过制定适宜的给排水科学与工程专业人才培养目标、优化课程体系、改革实践教学环节等措施,培养出符合市场需求的工程应用型人才。

【关键词】新工科;工程应用型人才;给排水科学与工程;培养模式

【作者简介】赵倩,汉族,陕西宝鸡人,讲师,博士,宝鸡文理学院地理与环境学院,主要从事给排水科学与工程教学与研究工作;王科,汉族,陕西乾县人,讲师,硕士,宝鸡文理学院地理与环境学院,主要从事给排水科学与工程教学与研究工作。

【项目基金】宝鸡文理学院第十三批校级教改资助项目(18JGYB68);宝鸡文理学院科学研究项目(ZK2018044);宝鸡文理学院2018年大学生创新创业训练计划项目(201810721005)。

"复旦共识""天大行动"和"北京指南"拉开了"新工科"建设的序幕。相对于"传统工科","新工科"是基于当下我国迅猛发展的大数据、物联网、人工智能、网络安全、大健康等新经济领域出现创新人才储备缺乏的背景而提出来的,是顺应国家推动创新驱动发展、实践"一带一路""中国制造2025""互联网+"等重大建设的一项关于工程教育的改革创新,以更好适应并推动以新技术、新业态、新模式、新产业为代表的新经济的蓬勃发展。新工科建设是从服务国家战略、满足产业需求和面向未来发展的高度,在"卓越工程师教育培养计划"(简称"卓越计划")的基础上,提出的一项持续深化工程教育改革的重大行动计划,是重塑工程教育体系的有益探索,是建设具有中国特色的工程教育模式,培养能够服务国家战略、具有全球胜任力的卓越工程师的重要举措。

给排水科学与工程专业是一门综合性、技术性、实践性很强的学科,目前在全国高校的办学点超过156个,年招生人数过万,是高就业率、需求旺盛的专业之一。宝鸡文理学院给排水科学与工程专业始建于2007年,已连续招生11年,如今在校学生近400人,在新工科建设的新导向下,展望我校给排水专业今后的发展之路,如何更新教育理念,确立培养目标,培养适应我国给排水行业需求且具有创新精神和工程应用能力的高素质人才,是摆在给排水教育工作者面前的一份重要责任。

一、制定适宜的人才培养目标

国内目前的工科培养目标是在特定时期计划经济时期产生的,也在特定时期发挥了关键作用。随着社会发展日益开放,新技术日新月异,这样的培养目标和计划暴露出诸多问题。比如国内工科的培养目标在课程设置上偏重于专业课程,交叉管理类课程占比相对较小;在教学计划上,必修课所占比例较大,缺乏选课弹性;偏重基础理论学习,实践环节薄弱等。社会高度信息化与人工智能的快速发展,引发新产业的兴起,尤其对工科人才有着更高的要求。高校作为人才的主要输出地,其人才培养方式改革更需要因时应势而变,尤其是工程人才的培养,应该针对地方经济的发展特点制定适宜的人才培养目标。近年来,有些地方性大专院校在给排水专业的人才培养上与国内一流高校看齐,甚至与国际接轨,引入全球化视野,课程设置全盘照搬,与当地经济发展严重脱节,导致培养出来的人才不符合当地市场需求,就业竞争力明显下降。只有制定适合当地市场需求的人才培养方案,才能立于市场竞争的不败之地。因此,地方高校给排水科学与专业的人才培养应该结合地方特色,以服务于地方经济发展为目标,并以此作为专业体系、教学内容、教学方法、学科交叉和渗透等的指导思想,在培养计划的各个环节的要求与安排上统筹考虑,合理安排,全面协调发展。

二、优化教学课程体系

新时代的给排水科学与工程专业的教师们要了解行业的需求,顺应社会的发展,培养出一批具有较高工程素养的创新型工程应用人才。为此,必须要创造出有利的条件,创新改革新的教学模式和教学内容,优化教学课程体系。

1. 增加基础课,强化通用性

宝鸡文理学院给排水科学与工程专业的培养目标是高级专业技术人才,对专业知识和技能的训练十分重要。加上现今用人单位对给水排水专业的人才要求越来越高,夯实专业基础,丰富专业内容及深化专业的内涵非常必要。在课程体系上要求加强学生的基础课的学习内容以及调整课程系统中的比重。给排水科学与工程专业的基础课程包括水分析化学,水力学,画法几何与工程制图,工程力学,电工学,有机化学、水质工程学等。课程量相对较大,可通过开展知识竞赛,比如采取全国勘察设计类考试—注册公用设备工程师(给排水)的真题等开展知识竞赛,使学生尽早建立对该考试的认识,对给排水设计的认识。同时增加国内外知名专家学术讲座等活动来帮助学生了解就业形势,加强与社会联系的紧密度,并向学生介绍基础课程的重要性和实用性,正确引导学生,培养学生学习专业知识的兴趣。通过基础课程的增加,不但拓宽了学生的知识面,增强了学生在就业中的竞争能力,为学生的创新能力打下了牢固的基础,同时促进了学生的学习主动性与积极性。

2. 注重学科的交叉融合

"新工科"建设要求在跨越传统学科边界的同时保持工科的学科意识。"新工科"建设强调学科的交叉融合,要求调整学科专业建设的思路,这就需要转变学科门类和专业分工的认知范式,树立全新的工程教育"新理念"。同时,应当保持工科的学科意识,避免由新技术、新需求带来的专业过度细分和碎片化的现象。每个学校都要根据自身的条件,来制定自己的教学目标,以及找准自己的办学定位和社会服务的职能。要确立适合自己的创新型人才培养的教学模式和教学目标,要形成自己的专业的特色。那么在具体的改革上,就要根据自身的情况,结合学生的优势,利用学校给水排水专业与其他专业的交叉条件来进行设计课程系统和增加多层次的交叉学科和新的学科内容,在实现自己的专业特色的同时,又可以实现资源共享,促进专业的进一步发展。新工科背景下给排水科学与工程专业的课程体系优化,要突出"新工科"专业交叉融合、互相渗透的特征,注重知识的前沿性和综合性,在遵循工科发展规律的基础上深化"大工程观",培养工科的情怀和想象力。换言之,我们培养出来的工程师不仅要具备设计思维、工程思维、批判性思维和数字化思维,更要拥有家国情怀和全球视野,要关心国家战略和人类生存问题,成为真正的综合型、全周期、高竞争力的卓越工程师。同时,"新工科"建设要求教师队伍再建设。一方面,是否具有交叉的学科背景、综合的知识结构、丰富的工程实践经历、"双师型"能力、和较高的教学学术水平应当成为"新工科"教师队伍的基本要求;另一方面,需要调整和转变教师的激励、评价、考核体系,自上而下引导教师注重新时代工程师培养的质量,扭转过去教学和科研不平衡的现象,自下而上提高教师建设"新工科"的积极性和主动性。

3. 重视学生的综合素质的培养

工程应用型人才的培养除了要重视人才的专业知识技能以外,也要重视学生的创新精神和创新思维的培养,要注重学生的综合素质的培养,促进学生的专业知识,相关知识,能力,和人格的三位一体的发展。对于一个学生来说,思想教育和专业技能的培养同样的重要,首先要教学生们成人,其次再传授学生们专业知识技能。另外,新工科的建设是面向未来社会发展的教育,未来社会更加强调合作的重要性,因此,要加强学生合作意识和合作能力、合作方法的培养,而这就需要学校积极构建一种以合作学习方式为基础的、富有创意和实效的教学理论和策略体系。为了激发学生的学习兴趣,提高大学生的科研技能、创新精神、实践能力和团队合作意识,宝鸡文理学院针对给排水科学与工程专业的学生分年级分别建立了科技兴趣小组,分阶段采取阶梯递进式对学生进行引导。一方面,组织低年级学生分阶段参观水厂、污水厂、给排水实验室,同时组织专题和相关知识竞赛等活动,来提高学生学习的积极性和主动性。另一方面,对与较高年级的同学,在学生学习专业基础理论知识的过程中,就有意识的鼓励引导学生能积极参与教师的科研课题,并结合陕西省及宝鸡文理学院每年组织申报和资助的大学生创新创业训练计划项目,引导高年级的学生积极申报创新创业训练项目,鼓励和支持大学生尽早融入科学研究、技术开发和社会实践等创新活动,构建优秀本科生的科研训练平台。

三、加强给水排水工程专业实践教学的改革

实践教学是工程专业教学中的重中之重,是从专业知识讲授到工程能力传授的主要环节。给水排水工程专业的人才培养主要是通过实践教学塑造其实践动手能力、综合职业素质、职业道德观念及创新理念的重要途径。我国近年来培养给排水工程专业往创新、应用型人才方向发展,然而遭遇了众多艰难险阻。例如普遍存在学生实践动手能力较差、综合素质偏低、主观能动性和实践积极性不高、学校实践教学课时不足、场地受限、经费不足等问题,这些都限制了给水排水工程专业的实践教学的开展,造成实践能力得不到提升,整体综合素质较低,不能满足就业单位的要求,从而形成恶性循环。

由于新工科建设的发展,给排水工程专业更加需要注重实践能力的发展,通过实践教学环节来培养学生的职业技术能力和综合素质,为将来成长为设计工程师、施工、造价等方面的工程师打好基础。依据新工科背景下对工程应用型人才的培养要求,主要从以下两个方面强化给排水科学与工程专业实践教学环节的作用。

1. 重视实践课程教学环节,增强学生实践能力

改变"重理论、轻实践,重知识、轻能力"的传统观念,加大资金投入力度,扩大实践教学基地,完善实验教学仪器设备,提高学生的主观能动性,培养学生理论联系实际的能力和创新思维能力。国家政府方面要制定下达相应的政策,加大对给水排水工程的建设和投入,与中小企业合作,扶持给水排水工程事业的发展。同时要强化工程实训,学校应增大资金投入,建设相应的实训基地,购买实训装备。注重开展校外给水排水专业工程实践教学的参观及演练,增加外出参观和实习锻炼的机会,定期组织安排学生参加和体验给水排水处理和建筑排水的过程,特别是要着力扩大给排水工程设计、给排水工程施工安装校外实践基地的数量和规模。需要加强校企合作,解决平衡企业和高校的需求和利益,找到双方的合作共赢点,高等学校与企业创建产教

协同模式,切实发挥企业在人才培养过程的作用,共同设计制作实践教学内容、共建实训平台和环境等(比如校企合作,由学校和科技企业共同提供学生及社会第三方急需的培训课程等,提高学校服务地方、服务企业的能力),让学生紧跟科技发展步伐,大力培养学生的实际操作能力和创新思维能力。

2.完善实践课程的管理和考核机制

新工科背景下,注重工程能力的讲授是提高实践教学质量的关键。可以通过建立和健全实践教学管理制度和质量标准,组织专家对实践教学环节进行评估,将实践课程纳入教师教学质量测评体系等措施来规范实践课程的教学过程。另外,还可以通过引进工程经验丰富、实践能力强的专家人才参与实践课程的教学,加大对教师的培训和提升,推动教师整体素质的提高,形成合理的实践课程教师队伍。在企业合作方面,加强与企业指导教师的良好沟通和协商,提高学生的实习效果。对于实验、实习和设计等实践课程的考核,应采用灵活的考核机制,强化考核内容,有效提高实践课程的教学效果。除考核单纯的书面理论报告,还应该增加技能考核和答辩等环节,综合全面的考察学生解决实际问题的能力、工程能力、技术创新能力和团队写作能力,保证实践课程的教学效果。

新工科建设背景下,给水排水专业迎来了更多机遇与挑战,新工科建设推动了给排水科学与工程专业人才培养模式的改革与发展。对于地方高校来说,适应国家新发展、"新工科"形势下的大学生创新、创业驱动发展需求,针对地方特色制定适宜的人才培养目标,优化课程体系,加强实践教学改革,以及注重大学生工程素养能力构建的方式方法创新,培养符合市场需求的工程应用型人才,是未来开展新工科建设与改革的重点。

【参考文献】

[1] 末碧鬼,宋小三,魏雪芬.新工科理念下给排水科学与工程专业毕业设计(论文)质量控制[J].教育观察,2018,7(7):83-85.

[2] 张翔凌,姜应和,金建华,等.给水排水工程专业卓越工程师人才培养模式改革初探[J].大学教育,2014,(14):59-61.

[3] 邓慧萍,崔福义.给排水科学与工程专业教材建设与发展[J].给水排水,2017,53(11):136-140.

[4] 王科.地方高校新办给排水专业教改研究[J].榆林学院学报,2105,25(2):98-101.

[5] 马伟芳,孙德智,伦晓秀,程翔.给水排水工程专业实践教学模式及考核方法探究[J].教育教学论坛,2014,(42):154-157.

[6] 李冬梅,梅胜,杜青平,等.地方高校给排水专业教学模式改革的必要性与实践成效[J].大学教育,2016,(06):130-131.

新工科培养模式下的传感器技术课程教学方法研究

赵 亮

(宝鸡文理学院 电子电气工程学院 陕西 宝鸡 721016)

【摘要】"传感器技术"是高等学校工科电气、电子信息类专业的一门多学科融合的专业课程。按照新工科专业培育模式,探讨了以卓越工程人才培养为导向的"传感器技术"课程建设、"因材施教、因课施法"的多元化教学方法,以及满足新工科专业课程培养目标的多元化考核策略,通过课程教学实践,有效提升"传感器技术"课程教学质量,更好地培养新工科人才。本文研究的课程教学方法对于教学改革、新工科专业课程建设等具有一定的参考意义和推广价值。

【关键词】新工科;传感器技术;教学方法研究;教学改革

随着我国高等院校新工科建设的不断推进,很多学者提出,我国目前的"新工科"应该培养具有多元化创新能力的工程人才,为我国的产业发展和提升国际竞争力提供创新型人才支撑,这也是"中国制造 2025"等一系列国家战略的迫切需求。这既是一件紧迫的事情,也是一项长期的战略。教育是立国之本,高等院校是培养国家现代化建设高级人才的摇篮,在新工科培养模式下,地方高等院校的工科专业进行教育改革和转型发展是必由之路。地方高等院校培养工程专业人才,要着力于服务地方经济建设和社会发展,积极探索如何培养合格的创新型卓越工程师人才。

"传感器技术"是面向电子电气类专业学生开设的一门基础理论和应用技术相结合的高年级专业课程,本课程主要介绍典型传感器的基本工作原理、构造、接口电路结构及参数分析。重点阐述电阻式、电容式、电感式、压电式、磁电式、热电式、光电式及霍尔传感器的原理、结构和应用,同时也详细介绍了气敏、湿敏、磁敏和辐射传感器的机理、结构和应用。本课程的教学目标是让学生掌握典型传感器检测技术的基本原理,掌握典型传感器的类型、结构特点、工作原理和应用电路分析,培养学生能够根据实际工程需要选择合适传感器类型及其参数的能力。使学生具备综合运用电子信息技术和传感器技术解决工程实际中的数据、信息采集和处理的能力,为日后成为卓越电子信息类工程人才奠定基础。传感器课程的内容具有一定的深度和广度,教师的"教"和学生的"学"都有一定难度。

在新工科人才培养的背景之下,按照教育部工程教育认证标准的要求,我校各工科院系对工科专业的课程大纲进行了修订,加强培养学生理论联系实际的能力、提升学生运用理论知识解决实际问题的能力。本文结合《传感器技术》课程的教学实践,探讨在新工科人才培养模式之下,如何通过课程教学改革培养合格的创新型卓越工程师人才。

一、新工科培养模式下的课程建设

文献指出,当下的"新工科"具有"新兴""新型"和"新生"的特点,它代表了产业或行业的最新发展趋势和方向,是一类正在或将要形成的工程学科。相较于传统工科培养模式,新工科更加强调夯实基础、拓宽专业知识面以及多学科的交叉融合。因此,新工科培养模式就是要培养一批基础扎实、知识面广,具备较强实践能力和创新精神的复合型工程人才。新工科培养模式大体上具有创新性、融合性、交叉性等几个主要特征。因此,在新工科培养模式下,应该按照教育部工程认证的要求进行相关专业基础课、专业课和实践课程的建设。

"传感器技术"是一门融合了电学、光学和声学等多个学科的综合性专业课程,同时,它也是一门以电子信息专业的许多专业基础课程(如:电路分析、模拟电子线路、数字电子线路等)为学习基础的专业课程,是培养新工科人才必不可少的一门重要专业课程。

二、新工科培养模式下的传感器技术课程教学与实践

"传感器技术"课程综合性强、概念抽象、测量电路形式多样、公式推演需要一定的数学推理过程,学生往往不易理解和掌握。因此,需要采取适当、有效的方法来提高该课程的教学质量和效果。本文从教学目标与课程建设、教学设计以及考核与评价3个方面对该门课程的教学改革和实践进行阐述。该课程的教学方法研究如图1所示。

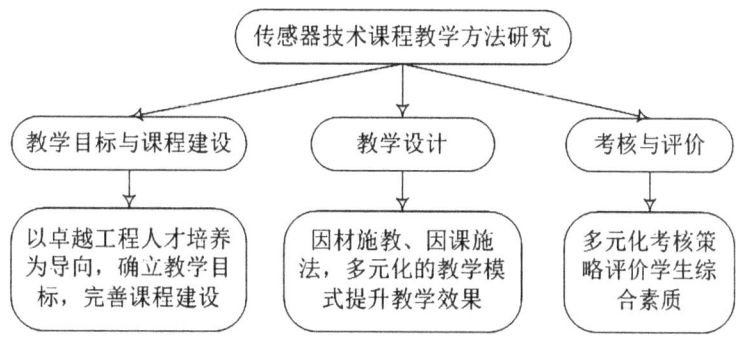

图1 "传感器技术"课程教学方法研究

1. 以卓越工程人才培养为导向,确立教学目标,完善课程建设

教育部工程教育认证标准要求,大学生毕业时应当具备专业知识技能,具备解决复杂工程问题的能力,具备终身学习的能力和对社会的责任感。依据工程教育的专业培养目标,教师应当跳出传统工科的教学理念,以培养具有创造力的工程人才为导向,确立教学目标,完善课程建设,培养创新型人才。

就"传感器技术"课程而言,这门课程综合性强,理论和实践结合紧密。依据工程教育的专业培养目标,"传感器技术"课程大纲在保证理论授课课时的情况下,加大了实验课时,并对实验内容进行了重新整合,融入了开放性试验,通过教师适当的引导,让学生自己动手设计实验,学生通过自己动脑设计、动手验证,加深和工程实际相联系的理论知识的理解,真正做到活学活用。

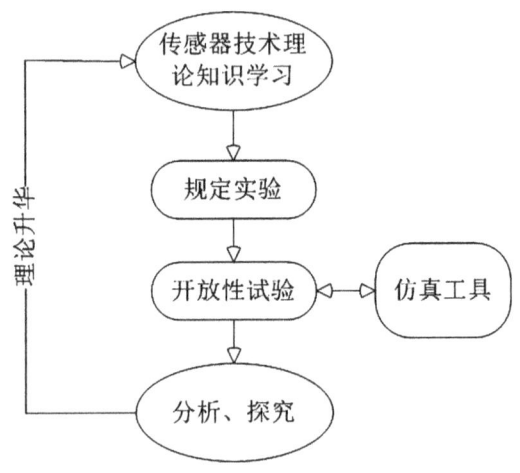

图2 "传感器技术"课程建设

如图2所示,"传感器技术"课程在理论课程授课的基础上,通过规定实验让学生掌握典型传感器的性能和测试方法,进而调动学生的主观能动性,让学生自己设计验证实验,实验中鼓励学生使用仿真软件(如:Multisim、Matlab等)进行辅助验证,实验完成后,一定要对实验过程和实验结果进行剖析和探究,这一点很重要,只有这样做才能让学生对理论知识有一个认识上的提升,真正做到理论升华。

2. 因材施教、因课施法,多元化的教学模式提升教学效果

依据新工科专业培养目标的要求,专业课程的授课应着重提升学生的专业素质和专业技能。由于不同的专业课程采用不同的教材,针对课程特点和教材编排,教师应采取不同的教学方法;就同一门课程而言,由于不同的章、节在课程知识体系中的地位不同,也应采取不同的授课策略,即"因材施教、因课施法"。

就"传感器技术"课程而言,在讲授不同类型的传感器特性和原理的时候,教师可

以采用多媒体课件教学,让学生对传感器及其在工程中的应用有更加感性的认知;在讲授传感器相关公式和电路分析的时候,可以采用传统板书讲解,让学生跟随老师的思路更加清晰地理解其逻辑推演过程;在进行传感器知识点扩展和练习的时候,可以采用"雨课堂"的教学模式,一方面方便教师实时掌握学生的答题情况,及时调整授课节奏;另一方面,学生通过手机客户端接收教学课件,方便课后回顾和练习,巩固和提升课堂教学效果。如图3所示,藉由多元化的教学模式,实现既定的教学目标。

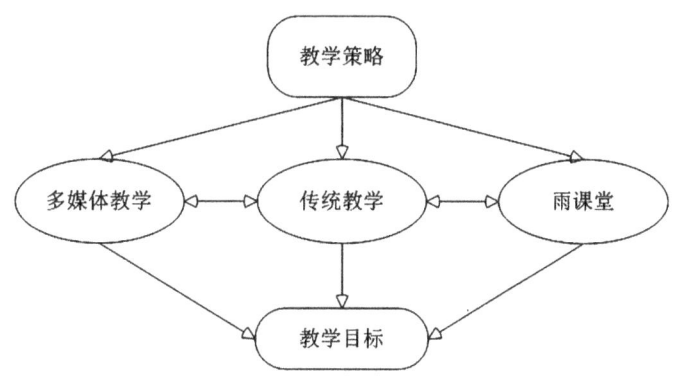

图3 "传感器技术"课程教学策略

3. 多元化的考核策略评价学生综合素质

课程评价体系是检验学生学习效果,辅助教师提升教学效果的有效途径。"传感器技术"课程既有理论授课,也有实验教学,但采用"平时成绩+实验成绩+考试成绩"评价体系,不能客观真实地反应学生的综合素质。为了满足新工科专业课程培养目标的要求,对学生进行综合评价时,加大学生创新力的考核,学生能够自主设计实验并予以完成,表现优良的予以加分,调动学生勇于实践的积极性;同时,为了充分体现教育部工程教育认证标准中"大学生毕业应具备解决复杂工程问题的能力,具备终身学习的能力"的要求,在课程期末考试中,加大"传感器应用电路综合分析"的题目,融入"按要求设计传感器测量电路"、"阅读传感器技术材料回答问题"的题目,以考查学生综合分析问题的能力和扩展阅读、提炼要点的能力。通过这些多元化的评价措施,客观真实地反应学生的综合素质,为教师进一步改进教学,实现新工科专业培养目标提供更加全面的评判依据。

三、结束语

依据"新工科"人才培养的特点,结合"传感器技术"课程特点,研究了以卓越工程人才培养为导向的"传感器技术"课程建设,采用了"因材施教、因课施法"的多元化教学方法,制定了满足新工科专业课程培养目标的多元化考核策略,以期客观、全面地评价学生的综合素质。通过这些课程教学实践，有效提升"传感器技术"课程教学质量，更好地培养新工科人才。

【参考文献】

[1] 教育部高等教育司."新工科"建设复旦共识[J].高等工程教育研究,2017(1):10-11.

[2] 教育部高等教育司."新工科"建设行动路线("天大行动")[J].高等工程教育研究,2017(2):24-25.

[3] 李洪兵,陈强等.新工科背景下地方应用型高校物联网专业卓越工程师培养模式研究[J].中国成人教育,2018(16):82-86.

[4] 徐晓飞,丁校华.面向可持续竞争力的新工科人才培养模式改革探索[J].中国大学教育,2017(6):6-10.

[5] 孙传友,张一.现代检测技术及仪表(第2版)[M].北京:高等教育出版社,2016.

[6] 郑玲,靳立强,于秀敏.以新工科理念为导向建设车辆工程领域教学案例库[J].教育教学论坛,2018(43):114-116.

[7] 林健."卓越工程师教育培养计划"质量要求与工程教育认证[J].高等教育研究,2013(6):49-61.

材料物理专业建设探索
——以宝鸡文理学院为例

赵 磊

(宝鸡文理学院 物理与光电技术学院 陕西 宝鸡 721016)

【摘要】 材料物理专业是物理学与材料科学的交叉学科,目的是培养适应国民经济发展和地方产业发展需求的新型人才。本文从学科平台、专业定位、专业特色等方面对宝鸡文理学院新办材料物理专业的建设进行总结,为材料物理专业应用型人才培养提供参考性意见。

【关键词】 材料物理;专业建设

一、总体评价

宝鸡文理学院材料物理专业是 2014 年经教育部批准的本科办学专业,学制四年,授予工学学士学位,于 2015 年首批招生 35 人。该专业定位基本适应地区经济社会和行业发展的需求,基本符合学校的发展定位。有较为清晰的建设思路,阶段性目标较为明确可行,能够体现专业发展定位。由于该专业为新办专业,在师资队伍和教学条件上还有待于进一步建设和完善;教学建设和改革与教学运行和管理方面,已经完成了材料物理本科专业人材本科培养方案的制定并且在首批新生中开始实行;该专业经过三年多建设,形成了明确的培养目标和发展规划,师资队伍结构基本合理,教学科研条件良好,制度保障有效,人才培养逐步步入正轨。总结专业建设过程中的一些经验与教训,可以为专业今后更好地发展提供借鉴。

二、专业建设要体现特色

材料物理专业作为我校新开设专业,在专业建设和发展方面将借鉴我校国家级特色专业物理学专业的建设经验并结合材料物理专业自身的特色,以实验与实践教学内容和教学条件建设为重点,以提高教师的学科研究水平和专业技能为保障,以教学改革与创新为动力,有计划有步骤地深化专业内涵建设工作,确保人才培养方案有效实施。在优势特色方面,我们将一方面结合我校省级重点学科凝聚态物理在材料物理学方面的研究特色,完善加强科学研究工作在提高教育教学质量的长效机制;另一方面结合宝鸡地区具有丰富的有色金属资源,构建专业教育实践和综合教育实践为一体的实验与实践教学内容体系,建立相对稳定的实习基地,积极与各类科研机构和生产企业的合作。

三、专业建设要依托一个学科平台

国内专业设置一般有两种情况,一类是先有学科,在学科建设的基础上进行专业建设,专业发展后劲足。一些名牌高校学科建设基础好,师资和实验条件也比较好,基本是按这种模式建设。另一类是先有专业,然后进行学科建设,很多新办高校都属于这种情况。这就存在许多问题。首先是师资力量缺乏,特别是高层次师资缺乏,其现有师资基本上是从不同专业转岗而来。其次,专业实验室尚未建立,实验资源匮乏,未能与相关企业建立良好的合作平台,导致学生缺乏良好的实践机会。再次,学生毕业论文由于没有学科支撑,选题方向杂乱,毕业论文质量难以得到保障。可见,学科平台建设对专业建设顺利进行有着至关重要的作用。本专业依托省级重点学科"物理学",其在原校级重点学科"凝聚态物理"的基础上形成的,其中凝聚态物理研究方向涉及有色金属材料、超硬材料、纳米材料、原子与分子物理、掺杂晶体材料、光子与光纤、生物材料等专业。完成了国家自然科学基金及省自然科学基金等多项项目,取得了一系列研究成果。形成了以博士为生力军的老中青结合的研究团队。物理学专业经过38年本科专业及学科建设,取得了丰硕的建设成果及良好的办学效果。在专业建设方面,形成了以"厚基础、宽口径、强能力"为人才培养目标,以专业知识和专业技能为两翼的人才培养模式,构建出了包含素质教育、专业理论与专业技能培养为一体的课程体系,计划内实践教学活动与计划外学生自主实践及创新活动有机结合的专业实践模式。依托该平台,为专业发展提供师资及实践教学平台等多种支撑。

四、师资队伍建设要与专业特色相匹配

目前,经过三年多的师资队伍建设,材料物理专业已拥有一支以中、青年博士为主体的稳定、年龄结构基本合理、专兼结合的专业师资队伍。现有专任教师12人,职称结构合理,其中副教授3人,讲师9人,分别占师资队伍的25%,75%;教师队伍中有博士11人,在读博士1人。35岁教师以下6人,占50%,35~40岁4人,占33%,40岁以上2人,占17%。92%以上专任教师专业背景与该专业相近,数量上也能很

好地满足教学需要。专业教师从2015年至今共发表学术论文50篇,主持国家自然科学基金5项,陕西省科技厅项目5项,陕西省教育厅科研项目4项,陕西省高校科协青年人才托举计划1项,宝鸡市科研项目3项,横向项目2项,校级科研项目科研10余项,校级教改项目3项。一人次入选陕西省"青年千人计划"。材料物理专业自2015年开设以来共引进新教师7人,全部为博士学位。依据专业建设规划制订了科学、可行的师资培养计划并实施,教师参加公需课培训16人/次;专业教师中三人受国家留学基金委资助出国访学。目前,该专业教师的研究方向都集中在"光电功能材料"和"特种合金材料"两个方面,教师的研究方向与专业特色十分匹配。

五、结束语

以上措施的实施,保证了学校人才培养的质量。2015年至今,材料物理专业学生积极参加各级各类大学生创新创业项目的申报与创新创业比赛,共获批1项国家级大学生创新创业项目,5项省级大学生创新创业项目,8项校级大学生创新创业项目;获校级创新创业大赛二等奖1项,三等奖1项;公开发表SCI源期刊学术论文3篇(其中JCR二区1篇,三区2篇),EI源期刊学术论文1篇,申请国家发明专利2项。依托学科平台和优势,突出人才培养特色,人才培养科学定位是材料物理专业办学成功的关键所在。

专业建设是一项长期性的、持续不断的工作。在今后的工作中,我们还要根据市场需要、国家及省市政策以及学生反馈意见不断完善专业建设,以学科发展观去认识专业发展规律,不断更新教育观念,积极开展教学研究,努力推进教学改革,并始终注重培养学生的工程素质与实践动手能力,创新人才培养的模式,培养市场需要的应用型创新型人才。

【参考文献】

[1] 王传新,马志斌,满卫东,等.材料物理专业建设的探索与思考[J].大学教育,2016,(7):112-113.

[2] 李晓燕.材料物理专业建设的改革与创新——以重庆交通大学为例[J].科教导刊(上旬刊),2015(9):33-34.

浅谈地方院校电子类应用型人才培养模式的转型与实践

杨海峰

(宝鸡文理学院物理与光电技术学院 陕西 宝鸡 721013)

【摘要】 目前我国大部分地方院校都在经历向应用型人才培养模式转变的过程。通过分析地方院校所处的实际情况,结合作者多年的教学实践经验,总结了电子类相关专业人才培养模式转变的经验,并对遇到的问题提出了相关的解决方案。为更好地实施人才培养模式的转变做出了积极的探索。

【关键词】 地方院校;人才培养模式;应用型;转变

改革开放以来,尤其是近十多年来,我国的高等教育取得了长足的发展。1979年,全国高等学校仅633所,在校生102万人,到2010年,全国普通高等学校和成人高等学校共2723所,高等教育总规模达到3105万人;高等学校的毛入学率从1978年的1.55%,激增到了2015年的37%左右,在三十多年中增长了二十多倍。高等教育培养出了大量的高素质人才,为国家的各行各业的现代化建设提供了智力支持和人才保障。

高等教育的"扩招",为社会培养了大量人才,但是从另一个方面讲,高校的师资、教学场所等软、硬件条件的增长相对于学生数目增长有一定的滞后,这对提高教学质量等方面带来了负面的影响。这些方面对于地方院校尤为突出,这些院校本身起点较低,师资力量较为薄弱。而且,在各级政府投入方面有略显不足。笔者注意到最近公布的部属高校2014年度决算情况表,也就是网上所谓的"高校富豪榜",地方院校与之相比较可以说是相形见绌;更重要的一方面是随着部属院校的扩招以及招生制度和招生方式的转变,地方院校的生源质量也是逐年下降。很多地方院校是由师范性的院校转型而来,然而近些年来中小学师资较为饱和,而社会上的工程技术类人才的需求又很旺盛,可以说地方院校的人才培养模式向应用型的转变是大势所趋。

近些年,关于这方面的教育教学类的研究取得了非常多的进展,很多学者都结合自己学校和专业的实际情况提出了许多切实可行的方法,提出了很多切实可行的措施。近些年,根据自己在平时教学实践活动中,特别是在组织学生实习、实践环节中,有一些心得和体会:

一、认真调研社会需求

信息产业在最近十多年中得到了飞速的发展,可以说是引领了其他产业的发展方向,传统产业都在向信息化、智能化转型,对电子信息类的毕业生呈现旺盛的需求。通过对本地企业,以及周边区域包括西安、天水等地公司的调研,发现本科生在这些IT类企业中所占比例最大,企业普遍反映对毕业生有以下几点要求:①好的职业素养、敬业精神;②专业基础知识要扎实;③较强的自主学习能力;提别地强调毕业生要有实践、实训经验。根据调研情况,在新的人才培养方案中,我们重点加强了实践、实训环节,设置了定期更新实践内容的机制,让实践环节更有针对性和实效性。在调研过程中,特别走访了往届的毕业生,他们对人才培养模式也提出了中肯的建议,这些内容都是值得我们认真总结的。

二、更新教学方案提高学生的动手实践能力

电子信息技术的发展日新月异,新技术、新工艺层出不穷,而我们的教学内容和部分课程的设置有些滞后,课堂教学缺乏新意,对学生的吸引力不够。针对这个问题,我们逐年更新部分课程,补充新的教学内容;增加实践、实训环节,特别是针对专业基础课程,比如模拟电子线路、数字逻辑电路等等,基于全新的NI实验平台,开发出全新的实验项目。

三、尝试引入校企对接,开设工程实践类课程

在应用型人才培养探索过程中,在学院领导带领下,积极尝试和企业联合开展实践、实训课程。主动联系企业,邀请具有资深工程背景和项目经验的工程师参与实践类课程的设计、指导工作。这方面的工作还在摸索当中。

在探索应用型人才培养模式的转型与实践过程中,我们也存在很多的问题,希望和大家探讨:

(1)学生学习的积极性、主动性逐年下降,我认为这有近些年生源素质下降的原因,更重的是目前高校在人才培养过程中,太过看重专业文化知识的学习,欠缺专业素养和职业态度相关的学习。而且在目前对学生的考评中,对这些内容也比较欠缺,学生往往上课存在应付心里,考试又抱有突击心态,而对真正的学习过程比较轻视,

这是我们在今后制定学生考评办法中需要加强的内容。

（2）在应用型人才培养过程中，教师的引导和带领是非常重要的一环。然而部分教师缺乏工程实践经验，知识老化，知识储备和目前电子类相关技术发展有一定的差距。这就需要在学校层面上制定教师进修，特别是去相关研发类企业进修的制度，在教师职称评定、晋升过程中，制定相关细化规则，鼓励教师向工程研发方面发展。

（3）提升和企业合作的内涵。目前校企合作，还只是学校方面比较积极主动，企业的主动性不高。我想主要是因为目前学生实习、实训的合作，对企业来说没什么回报。如何提高企业的主动性，这需要政府层面出台一些相关政策，比如其他城市出台的高校产学对接实施意见等政策，切实提高校企合作的内涵，能做到校企合作的双赢局面。

总之，地方高校相对底子较薄，在进行的应用性人才培养模式的转型过程中会遇到很多问题，实施起来也会碰到一定的阻力。但是只要我们都本着为国家发展负责，为学生的前程负责的态度，在各级政府、企业和学校的公共协作和努力下一定会探索出一条成功的应用型人才培养的道路。

【参考文献】

[1] 罗新祜,陈敏.中美高等教育财政投入绩效实证研究[J].教育科学,2015(6):60-68.

[2] 徐学兰.地方应用型本科院校"双师型"教师培养问题探究[J].教育探索,2012(12):102-103.

[3] 徐克明.地方应用型本科院校人才培养路径探析[J].国家教育行政学院学报,2011(7):7-10.

[4] 谢琪.地方高校规模化应用型IT类人才培养的问题与对策[J].杭州师范大学学报,2015(4):367-371.

应用型地方本科院校电气类专业创新人才培养模式研究

胡静波

(宝鸡文理学院 电子电气工程学院 陕西 宝鸡 721016)

【摘要】 大学生创新创业教育已然成为我国当下高效工作的重点之一。开展创新创业教育是我国大学生发展转型的一次挑战,也是提升高等教育整体实力的一次考验。作为应用型地方本科类院校,如何提高学生创新创业能力已成为面临的重要课题。本篇文章笔者将探讨提高电气类专业学生创新创业能力的人才培养模式,从培养学生创新创业能力的角度,研究电气类专业人才创新创业能力的培养方式,通过对本科院校学生创新创业能力培养存在的问题入手,提出学生创新创业能力培养的方法步骤,切实提高应用型、创新创业型人才培养的质量。

【关键词】 应用型地方本科;电气类专业;创新创业;人才培养

党中央、国务院高度重视高校创新创业教育工作。党的十八大明确提出,要加大创新创业人才培养支持力度。当下地方本科院校的人才培养模式与劳动力市场人才需求的结构匹配度不高,这就会导致企业很难招聘岗位契合度高的专业人才,也会进一步加剧毕业生的就业压力。我们作为一所地方类二本院校,为了适应国家经济发展需要,对接劳动力市场的人才需求,提升毕业生就业质量,必须加快推进应用型本科院校电气类专业人才培养模式的改革。改革必须以社会劳动力市场的需要为出发点,基于电气类专业特点,将创新创业的理念融入专业理论课程中,全方位提升电气类专业学生的创新创业能力和应用能力,对接岗位需求。另外,应用型地方本科院校应该加强与校外企业的合作力度,为学生创造更多的实习机会,增强学生创新创业理念的运用能力。

一、当下电气类专业学生创新创业能力分析

从"历年'全国高校大学生创新、创业及创意大赛'参赛院校、专业情况统计"的数据上来看,电气类专业学生参加的全国创新创业类大赛积极主动性不高,参与人数低于机械工程等专业学生的人数,这表明电气类专业学生创新创业能力有待进一步加强,理论知识的转化能力需要进一步提高,将创新创业理念融入实践中的力度有待加强。这也说明很多应用型地方本科院校对电气类专业学生创新创业能力缺乏足够重视、对学生的创新创业能力的引导与培养力度不够、对创新创业竞赛的宣传上不够重视,导致电气类专业学生应用能力、创新创业能力与当下社会形势、劳动力市场需求、经济发展对电气类人才的要求还有较大差距。

二、培养电气类专业学生创新创业能力的重要意义

1. 助推经济"新常态"发展

电气类专业人才培养模式的改革创新,需要依据新经济发展的需求。新经济的"新",源于信息技术所带来的革命,它是推动社会产生与发展的原动力之一。有别于过去任何一次技术革命,信息技术革命改变的是人类信息的传输、储存方式,通过这些改变,将人们对自然资源利用率的提高。当前我国正处在经济转型升级、产业结构调整的重要战略时期,新一轮科技和产业革命将以互联网为核心,这种技术革命正蓄势待发。新产业、新产品、新技术和新模式正悄然兴起,在此大背景下,当今社会迫切需要电气类专业的创新创业型人才的支撑。

2. 培养专业人才提高国际竞争力

人才竞争和教育水平是国际竞争的核心因素。例如德国于2013年推出140战略、日本在2014年发布"制造业日皮书"、英国颁布"英国制造2050战略"等,与中国推出的"中国制造2025"战略构想大同小异。伴随着科技革命和我国经济进入"新常态"的趋势,电气类专业人才培养已呈现出国际化、信息化、多元化和多层次性的发展态势,电气类人才培养方式正逐步趋向融合。这种改变主要体现在从注重技术应用的"技术范式"转变成注重科学研究的"科学范式",重点着眼于未来的应用型创新创业范式。欧美等教育发达国家的经验启示我们要对应用型地方本科院校电气类专业进行学科调整、加速多学科交叉相容。这对我国动劳动力市场与高等院校人才培养模式匹配,适应"经济新常态",经济持续健康发展,具有里程碑式的意义。

三、电气类专业创新创业人才培养方式

1. 加强专业基础课投入力度

专业理论基础课是学生接触专业学习的先导课程,是电气类学生能否学好专业课的基础。电气类专业理论课是电气类学生基础知识"九尺之台"的累土,基础性知识掌握的牢固性关系到后续专业知识学习的稳定性。电气类专业理论基础课注重理论知识,就要求电气类专业课教师在给学生讲课的同时要不断地了解专业新动向、学习新知识,将电气类相关的国际前端信息、科研动态和企业新技术不断地补充到专业课程的讲授中,在激发学生的学习兴趣和学习信心的同时,给学生讲授专业前沿知识,使学生始终接受最先进理论的学习,更能适应社会需求。专业课教师要掌握电气类专业发展动态,要求教师随时关注新信息。同时地方本科院校也要提供良好的交流平台,使专业课教师能够与其他高校的教师进行专业学术交流,提高自身的专业修养,以便运用到今后的教学当中。

2. 加强第二课堂的建设

第二课堂相对于第一课堂来说是进一步延伸与提升,积极在地方本科院校电气类专业推行第二课堂,可以最大程度的激发学生学习专业知识的兴趣,同时也可以开阔学生视野,提高学生创新创业能力。由于第一课堂存在授课内容、授课形式、授课时间地点等方面的制约因素,第二课堂相较于第一课堂具有先天优势,在讲授方式上,第二课堂更具有灵活性和先进性,学习方式更具有创新性。因此,对于应用型本科院校的电气类专业的学生而言,通过第二课堂的学习更能加强对学生创新创业能力的培养。

3. 构造多维实践教学体系

实践教学是地方本科院校培养学生创新创业能力的有效方式之一,我国高校采用的实践教学方式主要是:实验室实操课程、企业实习和开展创新创业大赛等,这几种形式都是以培养学生理论应用能力、创新创业能力为目的,培养适应劳动力市场需求的电气类专业人才。多维实践教学体系针对电气类专业学生,开展从理论基础课程学习到创新创业能力引导多方位、有次序的培养模式,发挥学生的主体作用,充分调动学生学习积极性和主动性,改变传统高校的教师单向灌输式的教学方法,真正让学生成为课堂学习的主人,在实操课上掌握电气类理论知识的应用。同时,通过对教授实验课的教师进行专业系统化培训,提高教师的引导水平,指导学生积极主动的进

行创新设计类实验,不断提高学生创新能力。开设有别于通识类就业指导课的电气类专业创业指导课,根据电气类的专业特点以及创业形式,来进行专门的创业培训。

4. 构建导师制新模式

培养电气类专业学生的创新、创业及创意能力,要求必须有高水平的师资队伍作为后盾。培养应用型本科人才不仅要求执教老师具有高学历,而且还要有过强的综合素质来构建"双师型"的师资队伍。在引进教师方面,学校应注重聘任具备一定行业专业人才和一线生产经验的技术人员来参加教师队伍的建设,并且邀请行业内的专家学者或者聘请来自龙头企业的管理、专家人才和政府部门人员等担任兼职讲师,开展应用性能力的指导与培训。改变传统高校单一的实验教学模式,教师同时指导全班或全专业学生进行实验的现象,造成实验室资源空置并达不到理想的人才培养效果。为了解决传统的实验课教学的弊端,地方本科院校可采取实验课导师制模式,一位导师同时指导几名学生,进行小组实验,针对课程要求,草拟实验课题,让学生自主选择课题。学生根据实验课题自己制定实验方案,提交给实验课导师同意后开展具体实验,自己动手安装实验器材进行实验。电气类专业对于学生自己动手操作能力的要求十分高,构建新的导师模式对于更好地培养创新创业应用型的电气类专业人才是十分行之有效的。

5. 加强产学研合作

目前,地方本科院校普遍存在只关注理论讲授、忽视实验引导的现象,部分电气类专业教师认为本科生只需要掌握理论知识,对实践引导并不重视,这种现象导致有些院校电气类专业毕业生,掌握的理论知识足够扎实,但是缺乏应以能力,缺乏创新创业能力。地方本科院校是培养专业性人才的象牙塔,专业性人才不仅要具备专业的理论基础,更需要具备劳动力市场所需的应用能力,地方本科院校作为培养应用型创新创业人才的基地,担负着给传授学生理论知识的历史任务,更承担着培养能够应用理论知识、具有创新精神人才的责任。产学研新形式给电气类专业毕业生满足劳动力市场对人才的需要、高校培养具备创新创业应用能力的学生提供了一个新的方法,这一形式提倡专业课教师在制定课程规划时安排学生到企业进行实习,鼓励学生将在课堂学习到的理论知识与企业中的实践经验结合起来,最大程度的激发学生的应用能力和创新创业的意识。将专业理论知识结合工作实际,不仅加深学生对理论知识的认知,更为学生等提供了接触实际问题、解决相关问题的机会,进一步提高学生的钻研精神。同时,高校还可邀请相关领域的专家学者或者知名企业资深人员定期到校为学生讲解实际专业实例、讲解基础专业知识在实际项目中的应用,通过现场实际工作人员的实际应用经验的分享,为学生提供课堂之外的学习机会。

应用型地方本科电气类专业学生创新创业人才培养路径

课堂培养环节	理论课程学习	基础理论能力培养
	实验课程操作	
课外培养环节	专业实习	创新创业综合能力培养
	毕业设计	
	创新创业项目	
	科研项目	
	创新创业比赛	

综上所述,创新创业是国家发展之根,是民族振兴之魂。社会要发展,人才要先行,人才关键在于培养学生的实践创新的能力,增强大学生社会竞争力,电气类专业可以通过理论学习、产学研基地、创新团队建设和创新创业项目等(如表1所示)多种课内外形式,通过教学改革与实践,工程思维及工程实践训练,通过培养学生系统工程技术能力、自学创新能力、团队协作能力和社会责任感来提高学生创新创业综合素质,确保不断地为社会输送更多更优秀的大学毕业生,助推经济持续健康发展,提高应用型地方本科电气类专业创新创业的综合竞争实力。

新的教学方法、教学环节的实施也促使教师教学能力、教学水平获得了较大进步,通过教学教研促进创新性科研,教师的综合业务素养得到了提升,形成了教学相长互相促进的良好局面。所积累创新创业教学改革经验也可于地方同类本科院所借鉴交流。

【参考文献】

[1] 赵培功.应用型本科院校创新人才的培育路径[J].中国高校论坛,2016,28(1):23-24.

[2] 闫畅.浅谈我国本科院校对学生创业引导课程设置的改革[J].创新创业期刊,2017(2):32-33.

[3] 张亮,穆杰.基于就业需求背景下的应用型人才的培养模式研究[J].就业与创业,2017(4):56-59.

教育信息化2.0背景下高校教师身份重构

张海霞

(宝鸡文理学院 美术学院　陕西 宝鸡 721013)

【摘要】 文章在教育信息化2.0时代背景下反思高校教师的身份问题。从高校教师的现状、教学现状和学生现状中窥视传统高校教师身份认同的矛盾点,探讨在新时代构建"服务型"高校教师身份的可能性和必要性。

【关键词】 高校；教师；教学；服务

【项目基金】 宝鸡文理学院教改项目《信息化教学在插画设计课程中的应用研究》阶段性成果,项目编号为:18JGYB29。

中国教育信息化已经进入了2.0时代。教育部副部长雷朝滋在《华东师范大学学报》教育科学版上发表文章说"十九大之前,我们可以把它称为'教育信息化1.0';从十九大以后,则进入'教育信息化2.0'时代。"教育信息化2.0,就是要以教育信息化全面推动教育现代化,开启智能时代教育的新征程。我们国家的教育信息化已经从基础设施建设发展到了基础设施基本覆盖的阶段,下一步是在基础设施使用背景下的创新型人才培养、引领教育未来的时代命题。这是一个时代教育的大命题,在这样的时代要求下,高校的社会功能、高校教师的社会身份、心理身份都需要被重新建构。

一、信息化背景下高校教师的炫技、背书、智能优越是缺乏时代体验的表现

在网络普及的今天,各种教育资源纷至沓来。网易公司打造的在线实用技能学习平台"网易云课堂"、清华大学研发的中文慕课"学堂在线",以及提供中国各大高校教学资源的"中国大学MOOC",都为想学习、要学习的大众和大学生提供各级各类的学习资源。学生能获得的资源、信息和教师的机会是一样多的。各种适合移动终端的学习APP也是应运而生,比如喜马拉雅、荔枝电台、得到、网易公开课、知乎、中

国 MOOC 手机版等等,学生可以在各种零碎时间学习和掌握信息,信息量、知识面不会比教师的更少和更广。反而,教师在进入成年,成立家庭以后,时间和精力都不及大学生充裕,知识面反而受限。其次,信息化发展的太快,作为比学生年长的高校教师,尤其要注意作为"网络原住民"的90后对网络的了解和应用是非常有基础的。因此,提醒大学教育从业者的教师,要重新认识传统的上课方式和传统的教学心态引起的炫技、背书和智能超越的不合时宜性。

"炫技"是指教师对自己了解的知识领域在教学过程中不自觉的炫耀。这种炫耀会让学生不自觉的产生自卑感,感觉老师知道的好多呀,自己好无知啊,这是人在进入不了解的领域时的自然反应。学生会在评教中写下"请老师原谅我们无知的大脑吧,"这不是学生对老师的敬畏,而是对老师的控诉,是老师在炫技中碾压他们的例证。在大学中,这种教师不自知的炫耀的会将自己锁死在自己的认知局限中,对学生的反应做出优越的心理感受,这会让教师丧失观察、体悟学生状态的能力,会和学生的内在联系越来越远,也就数俗话说的代沟的形成。

"背书"是对教学中照本宣科的俗称。背书是指教师在教学中缺乏自己对课程的设计,对教材做直接的转述,让学生的获得感不足的状态。背书的教师也会觉得很辛苦,想要把书本上的知识尽可能多的、全面的展示给学生。但是学生会觉得是老师的知识储备不足,没有经过自己的消化,没有自己的观点,也没有把知识提炼到可以交付给学生的状态。背书基本上是双方都感觉不好的状态,但还是有老师克服不了此问题的内心状态,从教师上课时候 PPT 满屏的文字就可以看出此问题的严重性。

"智能优越"是在教师间经常存在的问题。比如,教师们相互讨论哪一级的学生优秀哪一级的学生普通,但是经常遇到的说法都是"一级不如一级"了。这背后透露出来的就是智能优越,是对当下学生的了解不深入得出来的结论。从时代发展角度来看,学生会越来越现代,会跟时代结合的越来越紧密,越是新入学的学生,所带来时代的变化信息越多。但是从教师角度来看,学生越来越不懂规矩,越来越没创意,越来越没有学习的积极性,这似乎是个无解的环。当我们仔细分析其中的问题,我们能发现不一定都是学生的问题,很多时候是教师没有找到和学生对话的平台。而在"智能优越"的认知障碍之下,教师会更难意识到问题所在,会离学生越来越远,对学生的不满越来越多。而学生会觉得教师苛刻、不近人情、陈旧等等。

"炫技""背书""智能优越"看起来都是教师单方面的责任,但是细看会发现是时代发展太快,教师和学生都没有做好对时代特点认知的状态。在教育信息化普及的状态下,在知识付费时代的到来,教师和学生身份都发生了错位关系,如何调整新时代背景下高校教师和学生的身份关系,是值得思考的问题。

二、"师道尊严"与"教学相长"背后的时代要求

台湾大学教师傅佩荣在讲到中西方哲学差异的时候说,西方的哲学在表达上是以"对话"为主的。比如,西方第一本哲学代表作是柏拉图的《对话录》,从"对话"两个字就知道,它里面是一个探讨的过程,先不要说谁对谁错,先进行对话。对话就会有双方——正方和反方,然后设法找到"合方",也就找到大家都可以接受的共识。这是人类认识方面的一个最基本的形态,也是西方后续自然科学以及其他学问的发展方式。

而中国哲学的表达方式是自己准备的很充分,然后才开始跟别人介绍。比如,《论语》里面很少有弟子提问,虽然和书的编辑过程有关,但是孔子回答学生的提问并没有太多讨论的空间。主要是孔子年纪比较大,学问比较高,对许多观点的思考都已经凝练成智慧了。到孟子的时候也一样,别人问一句,他可以回答半页,说明他也是准备的很充分。再比如《老子》一书5000多字,没有一个"你"出现,说明老子根本没有一个可以谈话的对象,他只是把自己的心得体会整合起来,发表出来。在庄子的时候就直接说"以天下为沈浊,不可与庄语。"认为天下太乱、太复杂了,没有办法跟别人讲正经的话。所以庄子只好用寓言或是借重古人的话(重言)、随机应变的话(卮言)来表达他的思想。

中国传统哲学的思想特色就是直接告诉你答案,有点像我们现在所说的"传道、授业、解惑"的形态,教师固有的高高在上的、受人仰望的姿态就出来了。跟西方那种你来我往的辩论不一样,学生作为主体的一份子,提出观点、与教师探讨观点的主体性是非常强的。这样的哲学表达的不同,导致我们认识的基本形态的不同,也导致我们教育观念的不同,导致我们对"师道尊严"的提倡和注重。长久以来在信息社会之前的"师道尊严"让教育工作者内化了对自身社会地位、智力优越的肯定,没有意识在信息化背景之下破除了教师的信息孤岛作用,也破除了教师的智力优越。因此,我们要重新反思,在现时代背景之下"师道尊严"的核心本质是什么,学生对于教师的仰望不会困于对教师知识的崇拜,那教师应该怎样建设与学生至间的关系?

"教学相长"出自《礼记·学记》:"学然后知不足,教然后知困。知不足,然后能自反也;知困,然后能自强也。故曰:教学相长也。"主要是说通过学习然后知道自己有不足的地方,通过教然后知道自己有困惑不解的地方。知道自己有不足的地方,然后才能够督促自己进一步学习;知道自己有困惑不解的地方,然后才能够自我奋发进取。所以说:教和学是互相促进、共同提高的。于是常说:教别人也是自己学习的一半。对信息社会之前的教师来说,能做到"教学相长",应该就是一名很不错的老师了。但是在现在信息社会的背景下,学生谈论的话题常是教师不了解的领域,教师教

授的知识要引起学生的关注也确实不容易,分析原因大概有以下几点:

第一,所有的流量都向头部集中。流量是现在的互联网用语,是说人的关注度、人愿意看的内容向行业领先的部分流动,越是行业的领先人物越能引起人们的关注。比如,地方性院校教师和北大、清华的著名教师开设的同一门课程,让学生选择,会选哪个呢?肯定有人会说北大、清华的课程不一定适合所有学生,基础不好的学生或许更适合地方性院校的课程。这种说法是有道理的,但是,在信息化背景下,学生可以轻易找到自己要学的、适合自己学习的所有课程,如果学生学过、看过这些课程之后,再来上自己学校教师的课程,他或多或少会觉得有差距,以及对教师课堂讲解的挑剔。这是一个新出现的现实层面。

第二,技术只是手段,内容才是关键。所有的信息技术都只是手段,只有符合学生接受状态的内容才是教育、教学的闭环。学生在短视频、微视频观看习惯下形成对教学内容、教学方法的新要求,在这样急剧发展的背景下,大部分教师感受到了教学吸引力的缺乏,却还没有机会深究原因和形成具有吸引力内容的途径。

第三,没有平等的沟通语境,很难消除对权威的反抗心理。大学生也只是人生的青年状态,对很多事物还没有形成成熟、稳定的认识,对于教师深厚的知识积淀很难形成合理的认识。尤其是教师越是深入研究,就越容易忽略对刚入门的学生的知识引导,容易让学生产生不好懂、不好学的厌倦状态。也容易形成与之对抗的心理状态,影响学生的学习热情。

2017年9月,中共中央办公厅、国务院办公厅印发了《关于深化教育体制机制改革 的意见》,明确提出要注重培养学生"支撑终身发展、适应时代要求的关键能力","师道尊严"和"教学相长"在时代背景下同时都有了新要求。前者强调教师要有开放的心态,要有成长性思维,要关注学生面对新事物的能力和方向。要有平等对待不同能力方向的学生的心态,要花心思和精力理解学生的学习方向。要看得的见学生的长处,要允许学生不同期的发展和认知状态。说白了就是放低教师的身段,以朋友的心态相处和讨论。后者说的是教师要从学生带来的时代信息中寻找和学生建立沟通的切入点,同时提升自身的认知能力,破除认知障碍,对教学有一个清晰的认识,就是说教学面对的是学生,学生是一个个不同成长背景的个体,是具有独立人格的人,要在尊重的前提下沟通和教学。

三、构建服务型高校教师身份是时代对于高校教师的要求

知识付费和知识服务。知识从来都是付费的。在教育行业所有的学生上学都是付费的,不管是小学、中学还是大学。义务教育的国家买单,本质还是教育本身是需要付费的。我的一位大学老师热衷于给我们所有的学生算大学中的每一天是多少学费换来的,但是学生总是那种付了钱却不拿东西的买主,教师是总想多送的买家。这看起来荒谬的事情值得我们深究其中原委。

在大学里,学生清楚的知道自己付了学费,也清晰的意识到想从学校带走一些知识,在未来的社会中作为生存的本钱。但是,学生经常找不到可以带走知识的提兜或者把手,也就是说学习是有门槛的。教师作为高校中为学生服务的领路人,经常是指引了方向却忘了告诉学生哪边是北,也就是说知识没有交付到学生手中。

如何把知识交付到学生手中,就要从知识服务的角度思考高校教师的身份问题。从知识服务的角度打磨与学生接触的每一个场景,每一个具体知识的引领与交付。让学生在被足够尊重、人格完整的心理状态中享受知识,也让学生从喜欢上老师到喜欢上老师交付的知识,形成良性迁移的过程。从本质上说,这是信息化时代背景迫使高校教师进行思索的契机,高校教师的教学状态不发生改变,学生自然回去市场上寻找适合自己的知识服务。

2.0阶段的教育信息化发展动力源自技术的原始创新和集成创新以及教育理念和教育机制的创新,其目标是要重构以人的发展为核心的全新教育生态。虽然,教育从大类上属于服务业,但是很少有教师从服务的角度思考教育的问题。现在的时代已经不是拿到了学位就可以高枕无忧的时代了,人的一生要经历不断地学习和成长,才能在不断变化的时代中立于不败之地。也就是说要有不断的发现问题,找到问题的解决方案的能力,只有带着这种思维习惯,能力才会增长,才会适应不断变化的新时代的要求。在这种要求之下,我们要思考高校的教育应该怎样进行,高校的教师应该怎样面对具体学生展开教学。这就是时代要求我们思考如何去服务学生成长的时代命题。

【参考文献】

[1] 雷朝滋.教育信息化从1.0走向2.0——新时代我国教育信息化发展的走向与思路[J].华东师范大学学报,2018,1:17.

[2] 国务院.国务院关于印发新一代人工智能发展 规划的通知[EB/OL].[2018-08-20].http://www.gov.cn/zhengce/ content/2017-07/20/content_5211996.htm.

[3] 胡钦太,张晓梅.教育信息化2.0的内涵解读、思维模式和系统性变革[J].现代远程教育,2018,11:26.

教学改革

劳动与社会保障法学教学改革探析

张 妍

(宝鸡文理学院 政法学院 陕西 宝鸡 721013)

【摘要】 随着中国特色社会主义法治建设的不断推进,劳动者的权利意识也逐渐增强,用人单位与劳动者的劳动纠纷日益增多,《劳动与社会保障法》现已成为大众重点关注的部门法之一。2007年国家教育部将《劳动法与社会保障法》增设为高等教育面向21世纪教学内容和课程体系改革计划的必修课程之一,使其成为法学专业主干课程之一,进一步提高了劳动法学的学科地位。然而在教学实践过程中,劳动与社会保障法学与刑法、民法等法律课程所受到的重视程度相差较大。本文主要阐述目前劳动与社会保障法学教学存在的各种问题,分析其产生的原因,提出关于劳动与社会保障法学教学改革的建议。

【关键词】 劳动与社会保障法学;教学改革;教学方法

进入21世纪以来,我国市场经济空前繁荣、法治化进程速度加快,劳动与社会保障法学在社会生活中扮演着不可或缺的重要角色,劳动法的每次修订都会引起社会的广泛关注和讨论,社会对于专门的劳动法学工作者需求也在逐年增长。《劳动与社会保障法学》作为法学课程的主干课程之一,其必然符合经世致用的法学品质,虽然劳动法学在近些年的高校法学课中地位不断提高,教学改革不断开展,但总体而言,其重视程度还有待于加强。因此,分析目前高校中关于劳动与社会保障法学课堂教学过程中存在的问题,找出原因,根据目前社会和学生的真正需求提出改革方法具有重大意义。

一、目前劳动与社会保障法学教学中存在的问题及成因

1. 课时量不足

目前高校一般安排的劳动与社会保障法学课时量为2课时每周,而该门课程分为劳动法与社会保障法两大部门内容,其中劳动法学课程内容多而且较为庞杂,占据

的课时量较大,社会保障法学部分只能用少量课时进行简单的讲解。在一学期总共36学时的安排下,根本无法深入探讨劳动于社会保障法的核心问题,教师只能对于基本知识理论进行简单梳理,实践教学更无从谈起,从而影响了教学效果。

2.学生重视程度不够

劳动与社会保障法学课程大多设置在大三,而此时法学专业学生在学习时大部分都以法律职业资格考试为指挥棒,法考作为重点内容考察的学科学生必然重视,而由于劳动与社会保障法学每年在法考中所占比例较少,造成学生对于其重视程度不够,大多把精力都花在了法考的主干课程上,这样的唯考试论,不利于法学本科的教学工作顺利开展。

3.劳动与社会保障法学师资队伍建设不足

我国法学教育体系中劳动与社会保障法所占份额较少,因此专业从事劳动与社会保障法学研究的教师也凤毛麟角,高校中很大一部分劳动与社会保障法学的代课教师,其研究生阶段研究内容与劳动法学相差较大,没有专任教师,以兼任为主,因此自身对于劳动法学研究的不够透彻,只能够照本宣科。

二、劳动法学教学改革措施

1.提升劳动与社会保障法学地位

随着近几年民生政治的提出,社会的研究学者逐渐加深了对劳动法的研究,并逐渐形成趋势。近几年,社会上的劳动纠纷案件逐年增加,例如劳动关系的认定、追索劳动报酬、工伤事故等,这些劳动纠纷如果无法妥善解决,必然会破坏社会的稳定,为经济发展造成阻碍。因此,高校在设置人才培养大纲,编纂人才培养方案时,应提高劳动与社会保障法学的重要程度。

2.加强师资队伍建设

目前我国高等教育开展教学活动的核心因素依旧是教师,因此对于劳动与社会保障法学应配备专任教师以及相应的研究梯队。每年安排劳动与射虎保障法学教师到国内法学大学进行考察交流,学习其先进的教学理念,亦可到政府部门尤其是劳动仲裁部门或者国家公检法单位、律师事务所或企业等单位挂职进行实践锻炼,申报各级劳动与社会保障法学项目让法学老师参与研究。在学习到先进的实用的经验后,与本校学生实际情况相结合,找到适合自己的授课体系,提高学生学习积极性,促进良好教学效果的实现。

3.改革课堂教学方法

劳动与社会保障法是与时事联系最为紧密的部门法,而时事新闻中会经常报道关于劳动关系等法律相关信息,这为本课程与社会热点相结合提供了大量的素材。因此,教师应主动将本门课程与时事热点相联系,选择那些有针对性普遍性的典型案例,将原本枯燥的法条形象化,实际化,引起学生的学习兴趣,帮助学生更好地理解劳动法律内容。学生们的学习兴趣提高了,学习效果也大大的提高。

法学专业的学生毕业后大部分会成为法律工作者,法学教育的目的就在于培养学生将来步入社会可以用所学的知识分析和解决实践中的案例,会用法律的武器维护自己和他人的合法权益。

因此,劳动与社会保障法学的教师教学目的是使学生理解劳动法律规范的基本原理,学会分析问题和解决问题的能力。教师不但应该能够讲透基本的抽象概念,而且对于具体法条、相关司法解释也能够研究的足够仔细,让学生吃透相关的劳动法律规范。例如在讲解劳动法的调整对象时,首先抽象出调整对象是什么,调整对象的特征,劳动关系与劳务关系的区别,进行层层分析,通过案例引导学生进行判断,让学生学会运用基础理论,从而建立起对劳动关系的理性认识,达到既宏观又微观的教学目的。

同时,法学专业学生对于法律职业资格考试较为看重,可利用其心理,将考试内容与劳动与社会保障法学教学相结合,搜集历年考试中劳动与社会保障法部分真题以及模拟练习题,将其分类整理在劳动与社会保障法教学的各个章节之下,与知识点相结合,随堂讨论讲解考试相关试题,达到以练代讲,讲练结合的目的。

教学方法的好坏直接影响到学生对这门课程的掌握程度,因此不可避免的劳动与社会保障法的教学方法也应成为教师的研究重点。单纯的填鸭式教学已经不能适应当代大学生的学习特点。劳动与社会保障法可采取演绎法的理论讲授与多种教学方法相结合的灵活的教学模式如:案例教学法、教学法、讨论教学法、网络教学、专题研讨、辩论和阶段性考试、模拟法庭等教学形式,整个教学过程中注重对学生的引导与启发。

(1)案例教学。主要是将课本上的知识点与实际案例相结合,对实践案例进行分行、研究,帮助学生学会运用法律的思维模式、法律知识去分析问题、解决问题。在课程教学过程中,将大量的知识点与具体的案例相结合,做到节节课有实践案例分析,法律不脱离生活,在对大量的案例进行分析的过程中,一方面引起了学生的学习兴趣,另一方巩固和强化了所学的专业知识。教学效果相对于枯燥的理论教学更具实用性、更符合高等院校应用研究型人才培养目标。

(2)讨论教学。在教课的过程中,可以以各人或小组的形式针对一些综合性强、复杂的案例、理论界尚有争议的学说,相对复杂的法律规则以及社会热点等开展现场讨论,分组讨论。在指定的时间讨论完毕,由教师随机点名提问讨论结果,将结果论进行分析、比较,综合评价,当学生没有思路的时候,可以对其进行引导,循循善诱,帮助学生深刻理解、独立思考。

(3)网络教学。利用网络平台交流方便快捷,灵活等优点,特别是对有课上还有疑问但没有来得及解答的同学可以通网络平台交流,互相交换意见,教师也可以将作业,重点、难点通过网络形式发送给学生,使学生可以随时随地的回顾或预习课程重点,还可定期通过网络交流平台给学生传输法律职业资格考试、公务员考试等的相关试题及资料,为有时间、有精力的同学提供更广阔的学习领域,通过网络交流平台为为大家创造更多的交流机会与时间。让劳动与社会保障法学的学习渗入到学生生活的每一时刻。

(4)专题研究。可以采用学生查找资料或邀请知名大学劳动与社会保障法学专家针对理论课题的难点、热点进行深入的专研探讨,要求学生在听报告之前先收集相关资料,查阅相关法律案件;在报告中认真聆听专业对于法律问题独到的见解,报告会后要求学生将所听所想所思以小论文的形式表现,帮助学生提高其理论功底。

(5)注重实践教学。法学课程尤其是劳动与社会保障法是一门实践性很强的学科,从实践中提取理论,用理论指导实践是其基本指导思想,因此应该大力发展实践教学,保证实践教学在劳动与社会保障法学教学中占有一定比例。模拟审判教学活动是法学专业一个非常重要的实践教学环节,其以大学生参与和模拟司法实践活动的形式来进行,具有很强的参与性、实践性。通过模拟法庭这一形式,让学生担当相应的法庭角色参与到案件审理中,去进行思考、分析,使大学生在校园中学到法律知识,提高能力,从而达到教学目的。在模拟法庭开庭之前,教师应当选取较为复杂并且有相互冲突的案件,其首先对案件进行彻底分析,帮助学生列好讨论提纲,按照学生的学习情况分好双方角色;在模拟法庭开庭中,应当对学生所出现的问题予以记录,并控制好进度,开庭后要及时的做好总结与评价,让学生在每次模拟法庭中都能有所收获。学校还可与本地劳动行政部门或劳动争议仲裁委员会等协商,建立实习基地,劳动与社会保障法学学生在课程学习过程中到劳动争议仲裁委员会去旁听,亲身参与到劳动法律案件的审理过程,有助于学生在实际运用中活学活用劳动与社会保障法学,提升自身劳动社会保障法学的应用能力。

三、结语

随着社会主义市场经济向多元化方向发展,劳动纠纷日渐增多,社会各界对于劳动法律工作者的需求量大大提高。本文根据各高校劳动与社会保障法学教学普遍存在的问题并对其成因分析,对劳动与社会保障法学教学进行提升其学科地位,加强师资队伍及研究梯队建设,增加课时量安排等,教学改革就具有极其重要的现实意义。

科学合理的劳动与社会保障法学教学改革,可以为各研究和事务部门培养更多更优秀的劳动法律专门人才,从而促进社会主义社会和谐健康有序的发展。

【参考文献】

[1] 苏敏.我国劳动法治建设与劳动法学教学改革研究[J].哈尔滨学院学报,2015(12):126-128.

[2] 刘士田.法学教研新模式:理论、案例、法条三结合—评《劳动法学通论》[J].高校社科信息,2004(3):47-48.

[3] 徐娟娟.案例教学法在《劳动法学》课教学中的运用[J].宿州教育学院学报.2012(2):105-107.

雨课堂在测绘工程专业课程中的应用研究

俱战省

(宝鸡文理学院 地理与环境学院　陕西 宝鸡 721013)

【摘要】 雨课堂是在移动互联网与大数据背景下由清华大学提出的智慧教学工具。本文以测绘地理信息行业人才市场的需求为切入点,尝试基于雨课堂软件推动测绘工程专业课程在课前—课上—课后的教学改革,提高复合型技术人才的培养质量。研究表明:①课前完成预习的学生比例仅为35%,且预习的速度介于14秒/页~140秒/页之间;②雨课堂激发了学生学习兴趣,课上互动答题明显加强,但当以弹幕的形式进行讨论时,参与学生却寥寥无几;③当课后学习资料涉及实践项目时,绝大多数学生(33名)能积极主动学习。最后笔者对雨课堂在测绘教学应用过程中存在的问题进行了分析,并提出了几点建议。研究结果有望为测绘工程专业课程的教学改革提供有益参考。

【关键词】 测绘工程;雨课堂;人才培养;土地管理;地籍测量;教学改革

测绘地理信息事业是国民经济和社会发展的重要组成部分,是全面小康社会建设的重要基础。根据《2017年中国土地矿产海洋资源统计公报》数据显示,全国测绘资质单位总数为18363家,从业人员42.53万人。测绘资质单位完成服务总值1042.92亿元,较2013年增长72.0%。虽然测绘地理信息事业近几年发展速度飞快,但是《测绘地理信息人才发展"十三五"规划》明确指出:目前创新型人才不足,跨学科跨专业的复合型人才紧缺,难以满足人才市场的需求。因此,培养一批适应测绘地理信息高新技术发展、创新能力强的复合型专业技术人才任务是目前迫切需要解决的问题。

测绘工程专业课程的教学改革是解决该问题的有益探索。如肖海平等结合注册测绘师制度,对《测绘管理学》课程的教学改革提出了6点建议;邓才华等根据社会对测绘工程人才培养需求,提出了以学生为主、案例分析法和项目驱动法3种教学改革方法;杨军等通过对某校测绘专业76名大三学生开展问卷调查,结果表明,学习者在测绘专业学习探究兴趣上主动性不够,对一些实用的、流行的计算机编程很少涉猎等;汤俊等采用面向成果导向教育模式,从测绘工程专业课程目标、教学设计、资源投入、课程评价方面进行了改革探索。这些研究均为测绘地理信息人才的培养提供了宝贵的教学改革经验和方法,但是截至目前,鲜有关于雨课堂在测绘工程专业课程中的教学改革研究报道。基于此,本文分析了笔者应用雨课堂软件在测绘工程专业课程(以《土地管理与地籍测量》为例)中的教学效果、存在的主要问题以及建议,为提升课程教学质量以及复合型人才培养提供借鉴。

一、雨课堂简介

雨课堂是学堂在线与清华大学在线教育办公室共同研发的智慧教学工具,目的是全面提升课堂教学体验,让师生互动更多,教学更为便捷。雨课堂将复杂的信息技术手段融入到 PowerPoint 和微信,在课外预习与课堂教学间建立沟通桥梁,让课堂互动永不下线。使用雨课堂,教师可以将视频、习题、语音的课前预习课件推送到学生手机,师生沟通及时反馈;课堂上实时答题、弹幕互动、为传统课堂教学师生互动提供了完美解决方案。

自 2016 年 4 月 1 日雨课堂正式对外开放测试使用以来,由于其易用性和互动性强,使其迅速成为目前开展混合式以及智慧教学的主流工具之一,截至 2018 年上半年,全球共有超过 18 万个班级、298 万名师生使用雨课堂开展教学活动。

二、《土地管理与地籍测量》课程教学现状

《土地管理与地籍测量》是测绘工程专业核心课程,适用于大学三年级学生,总学时为 48 课时。该课程以土地与地籍调查技术基础知识与技能的学习为基础,以数字测绘和数据库建设在土地与地籍调查中的应用为核心,以培养学生运用"3S"(RS、GIS 和 GPS)技术在土地调查中的应用与创新素养和能力为目标。《土地管理与地籍测量》是一门理论性和实践性较强的课程,属于综合交叉学科,涵盖数学、经济学、管理学、遥感导论、法律和地理信息系统等基础知识。特别是目前实施的《第三次全国土地调查总体方案》,其理论和技术依据均以该课程为核心内容。

目前,传统课堂依旧是《土地管理与地籍测量》课程的主要教学方法。该方法的突出问题是在整个课堂中信息的传递方向往往是单向的,学生被动接受,教师不能准确获取每个学生的学习过程数据,更难以适应学生的需求差异。由于《土地管理与地籍测量》课程内容包括农村土地调查、城镇地籍调查、地籍平面控制测量、界址点测量、地籍图及其测绘、土地面积量算和土地利用动态遥感监测等共 16 章节,部分章节学生学习难度大和教师教学任务重,而课时又少,迫切需要采用新的方法(如雨课堂)对传统课堂进行教学改革,保证复合型测绘人才的培养质量。

三、雨课堂在《土地管理与地籍测量》教学中的实践

1. 研究方法

本文将从雨课堂(Rain Classroom)官方网站(http://ykt.io)下载的雨课堂软件

3.0版本安装到手机/电脑上,最终实现了PowerPoint与微信的完美融合(图1)。从图1可以看出,雨课堂通过微信扫一扫即可登录,主要包括课堂教学、插入题目、插入视频、上传课件以及群发公告等功能界面。

图1 雨课堂3.0软件及其在PowerPoint中的功能界面

笔者通过点击"我要开课"创建新的课程和班级,并通知学生扫码加入班级,开展混合式教学(图2)。2003年,北京师范大学何克抗教授在全球华人计算机教育应用第七届大会上提出了"Blended Learning"的理念,并将其引入国内;杨桂松等认为混合式教学是传统教学的面对面教学和网络教学的在线学习的整合。因此,本文基于雨课堂软件开展教学,也属于混合式教学在地方高校的一种尝试应用。

图2 创建课程和班级界面

2. 教学效果分析

由于笔者从 2018 年 6 月份才开始接触雨课堂软件,并通过不断地练习与摸索,到 2018 年 9 月初新学期开始时,终于正式将其应用于《土地管理与地籍测量》课程的教学中。虽然雨课堂软件应用时间不长,但是积累了许多宝贵的学生学习过程数据,而这些数据在以往的传统课堂中是几乎难以获取的。结合笔者和课程教学大纲实际情况,本文谈到的教学效果分析特指某一章节学习任务完成后。

表 1 为课程某章节学生学习过程原始数据。2016 级测绘工程专业共有 34 名同学,其中有 3 位同学直接用匿名,其它 31 位同学用实名(本文为了保护学生隐私,均称其为某同学)。雨课堂将课前—课上—课后完整地有机组合成一体。表 1 说明,课前完成预习的同学比例仅为 35%(共 12 人),且完成预习的速度差异明显。笔者用观看信息的总时长除以 33 页 PPT,结果发现,12 个同学的预习速度介于 14 秒/页~140 秒/页之间,相差 10 倍。一般来讲,预习的时间长短与预习效果成正比;本文研究表明,12 个已完成预习的同学预习态度不同,导致的预习效果可能不同。对于没有完成预习的同学来讲,有 5 位同学仅预习了 3 页 PPT,几乎没有付出时间预习课程内容。

通过回答问题是检验课堂教学效果的有效方式。图 3 为基于雨课堂进行随堂回答问题环节,学生通过手机端进行作答(限时)。该题比较简单,正确答案应该选 B,但是仍有 4 位同学答错,得分为 0。笔者通过实践经验发现,雨课堂明显加强了师生课堂互动,有助于教师精准掌握学生的学习过程状况和学习效果。

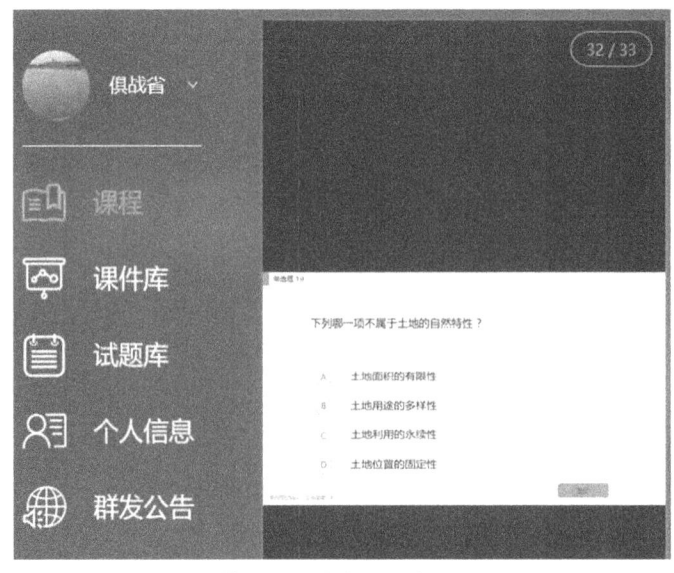

图 3 基于雨课堂布置课堂作业界面

表1 《土地管理与地籍测量》某章节学习过程原始数据

姓名	观看总页数（共33页）	总时长	完成时间	总得分（30×3＝90分）	正确选项(B)
郭同学	33	00时58分27秒	2018.09.07 15:04:38	0	C
魏同学	12	00时10分20秒	未完成预习	3	B
赵同学	33	01时08分54秒	2018.09.06 21:06:11	3	B
田同学	33	00时16分24秒	2018.09.05 15:46:05	3	B
苏同学	32	00时38分45秒	未完成预习	3	B
刘同学	33	00时16分37秒	2018.09.05 15:30:50	3	B
~Yakira~	6	00时15分30秒	未完成预习	3	B
常同学	32	00时06分59秒	未完成预习	3	B
杨同学	3	00时41分45秒	未完成预习	3	B
曹同学	15	00时19分41秒	未完成预习	3	B
任同学	33	01时05分15秒	2018.09.06 10:26:52	3	B
雷同学	17	00时19分59秒	未完成预习	3	B
张同学	33	00时16分22秒	2018.09.05 15:40:13	3	B
韩同学	3	00时10分58秒	未完成预习	3	B
宋同学	33	00时23分35秒	2018.09.05 15:42:53	3	B
穆同学	33	01时17分30秒	2018.09.06 22:56:14	3	B
默CBD	7	00时02分18秒	未完成预习	3	B
张同学	17	00时15分08秒	未完成预习	3	B
叶同学	33	00时49分47秒	2018.09.06 16:21:38	3	B
卫同学	29	01时26分16秒	未完成预习	3	B
张同学	3	00时02分41秒	未完成预习	3	B
刘同学	11	00时28分24秒	未完成预习	3	B
张同学	3	00时02分54秒	未完成预习	3	B
焦同学	9	00时09分30秒	未完成预习	0	C
不啦不啦	13	00时17分20秒	未完成预习	3	B
关同学	25	00时26分58秒	未完成预习	3	B
赵同学	33	00时18分16秒	2018.09.07 21:10:43	3	B
李同学	33	00时25分43秒	2018.09.07 14:45:29	3	B
盛同学	9	09时31分09秒	未完成预习	0	C
夏同学	6	00时09分13秒	未完成预习	0	A
郝同学	3	00时08分27秒	未完成预习	3	B
汪同学	33	00时08分15秒	2018.09.07 10:00:28	3	B
解同学	13	00时09分49秒	未完成预习	3	B
沈同学	5	00时09分37秒	未完成预习	3	B

《土地管理与地籍测量》课程在许多实践项目(如国家/省/市/县土地利用总体规划、第三次全国土地调查等)中发挥着重要作用。笔者发现课后在雨课堂中上传这些项目的资料,学生均比较感兴趣,会及时查看和学习,做到理论与实践相统一。图4为课后上传至雨课堂的凤县土地利用总体规划学习资料,发现几乎全班同学(33名)均查看该资料并进行自主学习,远比课前预习的人数多。

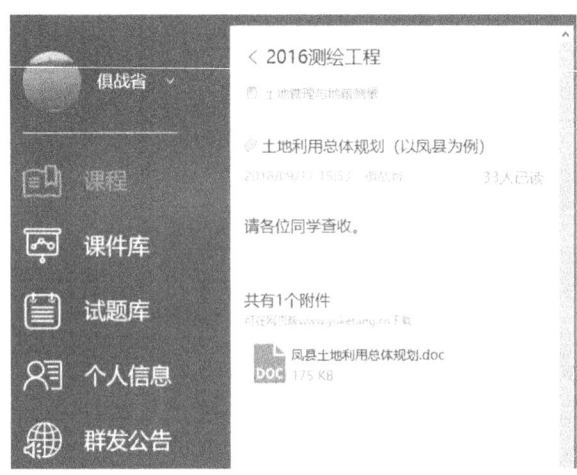

图4 雨课堂课后学习资料

3. 存在的主要问题

根据雨课堂在《土地管理与地籍测量》课程中的应用,笔者总结了存在的主要问题,如下所示:

(1)课堂上学生用手机端回答问题,授课教师心里会有顾虑。传统课堂要求学生上课不允许玩手机;并在课堂纪律方面明确要求:教师上课要劝阻学生玩手机,否则认为授课老师对课堂纪律管理松懈,没有做到尽职尽责。但是对于混合式课堂来讲,以学生为主,学生主动用手机回答问题,相应地课堂纪律和要求如何变化,需要有新的制度与之相适应。

(2)笔者曾在雨课堂中使用95后喜欢的弹幕形式讨论课堂知识点,但是积极参与的同学寥寥无几,即使有个别同学发表弹幕,也与课堂内容相关性不大。针对该问题,如何解决,需要与学生进一步沟通。从心理学角度讲,弹幕会同时显示多个同学的观点,属于公众讨论区,可能绝大部分同学不愿意表达自己的观点,或者还受传统课堂影响较大,以听为主,被动接受,而不愿意主动交流。

(3)在雨课堂中布置的作业,学生可通过手机端回答(图5),即节省了学生的图表打印费用,又低碳环保,优点突出;但是没有纸质的作业本,不便于学校期中教学检查等;或者雨课堂中的作业形式有望以后也可作为教学环节资料。

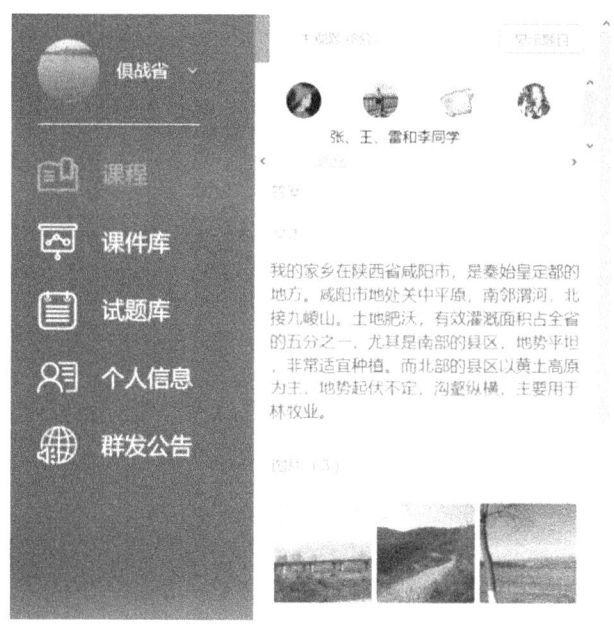

图 5 学生在雨课堂完成作业界面

（4）本文基于雨课堂软件获取的学生学习过程数据偏少，但是数据宝贵，在一定程度上可以反映 2016 级测绘工程专业同学对课程章节的学习状态和效果，便于指导笔者及时调整授课重点、难点、内容以及节奏。

四、结论与建议

本研究聚焦测绘地理信息行业人才市场的需求，尝试通过教学改革的方式提高复合型人才的培养质量。以测绘工程专业的核心课程《土地管理与地籍测量》为例，基于雨课堂软件收集学生课前、课上和课后数据，通过初步量化学生的学习行为，分析雨课堂在该门课程教学中的作用和存在的问题，以期为测绘工程专业类似课程的教学改革提供参考和借鉴。

1. 结论

（1）雨课堂激发了学生学习兴趣，课堂互动明显增加，但是课前预习的学生人数偏少；

（2）基于雨课堂软件随堂答题，可以让每个学生参与进来，避免了传统课堂仅点对点的提问局限性，提高了课堂教学效率；

（3）大部分学生能积极主动查看上传至雨课堂的课后学习资料，从而培养学生独立自主学习的能力。

2. 建议

教师的职责是教书育人。尽管雨课堂可以便捷、高效地收集一线教学工作中的各类数据,但是从育人角度来讲,情感交流是课堂的催化剂,有助于学生快速进入学习状态。笔者建议雨课堂在测绘工程专业课程应用时,可以适度增加以实践项目为主的学习资料,适应市场用人需求,不能仅局限于课本知识。另外,以弹幕形式讨论问题时,应该让学生摈弃传统课堂的心理活动,调动学生的积极性,培养学生敢于在公众场合表达自己观点的能力,而不是人云亦云。最后,对于授课教师来讲,内容为王,"互联网＋"技术是服务教学的手段,而不是目的。

【参考文献】

[1] 李德仁.从测绘学到地球空间信息智能服务科学[J].测绘学报,2017,46(10):1207-1212.

[2] 肖海平,陈兰兰.注册测绘师制度下测绘工程专业教学改革研究的探讨[J].测绘通报,2012(1):108-110.

[3] 邓才华,朱建军,周拥军."土地管理与地籍测绘"课程体系构建与教学改革[J].测绘通报,2014(9):129-132.

[4] 杨军,马大喜,肖海平.学习者视角下的测绘专业教学改革刍议[J].测绘通报,2014(8):125-127.

[5] 汤俊.面向 OBE 模式的"GNSS 原理与应用"课程教学改革与实践[J].测绘工程,2018,27(10):71-75.

[6] 王帅国.雨课堂:移动互联网与大数据背景下的智慧教学工具[J].现代教育技术,2017,27(5):26-32.

[7] 杨芳,张欢瑞,张文霞.基于 MOOC 与雨课堂的混合式教学初探——以"生活英语听说"MOOC 与雨课堂的教学实践为例[J].现代教育技术,2017,27(5):33-39.

[8] 姚洁,王伟力.微信雨课堂混合学习模式应用于高校教学的实证研究[J].高教探索,2017(9):50-54.

[9] 张国培.论"互联网＋"背景下的雨课堂与高校教学改革[J].中国成人教育,2017(19):94-96.

[10] Nazarenko A L. Blended learining vs traditonal learining:What works ? (A case study research) [J]. Procedia-Social and Behavaioral Sciences,2015,200:77-82.

[11] 赵刚,张凯选,鲍勇.土地管理与地籍测量[M].北京:清华大学出版社,2013.

[12] 何克抗.从 Blending Learning 看教育技术理论的新发展(上)[J].电化教育研究,2004(3):1-6.

[13] 杨桂松,梁听听,何杏宇,等.对混合式在线智慧教学方法的研究与思考[J].教育探索,2018(3):112-116.

基于互联网+的电路分析混合式教学模式研究

李雅莉

(宝鸡文理学院 电子电气工程学院 陕西 宝鸡 721016)

【摘要】互联网+技术的不断完善和发展,为教学模式的改革提供了技术支持。针对电路分析课程当前的教学现状,分析了在传统教学过程中存在的主要问题,并结合自身的讲课经验,提出了将雨课堂、微课、MOOC及电路分析仿真软件等以学生为中心的多种教学方法引入到传统教学模式中来,从优化课堂教学内容、改进教学方法和手段以及强化考核方法等方面给出了教学模式改革的具体措施。实践证明,在电路分析课程中引入多种教学模式,有助于加深学生对课程内容的理解和掌握,培养自主学习的能力,提高学习的积极性和主动性。

【关键字】互联网+ 电路分析 混合式教学

《电路分析》课程是电类专业人才培养方案中的一门专业基础课,由理论课和实验课组成,主要培养学生掌握电路的基本理论、基本分析方法及实践技能,培养学生用基本理论分析问题和解决问题的能力。该课程的研究对象是电路模型,而电路模型是由理想元件按一定方式相互连接而构成的,它不是实际电路,通过对电路模型的分析来研究实际电路的特性,从而改进实际电路或设计出新电路。这门课程理论性强,涉及学科多,有些原理比较抽象,给学生的理解和学习带来了不少困难。传统的课堂教学使学生在有限的课堂时间内很难消化和掌握大量的电路变换及分析,这一问题如果不及时解决,会使学生对这门课程失去学习兴趣,影响后面专业课程的学习,不利于教学任务的完成,同时也阻碍了教学质量的提高。因此,要从根本上解决这一问题,就需要改变传统的教学模式,增强学生的学习兴趣和学习的主动性。

随着信息技术的飞速发展和无线网络的普及,互联网+技术不断完善和发展,为教学模式的改革提供了技术支持,改变了传统的教学模式,丰富了教学方法,激发了学生的学习兴趣和学习热情,培养学生能科学合理的利用网络资源,同时也提高了学生自主学习的能力。在大数据时代,如何将互联网+资源与传统教学模式相结合,增强学生的学习兴趣和学习的主动性,提高教学能力,是本文研究的重要内容。

一、电路分析课程目前教学现状与分析

电路分析课程具有两个显著的特点:一是具有较强的理论性和逻辑性,体现在课程内容包含了很多定理、定律、论证、推理和结论。二是课程具有广阔的工程应用背景,在学习过程中,要特别注意理论联系实际。传统教学模式下,整个教学过程以教师为主,教师在课堂上通过概念阐述和理论推导,讲解基本概念、定理及各种电路的基本分析方法,学生在课堂上处于被动的学习状态,这种教学模式很难激发学生对这门课程的学习兴趣,导致基础差、理解力欠缺的同学注意力分散,直接影响教学效果。

为解决传统教学模式存在的不足,激发学生的学习兴趣,本文利用互联网+技术,将雨课堂、微课、MOOC及电路分析仿真软件等以学生为中心的多种教学方法引入到传统教学模式中来,从教学内容、教学方法、教学手段及考核方法等环节进行研究和探索,以期达到更好的教学效果,为提高我院电路分析课程创新能力和实践能力的培养做出应有的贡献。

二、电路分析课程的教学改革

1. 优化课堂教学内容,提高教学质量

传统教学模式注重的是课堂教学和课后练习,而利用互联网+的混合式教学模式则从课前预习、课堂教学和讨论及课后练习和答疑等环节对电路分析课程进行教学改革,这样不但拓宽了学习时间,让学生主动参与学习,而且有利于对重点、难点知识的反复学习和练习。

电路分析课程在学习时除了要注重对基本理论和基本分析方法的理解外,还要特别注重工程应用,即电路理论的实际应用,这样才能提高学生的实践能力和创新能力。

以动态电路时域分析的学习过程为例,介绍如何利用互联网+技术优化课堂教学内容,提高教学质量。

动态电路时域分析主要研究动态电路过渡过程在时间域电路方程的列写及求解,动态电路因为含动态元件,所以描述激励与响应之间关系的电路方程一般是微分方程。首先,在学习之前利用雨课堂的课前预习,发送预习资料,包括MOOC视频及相关的课件,让学生自主学习,即通过课前预习,熟知动态元件的伏安关系及动态方程的列写,教师可以通过雨课堂了解学生的预习情况。在课堂教学中,对于课前预习的这部分内容就可以通过课堂练习或讨论的形式完成,教学的重点就放在动态方程的求解上,即经典法、叠加法和三要素法,尤其是三要素法,更是重中之重,要求熟练

掌握的内容。课堂上,可随时通过习题检测和弹幕让学生参与到学习讨论中来。课后,利用雨课堂制作试题和课后作业,巩固和复习重点和难点内容,通过课后练习的反馈,了解学生对知识的掌握程度。通过录制微课对课后试题和作业进行辅导和答疑。这样从课前预习、课堂教学和讨论及课后练习和答疑等环节都让学生主动的参与到学习中来,这也激发了学生学习的成就感和学习兴趣。

另外,在教学中,要注重工程应用,动态电路的过渡过程通常都是很短暂的,在工程上,示波器、电视机等显示设备中的扫描电压或电流,就是利用重复性过渡过程而获得的。这样学生在学习的理论的同时,可激发学习激情和求知欲望。

利用互联网+技术改进传统教学内容,在课堂教学中不用对所有教学内容进行讲解,突出重点难点内容,通过雨课堂的课前预习和课后复习,可发挥学生的自主学习能动性,利用MOOC中的案例教学促进传统教学与新技术、工程应用的融合。

2. 改进教学方法和手段

利用互联网+技术引入多种教学模式和手段,采用以学生为中心的教学方法既可激发学生学习的热情和兴趣,也可启发、引导学生卓有成效地利用电路的基本知识和基本技能解决实际问题。

(1)MOOC(Massive Open Online Course)教育模式。即大规模开放在线课程,是基于网络化学习的新型在线课程模式,学习者通过互联网可以获取大量的学习资源。中国大学MOOC优质在线课程学习平台,是爱课程网携手网易云课堂打造的在线学习平台,向大家提供中国知名高校的MOOC课程,除了提供课程视频、问题测试以及阅读材料外,还给学习者提供交流论坛,支持学习者和教师之间进行在线交流。任何人只要决定通过MOOC学习,就可以登录网站免费进行注册学习,或者下载官方APP,就可以通过手机随时学习。因此,这是一种全新的知识传播途径和学习模式,开启了"指尖上学习"的新时代,得到广泛的关注。在MOOC时代,将MOOC教育模式与传统教学模式相结合,增强学生的学习兴趣和学习的主动性,提高教学能力。

中国大学MOOC优质在线课程学习平台中关于电路及电路分析的课程多达14门,都是由一些知名高校的名师主讲,他们有着丰富的教学经验。可引导学生通过网络在线学习,或利用雨课堂使MOOC教育资源成为课前预习资料,提升课堂的教学效果。

MOOC可以让学生体验一对一的授课过程,这是一个高效的预习过程,并将预习过程中所遇到的问题带到课堂上,有目的地进行听讲。课堂的主要功能是解惑,有针对地解决问题、提高和创新指导。学生主动学习,在课下有更多更大的自主学习空间,在课堂上有更多的时间和教师进行互动,将自己的问题及时解惑、将自己的想法及时得到验证,体验和互动才是课堂的主题。这样的课堂有助于培养学生自学的能力、独立思考的能力和探索创新的能力。

MOOC教学中穿插动画、仿真、实验、小测试,具有工程性和趣味性。将这些教学手段引入到教学中,通过讨论、复习、答疑等多种形式的教学方式,引导学生自发完成学习任务。

(2)雨课堂。雨课堂是清华大学在线教育办公室和学堂在线共同推出的新型智慧教学工具,将课前、课上、课后的每一个环节都赋予全新的体验,实现了大数据时代的智慧教学。课前,可向学生随时推送预习材料、MOOC视频或语音资料,教师可掌握学生的预习情况。课上,通过课堂弹幕、匿名反馈、限时测试等能实现师生互动。课后,可随时推送试题或作业,加深对知识的理解和掌握。课后总结可帮助教师分析课程数据、量化学习情况,帮助教师精准教学。

(3)微课。自制的教学或答疑小视频,能帮助学生答疑解惑,实现与学生的互动。通常在雨课堂的课前、课后使用,可减少课堂教学时间。

(4)Multisim仿真分析。Multisim是美国国家仪器(NI)有限公司推出的以Windows为基础的电路仿真工具。其集成了一千多种电路元件,可以进行多种电路的仿真分析。其中,虚拟元件的参数可根据需要任意修改,还提供了示波器、万用表、信号发生器等十几种虚拟仪器设备,其功能与实际仪器相同,极大地方便了电路的仿真测试分析。

将Multisim仿真技术引入到电路分析的课堂教学中,可使抽象的问题变得具体生动,使学生理解掌握起来更加容易。

在具体教学过程中,应该将多种教学方法与传统教学相结合,根据教学内容的不同,灵活选用不同的教学方式。

3.考核方式、方法的改革

对电路分析课程的考核成绩也做适当的改革,将原来只有的期末考试变成采取平时作业成绩、课堂练习和讨论成绩、课后测试成绩、期中考试成绩、期末考试成绩等多项考核相结合的综合考查方式,按1:2:2:2:3的比例给出最终的考核成绩,突出学习过程中各个环节的考核。采取综合评定成绩的方法,从多方面考察学生的能力,对学生的学习做出正确的引导和促进。

三、结束语

通过对基于互联网+的电路分析混合教学模式的研究和探索,建立适合当前形势下以学生为中心的新的教学模式,并应用在日常的教学过程中,激发学生的学习兴趣,提高学习主动性,促进学生创新和实践能力的培养,以期达到更好的教学效果,为提高我院电路分析课程创新能力和实践能力的培养做出应有的贡献。

【参考文献】

[1] 肖冬萍,付志红,李春燕等.电路原理课程开展研讨式教学的必要性和可行性分析[A].第二届全国高等学校电气类专业教学改革研讨会论文集[C].西安:教育部高等学校电气类专业教学指导委员会,2015.

[2] 徐征.传统教学与MOOCS结合的《电子技术》课程改革研究[A].第二届全国高等学校电气类专业教学改革研讨会论文集[C].西安:教育部高等学校电气类专业教学指导委员会,2015.

[3] 冯清娟.Multisim软件在二阶动态电路分析中的应用[J].电脑知识与技术,2017,13(22):245-246.

关于强度理论的教学探讨

李智慧 王 玮

(宝鸡文理学院 机械工程学院 陕西 宝鸡 721016)

【摘要】现行的材料力学教材中主要介绍了五大强度理论,各强度理论在应用时都有一定的局限性。在研究和设计中合理地选择强度理论非常重要。本文通过讨论脆性断裂和塑性破坏两种破坏形式的主要影响因素,对比各种经典强度理论,评述其准确性、广泛性和局限性,使学生对工程中常用的强度理论有全面和深入的了解,以便在工程设计和强度校核中正确选用,从而保证工程计算的准确性。

【关键词】强度理论;脆性断裂;塑性破坏;应力状态

材料力学是机械类、土木类工科专业非常重要的专业基础课。它要解决的基本问题之一就是建立构件发生破坏的条件,以保证构件具有足够的强度。强度理论是研究材料失效破坏原因的假说,以此为依据建立材料在复杂应力条件下的破坏条件。因此,强度理论是材料力学课程中的重要内容,更是各种工程结构强度计算和设计必需的基础理论。

目前高校材料力学教材中,主要介绍的强度理论有:第一强度理论(最大拉应力理论)、第二强度理论(最大拉应变理论)、第三强度理论(最大切应力理论)、第四强度理论(最大畸变能密度理论)和莫尔强度理论。这5个强度理论的相当应力表达式分别为:

$$\begin{cases} \sigma_{r1} = \sigma_1 = \sigma_t \\ \sigma_{r2} = \sigma_1 - \mu(\sigma_2 + \sigma_3) = \sigma_t \\ \sigma_{r3} = \sigma_1 - \sigma_3 = \sigma_t \\ \sigma_{r4} = \sqrt{\frac{1}{2}\left[(\sigma_1 - \sigma_2)^2 + (\sigma_2 - \sigma_3)^2 + (\sigma_3 - \sigma_1)^2\right]} = \sigma_t \\ \sigma_{rm} = \sigma_1 - \frac{\sigma_t}{\sigma_c}\sigma_3 = \sigma_t \end{cases} \quad (1)$$

式中，μ 为材料的泊松比；

σ_t 为单轴抗拉强度(塑性材料可用屈服极限 σ_s 代替)；

σ_c 为单轴抗压强度。

材料力学中将工程材料的破坏归纳为两类——塑性屈服和脆性断裂，它们的破坏形式不同，产生破坏的原因不同，对应的强度理论也不同。最大拉应力理论、最大拉应变理论和莫尔强度理论一般用于脆性断裂，最大切应力理论和最大畸变能密度理论一般用于塑性屈服，判断一点材料是否产生塑性变形或判断一点材料是否发生塑性破坏。

事实上，各强度理论都有其一定的适用范围和局限性，在研究和设计中合理地选择强度理论非常重要，很多情况下设计计算的结果依赖于所选择的强度理论。学生在选用时，更是会产生很大困惑。本文将通过讨论材料力学中脆性断裂和塑性破坏两种破坏形式区分中存在的误区，及传统断裂强度理论用于复杂应力状态存在的问题，使学生明确五个强度理论的应用条件，理解复杂应力状态下的强度理论与基本变形下强度条件的关系。

一、破坏形式判断和强度理论选择

工程计算中选用强度理论的原则通常是：对于脆性断裂，选用最大拉应力理论、最大拉应变理论或莫尔强度理论；对于塑性破坏(剪断)的情况，则选用最大切应力理论或最大畸变能密度理论。按最大切应力理论计算，简单且偏于保守。最大畸变能密度理论与试验结果更接近，按最大畸变能密度理论计算，则更精确。最大切应力理论简单且偏于安全，因此工程设计中多采用最大切应力理论为依据。

对于脆性断裂和塑性破坏两种破坏形式的区分，现有教材中通常按延伸率 δ 的不同将材料分为脆性材料($\delta < 5\%$)和塑性材料($\delta \geqslant 5\%$)两类，且认为脆性材料的破坏均为脆性断裂，塑性材料的破坏均为塑性破坏。这种区分对常温静载下常规构件的单轴拉伸应力情况是合适的，但实际中不能作为区分脆性断裂和塑性破坏两种破坏形式的普遍原则。材料破坏时表现为脆性断裂还是塑性破坏，不仅取决于材料本身的性质，还与应力状态、温度、加载速率等因素有关。这里仅就应力状态对破坏形式的影响进行简单讨论。铸铁是典型的脆性金属材料，在单轴拉伸和扭转时均发生脆性断裂，而在单轴压缩时发生塑性剪断。低碳钢作为典型的韧性材料，在单轴拉伸时发生塑性剪断，而在三轴拉伸($\sigma_1 \geqslant \sigma_2 \geqslant \sigma_3 \geqslant 0$)的应力状态，则发生解理脆断。可见，应力状态不同，同一材料的破坏形式会发生根本的变化。因此，对构件强度的设计计算中，选择强度理论时，不能仅依据材料是脆性还是塑性，更要依据材料在设计载荷的作用下发生何种形式的破坏。

二、传统断裂强度理论存在的误差分析

早期人们通过观察材料的宏观破坏现象,提出材料断裂是由某一因素引起的,无论材料处于何种受力状态,只要该因素达到了断裂极限值,材料就发生断裂。传统脆性断裂强度理论的建立,基于对简单受力下宏观断裂现象的观察,没有涉及相应细观断裂机理的分析,也没有认识清楚材料断裂现象的本质,将其用于解决复杂应力状态下构件的断裂破坏分析时,往往存在较大的误差。

为了分析3个用于脆性断裂的强度理论,即最大拉应力理论、最大拉应变理论和莫尔强度理论,用于复杂应力状态破坏的误差,笔者选择3种不同型号的灰铸铁,进行单轴拉伸破坏试验和扭转破坏试验,其中拉伸破坏试验用于获得强度极限 σ_b;扭转试验中,试样表面各点均为破坏的危险点,且处于复杂应力状态,将铸铁的扭转破坏试验结果代入上述3种断裂强度理论中进行误差分析。

选择HT150、HT200、HT250这3种灰铸铁,加工成4种不同类型的试件。①HT150,圆截面,直径 $d=14mm$;②HT200,圆截面,直径 $d=14mm$;③HT200,空心圆截面,外径 $D=14mm$,内径 $d=6mm$;④HT250,圆截面,直径 $d=14mm$。以上4种试件各加工6根,使用WDW-100电子万能试验机完成常规拉伸破坏试验,使用NJ-50扭转试验机完成扭转破坏实验。实验结果见表1和表2。

扭转试验中,上述4种试样均发生脆性断裂,断裂危险点在试件表面,危险点均处于复杂应力状态,因此将上述四种不同类型试件的铸铁扭转试验结果分别代入最大拉应力理论、最大拉应变理论和莫尔强度理论进行误差分析。经典强度理论的假说中认为,不论何种复杂应力状态,其相当应力 σ_r 达到材料单轴拉伸时的强度极限 σ_t 时,脆性断裂即发生。由此可给出误差公式 $\delta = \dfrac{\sigma_r - \sigma_t}{\sigma_t} \times 100\%$,误差分析结果如表3所示。

表1 铸铁拉伸破坏实验结果

试样类型	P_{b1}/kN	P_{b2}/kN	P_{b3}/kN	σ_t/MPa
圆 HT150	21.5	24.8	26.0	157.5
圆 HT200	35.1	32.3	31.0	213.2
空心圆 HT200	27.8	28.3	30.0	229.6
圆 HT250	42.0	38.8	41.0	264.0

表2 铸铁扭转破坏实验结果

试样类型	$M_{b1}/(N \cdot m)$	$M_{b2}/(N \cdot m)$	$M_{b3}/(N \cdot m)$	τ_b/MPa
圆 $HT150$	120.6	118.5	123.3	224.3

圆 HT200	180.2	174.0	172.8	326.2
空心圆 HT200	175.5	173.0	180.0	338.7
圆 HT250	185.0	205.0	207.0	369.5

表3 3种强度理论扭转试验误差分析

试样类型	σ_b/MPa	σ_{r1}/MPa	δ_1/%	σ_{r2}/MPa	δ_2/%	σ_{rm}/MPa	δ_3(%)
圆 HT150	157.5	224.3	42.4	284.9	80.9	285.0	80.9
圆 HT200	213.2	326.2	53.0	414.3	94.3	404.5	89.7
空心 HT200	229.6	338.7	47.4	426.7	85.9	420.0	82.9
圆 HT250	264.0	369.5	40.0	469.0	77.6	462.0	75.0

表3中,δ_1为扭转破坏试验中使用第一强度理论的误差,δ_2为扭转破坏试验中使用第二强度理论误差,δ_3为使用莫尔强度理论的误差。在接近最大破坏载荷时,测得铸铁HT150的泊松比为0.26~0.27,铸铁HT200的泊松比为0.26~0.28。故以上强度理论计算中,取泊松比$\mu=0.27$。HT150、HT200、HT250的单轴压缩强度极限分别为575MPa、884MPa和1062MPa。由表3的误差计算结果可见,上述3种脆断的强度理论都不能很好地描述铸铁扭转破坏的试验结果,其中第二强度理论的最大误差已高达94.3%,第一强度理论的误差基本在50%以内,莫尔强度理论的误差也已接近90%。由于第二强度理论与大多数试验结果不相符合,用于工程计算可靠性很差,已逐渐不被使用,但目前的工程计算中第一强度理论和莫尔强度理论仍有很多应用。

三、基本变形的强度条件与强度理论的关系

对于轴向拉压基本变形,构件内各点的应力状态均为单向应力状态,即$\sigma_1=\sigma$,$\sigma_2=\sigma_3=0$,因此:

$$\begin{cases}\sigma_{r1}=\sigma_1=\sigma\\\sigma_{r2}=\sigma_1-\mu(\sigma_2+\sigma_3)=\sigma\\\sigma_{r3}=\sigma_1-\sigma_3=\sigma\\\sigma_{r4}=\sqrt{\frac{1}{2}[(\sigma_1-\sigma_2)^2+(\sigma_2-\sigma_3)^2+(\sigma_3-\sigma_1)^2]}=\sigma\end{cases} \quad (2)$$

依据4个强度理论所给出的强度条件表达式均为$\sigma_r=\sigma=F_N/A\leqslant[\sigma]$,这与轴向拉伸与压缩的正应力强度条件$\sigma=F_N/A\leqslant[\sigma]$是相同的。这表明由4个强度理论给出的强度条件符合轴向拉压变形的实际情况,用于单轴拉伸应力状态均是准确的。

对于圆轴扭转基本变形,构件内各点的应力状态均为纯剪切状态,其中危险点为构件表面上各点,即$\sigma_1=\tau$,$\sigma_2=0$,$\sigma_3=-\tau$,因此:

$$\begin{cases} \sigma_{r1} = \sigma_1 = \tau \\ \sigma_{r2} = \sigma_1 - \mu(\sigma_2 + \sigma_3) = \tau(1+\mu) \\ \sigma_{r3} = \sigma_1 - \sigma_3 = 2\tau \\ \sigma_{r4} = \sqrt{\dfrac{1}{2}\left[(\sigma_1-\sigma_2)^2 + (\sigma_2-\sigma_3)^2 + (\sigma_3-\sigma_1)^2\right]} = \sqrt{3}\tau \end{cases} \tag{3}$$

对于脆性断裂,则 $\sigma_{r1} = \tau \leqslant [\sigma]$ 或 $\sigma_{r2} = (1+\mu)\tau \leqslant [\sigma]$,与圆轴扭转的切应力强度条件 $\tau = T/W_t \leqslant [\tau]$ 相比较,可得,脆性断裂的构件许用正应力 $[\sigma]$ 与许用切应力 $[\tau]$ 有下述关系:$[\tau] = [\sigma]$ 或 $[\tau] = [\sigma]/(1+\mu)$。也就是说,对于脆性材料,如果最大拉应力理论是正确的,则有 $[\tau] = [\sigma]$;若最大拉应变理论是正确的,则有 $[\tau] \approx 0.8[\sigma]$($\mu$ 取 0.25)。由表 4 可见,铸铁的扭转强度极限与拉伸强度极限的比值 τ_b/σ_b 约在 $1.40 \sim 1.53$,也说明了第一强度理论和第二强度理论用于复杂应力状态的误差。

表4 铸铁拉伸和扭转破坏强度极限对比

试样类型	σ_b/MPa	τ_b/MPa	τ_b/σ_b
圆 HT150	157.5	224.3	1.42
圆 HT200	213.2	326.2	1.53
空心圆 HT200	229.6	338.7	1.48
圆 HT250	264.0	369.5	1.40

对于屈服破坏,则 $\sigma_{r3} = 2\tau \leqslant [\sigma]$,或 $\sigma_{r4} = \sqrt{3}\tau \leqslant [\sigma]$,与圆轴扭转的切应力强度条件进行比较,可得,许用正应力 $[\sigma]$ 与许用切应力 $[\tau]$ 有下述关系:$[\tau] = [\sigma]/2$ 或 $[\tau] = [\sigma]/\sqrt{3}$。即对于塑性材料,若最大切应力理论是正确的,则应有 $[\tau] = [\sigma]/2$;若最大畸变能密度理论是正确的,则应有 $[\tau] = [\sigma]/\sqrt{3}$。这些关系与塑性材料的实验数据是基本吻合的。

由低碳钢和铸铁拉伸破坏和扭转破坏的断口方位来分析,铸铁单轴拉伸时沿横截面断开,扭转时沿 $45°$ 斜截面断开。这两种不同的基本变形均发生脆性断裂,断裂面方位虽然不同,但均沿最大拉应力作用面,这表明,最大拉应力是导致材料脆性断裂的主要因素,第一强度理论用于复杂应力状态下的脆性断裂问题尽管有一定误差,但它抓住了脆性断裂的主要因素。低碳钢单轴拉伸塑性屈服时,试件表面出现沿 $45°$ 方向的滑移线,扭转时沿横截面剪断,这两种不同的基本变形均发生塑性屈服,破坏的截面方位也不同,但均沿最大切应力作用面。这表明,最大切应力是导致材料塑性破坏的主要因素,第三强度理论抓住了塑性屈服的主要因素,尽管它并没有第四强度理论精确,依然是工程中最常用的强度理论。

四、结论

鉴于各种材料破坏的多样性和复杂性,很难用单一的强度理论描述不同类型的破坏,现行的材料力学教材中主要介绍了五大强度理论,各强度理论在应用时都有一定的局限性。因此在研究和设计中合理地选择强度理论非常重要,这也给学生和工程设计人员带来很大困惑。本文通过4种不同铸铁试件的扭转破坏试验分析了3种经典的断裂强度理论用于复杂应力条件下存在的误差,讨论了现行教材中关于脆性断裂和塑性屈服两种形式破坏的区分中存在的误区,从基本变形的强度条件出发讨论了各强度理论用于复杂应力状态存在的问题,加深了学生对5个强度理论的应用条件及复杂应力状态下的强度理论与基本变形下强度条件关系的理解,明确了材料力学中五大强度理论在工程应用中的地位及选用方法。

【参考文献】

[1] 刘鸿文.材料力学(第6版)[M].北京:高等教育出版社,2017.

[2] 孙训方,方孝淑,关来泰.材料力学(第5版)[M].北京:高等教育出版社,2013.

[3] 赵九江,张少实,王春香.材料力学[M].哈尔滨:哈尔滨工业大学出版社,1987.

[4] 汤安民,韩星明.传统断裂强度理论存在的问题与几种材料的断裂规律[J].西安理工大学学报,2002,18(1):22-25.

[5] 俞茂宏.强度理论百年总结[J].力学进展,2004,34(4):529-560.

数字摄影测量课程教学和实践方法探讨
——以测绘工程专业为例

高 蕾

(宝鸡文理学院 地理与环境学院　陕西 宝鸡 721013
陕西省灾害监测与机理模拟重点实验室　陕西 宝鸡 721013)

【摘要】摄影测量技术作为大面积采集地表信息数据的重要手段,在许多领域内受到了广泛关注与应用。伴随着摄影测量技术的不断发展,国内各高等院校面向测绘工程专业都相继开设了数字摄影测量学课程,该课程作为测绘工程专业基础课程,就更应按照高校课程改革和建设要求,改革传统教学方式方法,力争培养具备研究能力与创新能力的高质量人才。论文在深入研究了数字摄影测量学课程特点的基础上,提出了该课程理论教学和实践教学的新方法,并形成了较为完善的课程教学体系,为国内高等学校开展数字摄影测量学课程教学工作提供参考依据。

【关键词】数字摄影测量;理论教学;实践教学;教学方法

【作者简介】高蕾,女,汉族,陕西宝鸡人,宝鸡文理学院地理与环境学院讲师,硕士,主要研究方向为摄影测量与遥感应用。

我国教学改革是以提高教学质量,培养创新人才为目的,为此国内各高校均将改革重点设定为教学内容的更新和教学方法的改进。随着我国教学改革的不断深化,教育部推出了高等教育教学内容和课程体系改革计划,并且编写了一系列专业核心课程教材。其中,《数字摄影测量学》作为普通高等教育"十一五"国家级规划教材被选定为我校测绘工程专业数字摄影测量学课程教材,该教材结合国内外社会经济建设实际,注重反应现代社会应用摄影测量技术的最新成果,同时该教材也十分注重在教学方法和教学观念中的能力培养。数字摄影测量学课程作为测绘工程专业课程,教学方法以理论教学与实践教学相结合,重点培养学生对航空摄影成像流程、影像匹配、DOM生成、3D建模等实践操作能力,使学生具备数字摄影测量学专业基础知识和应用技能。基于此我们必须做到与时俱进,即根据航空摄影测量发展的最新成果,及时对教学内容做出适当补充,力求达到最佳教学效果,实现教学改革的最终目的。

一、数字摄影测量学课程特点

摄影测量是研究利用影像重建空间物体的几何与物理模型的科学和技术。摄影测量的发展经历了3个阶段:模拟摄影测量、解析摄影测量、数字摄影测量,这与计算机技术在摄影测量中的应用深度是密切相关的。传统的摄影测量方法已经被全方位数字摄影测量系统所取代,高度自动化、高效率的摄影测量时代悄然而至。对于测绘工程专业的学生,学习数字摄影测量方面的理论知识与实践操作是必不可少的。只有深入地掌握该课程的特点,才能有针对性地展开教学工作。

数字摄影测量是根据摄影测量的基本原理,通过对数字影像的一系列处理,提取被摄对象的几何与物理特性,并生成各种形式的数字化产品的技术。数字摄影测量学是一门理论抽象、逻辑严密、实践性强的专业核心课程,它在测绘工程专业的人才培养方案中占有举足轻重的地位。经过几年的教学积累,其课程特点总结如下:

1. 概念多、公式多、理论抽象

课程涉及的基本概念很多,包括影像重采样、特征提取、特征定位、内定向、单像空间后方交会、相对定向、绝对定向、核线影像、影像匹配、特征匹配、DPW等。课程存在大量嵌套概念,某些内容涉及的基本原理也很抽象。同时,教学内容还涉及大量的数学公式推导,包括点线特征提取算子、核线几何约束、最小二乘影像匹配等。这些方程的推导需要综合运用测量平差中的最小二乘方法;高等数学中的微积分、傅里叶变换、泰勒级数;线性代数中的矩阵运算等多学科知识,要求学生具备较高的数学功底。数学知识储备不够的学生在学习过程中可能会知难而退,在主观意识层面增加了课程的理论抽象性。

2. 坐标转换复杂,三维立体感强

数字摄影测量实质是从二维像片上某像点坐标获取该像点对应地面点的三维坐标。要求学生有较强的空间想象力,能理解该课程在三维层面上各数据指标的含义及具体的解算步骤。同时,坐标解算过程还涉及到多个坐标系统的转换,空间关系复杂,需要学生充分理解各坐标系统的特点及坐标解算方法。

3. 跨学科,科技发展促进知识更新

数字摄影测量学横跨多个学科,与计算机立体视觉紧密联系,还包括计算机图形学、数字图像处理技术、人工智能、模式识别、数学、物理学等多门学科。这就要求学生具备较广的知识面,注重学科之间的联系,为更好地理解本课程做好铺垫。同时,数字摄影测量技术随着无人机低空遥感技术、传感器技术等高科技产业的不断发展

而日新月异,全方位数字摄影测量系统也在各个部门发挥着重要作用,新技术的发展为高校的数字摄影测量教学注入新鲜的血液,也带来巨大的挑战。

二、数字摄影测量学课程理论教学方法研究

1.围绕课程主题确定教学目标

基于数字摄影测量学课程的学科特点,其研究内容涉及基础理论章节、数据处理章节、技术应用章节,分阶段主题性较强,再结合教学对象的专业背景,制定科学合理的教学目标,优化理论教学内容是十分必要的。首先,教学要把学以致用作为基本出发点,授课教师必须及时掌握数字摄影测量技术发展的最新情况,并结合社会生产实际需要,及时动态调整教学重点,完善教学内容。例如,针对测绘工程专业学生,围绕数字摄影测量技术在地形图测绘、地籍调查等方面的应用为核心的基本原则,旨在让学生从本专业背景出发,从实用性角度来学习各个重点、难点。其次,结合学生在不同阶段的学习任务,对教案做出调整,及时完善多媒体辅助教学的内容,力争用更加形象、直观的感受,让学生在理解的基础上掌握各知识点。再次,要求学生通过对若干数字摄影测量学基本概念的学习,建立起相关概念之间的联系,为进一步了解数字影像匹配的基本原理,掌握全方位数字摄影测量的基本流程打下坚实的基础。

2.结合案例教学培养课程学习兴趣

理论教学是数字摄影测量学课程教学中非常重要的环节,教师在教学过程中,必须对该环节引起高度重视。数字摄影测量课程包含许多学科内容,在处理相关问题时采用了一系列的新方法和新技术,其中涉及到大量的物理、数学模型,这些方法和模型通常都比较抽象,对于有些学生,学习起来比较困难,就容易产生厌学情绪。所以,课堂讲授的知识一定要深入浅出,即用简单的语言描述复杂的公式,尽量从我们身边比较熟悉的案例分析入手,细致地解释采用方法的原因、方法的基本原理及应用该方法的效果,运用灵活多样的形式,使学生充分感受到数字摄影测量技术的魅力,它正在为我们的生产生活发挥着巨大的潜能,从而激发学生独立思考和主动学习的兴趣。例如,在讲述数字摄影测量应用中,根据我校低空遥感倾斜摄影测量的实习内容,系统地介绍我校无人机的基本构造及特点、倾斜摄影测量传感器的特点及使用方法、测区范围数据获取过程、像片数据的筛选、相机参数设置、绝对定向、空中三角测量、3D建模、提取等高线等内容,让学生从实例中体会数字摄影测量技术的实用性,提升学生的学习兴趣,增强学好本课程的信心。

3.结合课程特点启发学生自主学习

数字摄影测量学课程是随着科学技术的不断进步而发展的一种技术性学科,在

测绘工程专业学生中有较大部分将可能从事与摄影测量相关的具有探索性、创新性的工作。所以,在高等学校教育中要抛弃传统填鸭式教学方式,使学生的学习由被动变为主动,培养学生独立思考和探索创新的意识是非常必要的。这就要求教师在教学过程中,要有意识地锻炼学生提出问题、分析问题、解决问题的能力,为将来的工作奠定坚实的基础。在具体实施过程中,要从以下几个方面来把握。首先,针对理论教学中讲授的各种数字摄影测量方法和基本原理,鼓励学生提出自己的见解,在分析现用模型缺陷的基础上,能提出解决该问题的方法;其次,在课外作业中,要求学生围绕课程主题,独立查阅各级各类文献资料,及时发现该主题的最新研究成果,开拓眼界与思路,最终以课题的形式完成作业;再次,教师应在课外与学生展开深入交流,就与数字摄影测量相关的热点研究问题跟学生进行讨论交流,重在培养学生的研究兴趣,鼓励学生积极参与到相关的课题研究中。

4. 加强学科联系鼓励学生广泛学习

数字摄影测量技术的理论课程涉及到各学科的研究方法和技术手段,要求学生将该课程与应用领域的知识相结合,从中更深刻地理解数字摄影测量技术的特点。例如,从事地形图测绘研究时,学生必须具备测量学基础专业课知识,对传统地形图测绘的工作流程有较为深入的了解,为数字摄影测量的地形图测绘做好知识铺垫。对于未来从事测绘工作的女生,鼓励她们课余多了解数据处理软件,包括计算机辅助制图、数字图像处理技术、地理信息系统等,在内业数据处理环节多下功夫。所以,教师在教学过程中,要鼓励学生广泛学习其他学科的理论知识,给学生提供各类参考文献作为课外阅读,增强对其它领域知识的了解。

5. 努力培养学生研究性学习能力

研究性学习能力的培养能突出高等学校的素质教育能力,它重在培养学生的实践创新能力,形成基本的科学研究精神,提高学生学习积极性,养成勤思考的好习惯,锻炼学生克服困难的坚强意志,培养学生共同协作的能力。所以,在学生掌握数字摄影测量的基本特点、发展过程、数据的获取和分析处理方法等基本理论之后,对数字摄影测量流程要进行研究性学习的培养,具体尝试过程将从以下几方面展开。首先,分组设计研究课题。教师要为学生设定课题研究背景,布置研究内容,并为学生们提供有价值的参考资料。指导学生分组进行各自研究课题的探讨,鼓励学生积极搜索相关资料,尝试从多方位思考分析问题,使学生快速进入课题研究状态,在全组学生通力协作的基础上归纳出课题具体的研究方案。其次,制定课题研究计划。要求学生根据确定的研究目标和研究方案,制定具体的研究步骤和成员的具体分工,并确定所需的研究设备。制定课题研究的阶段性目标,并安排操作步骤。再次,研究课题的具体实施过程。要求学生以严谨的科学研究态度进行实施课题研究。要求每课题组严格按照课题研究流程准备资料,包括课题开题、结题报告、实验记录、数据资料、研究总结等与课题相关的信息资料。教师要及时查看每组课题研究进展,及时为该课题研究做出有效指导,使学生在研究课题的过程中提高对知识点理解力。最后,共同探讨研究成果。要求学生对研究性学习过程中的体会与其它组成员进行交流,在分享成功经验的同时,锻炼学生的辩证思考、客观分析问题的能力。通过对研究成果的评价,可以帮助学生正确认识自己在知识储备、学习能力、研究态度等方面存在的问题,为学生进一步改进学习方法,提高学习效果,实现全面发展奠定良好的基础。所以,在理论教学环节设定一定课时数的研究性学习内容是非常必要的,这可以使学生在教师的指导下,从自己的研究兴趣、社会生活和学习生活出发,选择合适的研究课题,通过自己的努力,主动地研究所学知识点,应用知识解决现实问题,即进一步理解了数字摄影测量学理论知识,又使学生完整体会课题研究的全过程,这对测绘工程专业的学生影响深远。

三、数字摄影测量学课程实践教学方法研究

相对于模拟、解析摄影测量阶段,数字摄影测量将计算机视觉、模式识别技术应用到摄影测量中,实现了内定向、相对定向、空中三角测量、DEM生成、影像匹配等的半自动或全自动化处理,各种全方位数字摄影测量系统大量涌现。根据理论教学内容设计相应的实验环节,可以增强学生发现问题和解决问题的能力,同时加强学生综合运用各学科知识的能力。

考虑到测绘工程专业学生在之前的学习过程中,未接触过数字摄影测量相关软件,所以实践教学主要培养学生的软件操作能力和数据处理能力。根据测绘工程专业学生培养方案,实践教学环节应做以下完善。首先,结合专业背景完善实验内容。针对测绘工程专业学生,在保证较充足的实验课时前提下,对实验内容进行优化调整。在实验时间设置上,可以对有些实验内容实行先实验后讲解的方式,在学生预先熟悉实验数据,了解软件特定功能模块基础上,为深入理解相关理论提供帮助。由于目前的实验设置有些较难验证,我们可以设计出具有现势意义的实验环节,即加强了学生对理论课程的理解,又提高了对现实问题的解决能力,同时丰富了实验内容。其次,加强分析处理数据的能力。针对实验中老师提供的不同数据类型,全面掌握数据处理流程,并对实验结果进行对比分析,实现对理论知识的验证。学生根据数据处理软件和实验指导书完成各实验,并结合实验结果,完成实验报告。再次,培养学生具体问题具体分析能力。在实践环节中,教师可根据培养方案的基本要求,结合学生自身特点,培养学生对相关领域知识的理解,鼓励学生在解决相关领域问题时独立寻找

解决方案和技术要点,努力培养学生的创新意识。最后,完善课程实践教学设施。目前的数字摄影测量实践教学设备能基本满足测绘工程专业学生实验操作,但也需要进一步充实相关数据和设备。如果同地区高校之间能实现各种资料、数据的共享,实现各取所需,我们可以更好地完成基本实验内容,并新增具备专业特色的实验内容,大幅度地提高实践教学质量。所以,数字摄影测量课程实践环节发展目标是获取不同测区的影像数据,对测区结果进行对比研究,力争建立较为完善的影像数据库,为更好地提高理论和实践教学效果服务。

四、结语

本文在分析数字摄影测量学课程学科特点的基础上,积极探索提高课程教学质量的方法,提出了采用围绕课程主题确定教学目标、结合案例教学培养课程学习兴趣、结合课程特点启发学生自主学习、加强学科联系鼓励学生广泛学习、努力培养学生研究性学习能力等理论教学方法,为进一步提高学生学习效果,培养学生自主学习,提高学生探索创新能力奠定了良好基础。同时,本文通过分析数字摄影测量学课程的实践教学环节的重要性,提出了完善实践环节的可行性方案,对未来该课程实践教学环节的进一步发展寄予厚望,实践教学环节重在锻炼学生的动手能力和解决实际问题的能力,为将来从事测绘类相关事业做好准备。

【参考文献】

[1] 耿则勋,张保明,范大昭.数字摄影测量学[M].北京:测绘出版社,2010.

[2] 张祖勋,等.数字摄影测量学[M].武汉:武汉测绘科技大学出版社,1997.

[3] 牛全福,等.测绘工程专业摄影测量学课程教学改革探讨[J].地理空间信息,2015,5:177-179.

[4] 徐辛超,等.数字摄影测量课程的编程式教学改革探讨[J].测绘与空间地理信息,2017,10:5-8.

[5] 徐佳,等.GIS专业《数字摄影测量学》教学改革探讨[J].地理空间信息,2012,8:167-169.

[6] 成晓倩,等.摄影测量学的教学改革探讨与实践[J].测绘科学,2015,9:126-128.

[7] 王世杰.数字摄影测量系统(DPS)实验教学实践[J].矿山测量,2013,4:92-94.

数控技术混合式教学改革与实践

魏宏波　高红卫　唐海平　王　玮

(宝鸡文理学院 机械工程学院　陕西 宝鸡 721007)

【摘要】 混合式教学将传统教学方式与现代教育技术相结合，能够充分发挥学生的主体地位和教师的主导地位。本文对数控技术课程特点及教学现状分析，探讨了混合式教学的重要意义，并针对数控教学从理论教学和实践教学两个方面进行教学改革。在理论教学方面利用网络平台将教学过程分为四个阶段，充分发挥了学生的主动性。在实践教学方面结合虚拟仿真技术，实现理实一体化教学，提高了学生学习兴趣，增强了学生动手能力。该门课的改革实践过程将为其它课程的改革提供借鉴。

【关键词】 混合式教学；数控技术；教学改革

一、引言

随着互联网技术的发展和现代媒体通讯设备的普及，使得现代教育技术有了飞速的发展，互联网＋教育已经在国内外各大高校逐渐普及，基于互联网技术的教学改革在如火如荼地进行，慕课、微课、翻转课堂、远程教学等各种基于互联网的教学模式应运而生。现在新型媒体的不断出现与更新，由于其灵活、形象、生动等特点，使传统的教学方式受到了极大的挑战，互联网的普及以及手机的普遍使用使学生获得知识的手段已经不再单纯依赖老师的授课，很多专业知识能够通过互联网随时得到。将互联网技术与高等教育有效结合，与时俱进地提高人才培养的质量，既是高校教学改革的机遇，也是目前高校教师所面临的重要挑战。基于互联网的翻转课堂是互联网与教育深度融合的产物，它打破了时空限制，使学生的学习更加个性化、智能化，提高了学生的学习兴趣和学习效果，同时也使教育形式更加灵活，但它给教育带来机遇的同时也带来了挑战。本文利用互联网技术借助雨课堂平台采用翻转课堂教学模式，探讨数控技术课程混合式教学改革。

二、混合式教学模式的意义

传统教学模式一般是以教师为中心,采用的是满堂灌的方式,整堂课都是教师的表演,该教学模式实现了知识的传递但是学生的学习过程是被动的,学生的主动积极性及创新性思维没有得到发挥,与培养现代创新型人才的要求不符。因此,基于互联网、大数据以及虚拟现实等众多现代技术,发挥现代技术优势,改变传统教学模式,发挥学生的主体地位是现代教育的发展趋势。基于互联网的混合式教学其意义在于:

(1)提高了教师的教学技能和教学效果。混合式教学在课程教学设计、课程资源制作等方面都提出了较高的要求,教师需要提前准备资源,熟悉网络及平台应用,能够应对学生的各种问题,任课教师能得到极大的锻炼,教学能力能有效的提高。

(2)突出学生的主体地位和教师的主导地位。混合式教学改变传统的教师一言堂模式,以学生为主体,以教师为主导,可以充分发挥学生的主动性,正确合理的利用学生手里的通讯设备,不沉迷于聊天和游戏,让学生把有限的精力投入到学习当中,提高学生的学习成绩,也有利于学生身心健康成长。

(3)充分利用网络的海量资源,可以给学生提供更多的学习机会,扩大了学生的视野,提高了学生对知识的消化吸收能力。

(4)教课变学课,听课变问课的模式可以帮助不同水平的学生满足个性化学习的需求,帮助他们有更好的学习体验。

(5)利用平台的学习数据分析技术,可以收集学习数据,对学生的学习过程进行分析,发现学生学习过程中存在的问题,并及时地给予帮助和辅导,从而达到精准把握学习过程的目的。

三、数控技术课程特点

数控技术课程是机械设计制造及自动化专业的一门专业核心课程,既有理论教学又有实践教学,它要求学生能够掌握数控机床的结构及其工作原理,能够针对具体零件制定数控加工工艺并利用相关编程指令完成数控程序的编写。另外,在实践操作方面要求学生具有较强的动手操作能力,熟悉机床的基本操作流程,具有编写零件程序及加工的能力。因此,它是一门实践性较强的课程。在传统的教学方式下,学生对机床的认识基本上来自于金工实习和参观实习,由于各方面的局限,这种实习次数是有限的。另外,学校设备数量有限,在动手操作方面机会也是有限的。学生对有些知识点的学习主要来自于图片,效果不是很好。近年来,由于互联网+教育的蓬勃发展,新的教学方式和教学手段不断涌现,网上的视频资源极大的丰富,使得教学过程变得更加形象生动。

四、数控技术混合式教学改革实践

1. 理论教学改革

目前随着各种网络教学平台的出现,混合式教学的实现变得更加简单。本课程在理论教学方面利用雨课堂的便利条件,可以将整个课程划分为课前预习、课上讨论、课后作业及复习、课后评价四个阶段。在课前预习阶段,教师依据教学大纲,通过课件及视频等方式制作课前预习资料,并通过教学平台给学生发布预习任务,学生可以利用自己的空闲时间借助各种工具完成预习任务,对授课内容有一个大体的了解。由于预习时间比较充足,学生除了参考教师给定的预习资料,还可以借助网络及图书馆等资源广泛地查阅相关资料,达到对知识充分了解的目的。第二阶段是课堂授课阶段,在该阶段依据教学内容教师可以灵活运用启发式、问答式、讨论式等各种教学方式进行课堂教学,在课堂上教师的身份由传统的知识传授者变为课堂组织者,课堂由以往的"以教师为主体"转变为"以学生为主体"。课堂的主要功能是解决学生在预习过程中存在的问题以及对相关问题进行讨论,在讨论过程中通过问答的方式可以了解学生对知识消化理解的程度,通过层层引导达到对知识更加深入理解的目的。同时借助平台的数据分析技术,教师能够清楚地获知学生对哪些知识不懂,全班有多少人不懂,从而能够针对性地解决问题。第三阶段为课后作业的布置及复习阶段,在本阶段通过发布练习题使学生对相关知识得到训练与巩固,作业可以是电子文档及语音或视频等多种方式提交,使学生做作业的方式更加便捷,同时,教师也可以随时随地了解学生作业情况,不仅提高了教学效率,也提高了学生学习的积极性。第四阶段为课后评价阶段,根据学生的作业情况及平台的分析数据,教师对班上学生的到课、预习、上课回答问题等情况有一个精确的掌握,从而达到精确评价学生的目的。

2. 实践教学改革

随着现代VR技术的成熟度的不断提高,这就使得VR在各行各业的应用越来越广泛,如在工业、商务、医疗等行业的应用比较广泛。目前,VR在教育领域的应用逐渐受到重视,国务院《"十三五"国家战略性新兴产业发展规划》中明确强调了虚拟现实技术等现代化新技术的发展。所谓"VR技术",指的就是虚拟现实技术,该技术融合了信息技术、多媒体技术,借助传感器及计算机技术,使现场场景接近于真实环境,用户可在虚拟环境中达到与真实环境同样的体验。数控技术课程的实践教学主要是数控机床的加工操作,要求学生能够针对给定零件编写数控程序,并在机床上进行检验,完成对刀及加工操作。目前实验室的机床均为生产型机床,价格昂贵,数量有限,若操作不当则会产生比较危险的后果。如果在实际机床上操作之前让学生在虚拟环境下完成真实机床能够完成的操作,使学生对整个实验过程有较熟练的掌握,则不仅会提升实验效果而且学生的积极性也得到提升。在虚拟环境下学生不用担心安全事故,当操作出现失误时会给出提示,使学生能够没有后顾之忧,能够放心地进行实验操作。同时,虚拟环境下的操作节省实验耗材及设备维护费用,是一种较好的实验方式。该实验方式包括课前预习、课上讨论、操作练习、点评总结等 4 个阶段。在课前预习阶段将零件图发给学生,首先由学生对零件进行工艺分析,并编写相应的数控程序。通过网络及教辅资料查阅相应的加工方法。在讨论阶段,主要对工艺及加工方法进行讨论,比较不同加工方案的优缺点。第三阶段是在虚拟环境下对不同方案实施加工操作,完成零件的加工。在点评阶段由教师对不同方案进行点评,确定最优方案,对于通过的最优方案在实际机床上进行实际的加工操作。通过教学实践发现这种虚实相结合的方式有助于学生对理论知识的理解,提高了学生的动手实践能力,是非常有效的一种实践教学方式。

五、结束语

新的时代新技术的发展,推动了社会的快速发展,也促进了对人才新的要求。作为人才培养的生力军,各大高校必须紧跟社会步伐,培养出社会需要的人才。因此,教学改革是随着社会的进步而与时俱进的。作为教师,运用新技术新手段提高教学效果是社会发展的必然趋势,本文结合数控技术教学实践探索混合式教学改革,以期为其它课程提供借鉴。

【参考文献】

[1] 朱月翠,张文德."互联网+教育"基本模型探析[J].中国教育信息化,2015(19):12-15.

[2] 秦虹,张武升."互联网+教育"的本质特点与发展趋向[J].教育研究,2016(6):8-10.

[3] 闵娟娟,张攀东,冷清明等.基于 MOOC/SPOC 平台的混合教学模式研究与实践的调研报告[J].现代计算机,2017(11):15-20.

[4] 汤嘉立,习海旭,黄纯国.智慧虚拟现实实验室的构建研究[J].实验技术与管理,2018(9):232-235.

[5] 陈长全,符龙生.VR 技术在高职院校实训中的应用[J].电子技术与软件工程,2018(9):129-131.

智慧课堂教学模式在大学课堂中的应用

张飞鸽　张文娟

（宝鸡文理学院 电子电气工程学院　陕西 宝鸡 721016）

【摘要】 智慧课堂教学是当今信息化时代教学模式研究的热点，为了更好的理解智慧化课堂，本文以《通信原理》课程作为研究背景，采用 MATLAB 软件与"雨课堂"相结合的方式，把信息技术作为智慧教学的内在要素和内在动力，即信息技术不再外化于教学，而是与智慧教学其他要素共存，共同追求数字时代信息技术，给予学生智慧的极大支持与发展，让学生更好的掌握和应用课本知识，真正做到实践走进课堂。通过 MATLAB 软件仿真，理论知识转化为时效波形，根据参数设置，可以深刻理解专业知识模型。在智慧教学模式导向下，借助移动终端、科学技术软件以及新的智慧学习平台的支持，智慧教与学体系初具雏形，将在今后教学中逐步趋向熟化。

【关键词】 教学模式；智慧课堂；信息技术；教学体系

【作者简介】 张飞鸽，女，汉族，陕西西安人，硕士，讲师，就职于电子电气工程学院。张文娟，女，汉族，女，陕西宝鸡人，博士，教授，就职于电子电气工程学院。

一、智慧课堂教学模式概述

智慧教育是当前我国教育信息化研究的热点，有学者将其称之为教育信息化发展的新形态、新境界、新阶段，是教育改革模式的一种新动态。那么，如何将智慧教育恰当的应用在教学当中，达到更好的教学效果，才是教育改革的真正目的。

智慧课堂概念由智慧教育衍生而来，目前尚没有统一的定义。在文献[4]中提出智慧课堂是以学生智慧发展为目标，以信息技术无限支持学生深度学习的全过程为特征的课堂样态。文献[5]中提出智慧教育是一种新型课堂表现形态。文献[6]提出信息技术应用与教学过程中，区分了传统教学与智慧教学的不同。在实践教学中，智慧课堂不但具有智能化技术，而且还具有智慧化教学方式，从而促进教学手段提高，引领教育教学智能化发展。

依据美国乔伊斯和威尔两位学者对于教学模式的要素分析，智慧教学活动是将线上活动和线下活动的融合,线上活动包括借助相关智慧教学平台产生的师生互动,线下活动主要是课堂教学活动。智慧教学评价也分为线上评价和线下评价,全方位立体的收集教学过程产生的数据,使教学评价更加科学化。

二、智慧课堂在大学课堂中的体现

1.智慧课堂的内涵及意义

近年来,随着科学技术的不断发展,基于多媒体教学已应用大量大学专业课仿真软件,课堂教学难度不断提高,但学生对知识的理解更加深刻。另外,结合"雨课堂"的不断推广,虽然增加了教师备课难度,但是学生反馈效果较好,教师即可以监督学生对课前预习的情况,又可以监督课堂教学效果。相比传统教学,提高了学生在有限时间内掌握知识的信息量,再结合相应课程的仿真软件,适当添加动画效果,提高学生学习兴趣及对知识的理解能力。尤其,对于工科专业知识,教学内容接近实践,即理论知识较少,实际应用较多,如果只是将教学技术作为智能化改进,那么学生是否能适应这种教学方式,是一个值得讨论的问题。

2.智慧课堂教学模式重要性分析

本文以《通信原理》课程为研究背景,探讨智慧课堂教学模式在教学中的具体应用。《通信原理》课程是电子通信相关专业的核心课程,主要讲解通信系统的功能及作用。通信系统的作用是将信息从信源发送到一个或多个信宿,通信的目的是传输信息。在该门课程中,主要根据通信系统的一般模型,对模拟调制系统、数字基带传输系统、数字带通传输系统、新型数字带通调制技术及数字信号的最佳接收等学习,要求学生掌握基本原理及通信系统的设计方法。在传统教学中,教师采用板书教学,教学思路及步骤都呈现在板书中,学生易于掌握教学内容,这种传统教学模式比较适合于低年级学生。随着科学技术的不断发展,课本信息量的不断增大,尤其大学课程知识复杂度提高,在传统教学模式下,有限时间接受的信息量较少。为了提高学生学习效率,智慧课堂显得尤为重要。

综上所述,为了在《通信原理》教学过程中让学生更好的理解和掌握教学内容,采样已学习的 MATLAB 软件,结合慧课堂理念,不但在课堂教学中知识讲解更加灵活,而且可以实施跟踪学生对知识掌握情况,从而可以提高学生积极主动性。

三、智慧课堂在《通信原理》课程中的应用

1.教学内容安排策略

本文结合 Matlab 软件对《通信原理》课程中 2ASK 系统调制与解调原理进行设

计与仿真,较直观的显示出调制和解调原理各部分输入与输出信号,便于学生理解和掌握基本知识。

二进制振幅键控简称为2ASK(Frequency Shift Keying,FSK)。在2ASK中,载波的幅度只有两种变化状态,分别对应二进制信息"0"和"1"。二进制振幅键控方式可称为通—断键控(On Off Keying,OOK)。

在教学过程中,智慧化教学主要表现为教师有改进教育教学方法、优化教学、培养学生能力的意识。如果将一个二进制的振幅键控信号表示为式(1),由两个信号相乘获得,结合MATLAB软件,对该公式仿真,通过示波器查看输入信号和输出信号,便可掌握二进制振幅键控信号的特性。

$$e_{2ASK}(t) = s(t)\cos w_c t \tag{1}$$

为了更好的分析二进制振幅键控信号,可对输入信号参数重新设置,获得不同特征信号。输入信号$s(t)$如式(2)所示:

$$s(t) = \sum_n a_n g(t - nT_s) \tag{2}$$

式中,T_s为码元持续时间;

$g(t)$为基带脉冲信号;

a_n表示第n个符号电平的取值。

为了便于分析,课程讲解时需要对各个参数进行详细解释,借助MATLAB软件搭建系统模型,进入属性对话框可以设置$g(t)$高度为1,矩形脉冲的宽度T_s的值以及系数a_n。

2. 智慧课堂的教学策略

根据不同参数的设置,示波器将会获得不同的信号,查看信号波形图,较直观的理解二进制振幅键控信号。假设给定一组信息量为1011001,通过示波器便可以获得相应的二进制振幅键控信号,时间波形如图1所示:

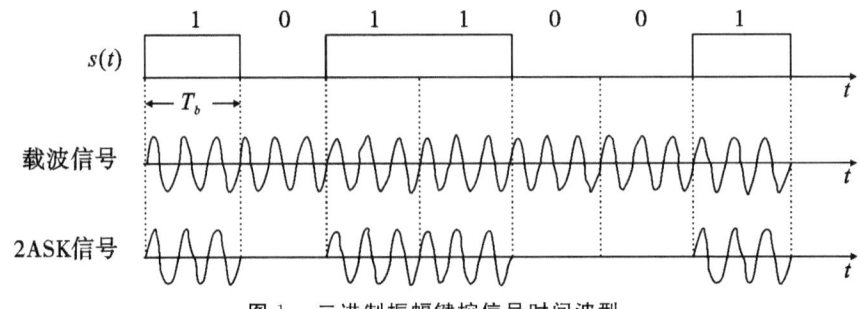

图1 二进制振幅键控信号时间波型

根据以上实例分析可知,智慧化教学则表现为以学生为主导的数字智慧教学,以技术增强型智慧发展为目标,学生不但掌握基本理论概念,学会实际模型建立,并利用结果分析原因,技术与教学深度融合,真正实现教学方式、方法手段等完全为理想教学服务。

3. MATLAB 软件的应用策略

为了对知识的灵活应用,拓展教学内容,在 MATLAB 搭建的原有模型中建立不同算法。2ASK 采用模拟调制法和数字键控法,相应的调制器如图 2 所示。图(a)为模拟幅度调制法,采用乘法器实现调制;图(b)为数字键控法,由信号 $s(t)$ 控制开关电路。

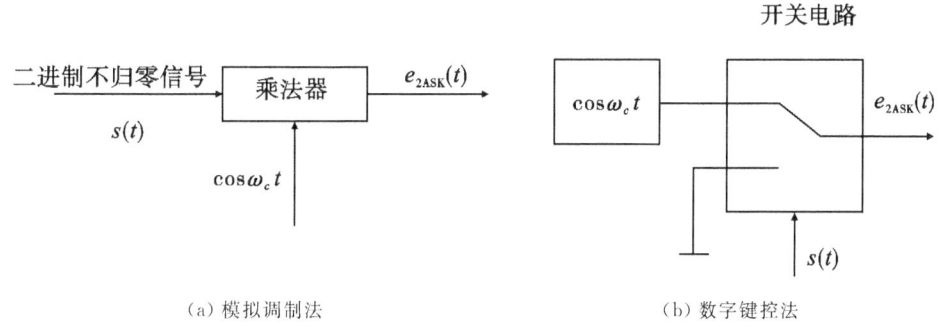

(a) 模拟调制法　　　　　　　　(b) 数字键控法

图 2　2ASK/OOK 信号调制器原理框图

一般教学中,仅对图 2 解释说明,要求学生理解基本原理,拓展部分不做要求,因此,授课内容较简单,以解题为目的,即以教学手段为目的,并非以学生掌握知识作为主导。为了解决此类问题,采用技术软件将两类模型搭建,与实际联系,分析输入输出信号特性,进一步理解 2ASK 信号的两种基本的解调方法:非相干解调(包络检波法)和相干解调(同步检测法),相应的接收系统组成方框图如图 3 所示。

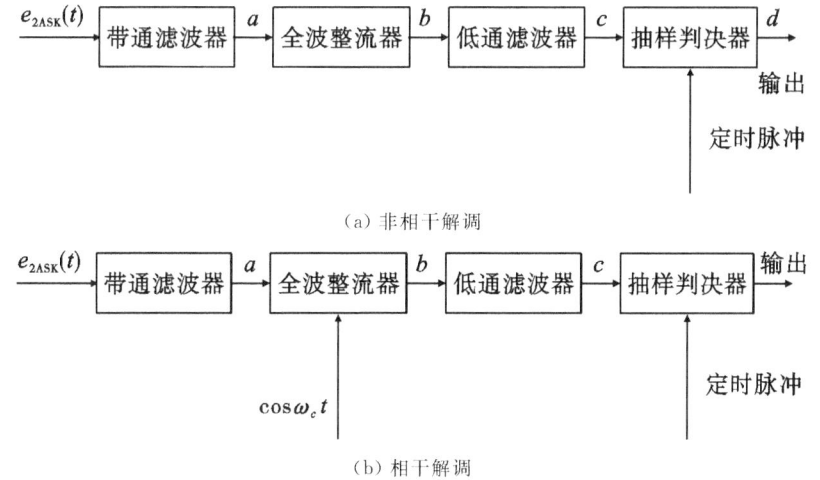

(a) 非相干解调

(b) 相干解调

图 3　2ASK 的非相干解调和相干解调原理图

在图 3 中,涉及带通滤波器、全波整流器、低通滤波器以及抽样判决器等,如果对滤波器知识掌握较少,那么,很难理解相干解调和非相干解调原理。为了能够更好掌握本节内容,借助 MATLAB 中 GUI 的设计窗口,可以实时查看滤波器设计的频带宽度,让学生主动理解各个滤波器在各模块中的功能特点。

根据课程特点,智慧课堂教学模式解决了传统教学存在的问题。例如课堂教学平台安装"雨课堂"教学软件,依托微信公众平台,按照课前准备、详细实施和应用情况调查分析等,雨课堂教学平台记录了学生学习行为,这些将作为学习成果的一部分评价内容。与传统教学模式相比较,智慧化课堂让认知工具与情感识别工具在交互型智慧课堂教学模式中得以内嵌,即以平台集成方式提供支持,大幅度提升智慧教学的便捷性和有效性。

4. 教学结果分析

利用 MATLAB 软件对 2ASK 调制与解调系统进行设计,通过示波器可以查看信号的输入输出,并对各部分输入输出信号进行对比分析,从而便于学生理解 2ASK 基本原理,降低 2ASK 信号调制和解调过程的复杂度。在本设计中,选用正弦波作为载波信号,用一个二进制基带信号对载波信号的振幅进行调制。2ASK 调制波形结果如图 4 所示,调制结果符合二进制振幅键控的特点,当基带信号为 0 时,经 2ASK 调制的波形为 0;当基带信号为 1 时,正弦信号保持不变。从而可知,通过 MATLAB 软件可实现 2ASK 波形的调制。

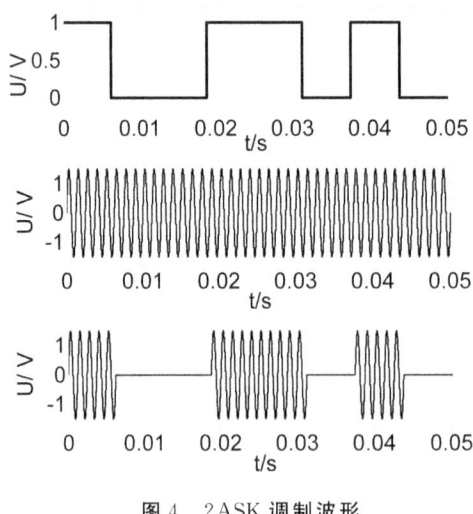

图 4　2ASK 调制波形

同时,利用 MATLAB 软件将调制波形与载波相乘,根据角频率设置低通滤波器,结合抽样量化,便可获得原始基带信号。解调波形如图 5 所示。通过对比图 4 和图 5 波形,可知调制与解调互为逆过程。

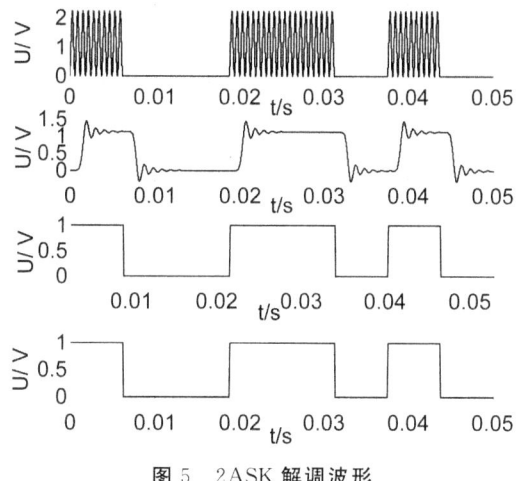

图 5 2ASK 解调波形

通过以上实例可知,在工程教学过程中,软件技术在智慧课堂教学模式中起到非常重要的作用。一方面,由传统课堂转变为智慧课堂,将"雨课堂"结合技术软件应用在教学实践中,即由改进型课堂转变为多模式下交互性智慧课堂;另一方面,技术的不断发展,可视化思维工具、编程软件以及开发板的便捷等认知工具促进智慧课堂多元化,更好的将理论与实践结合,更加高效的理解和解决实际问题。

四、智慧课堂教学的必然性

智慧课堂教学模式采用交互型教学,在智慧化理念与智慧化技术的支撑下,结合学生预习、课堂中师生共论、课后个性化学习3个环节,主要以问题为主导,激发学生自主的发现问题、思考问题和解决问题,不断提高解决问题的能力。总之,与传统教学相比较,智慧课堂是互联网+教育背景下学校教育信息化聚焦于课堂教学、聚焦于师生活动、聚焦于智慧生成的必然结果。在智慧教学模式导向下,借助移动终端、科学技术软件以及新的智慧学习平台的支持,传统教学模式无法实现的精准教学、实时跟踪教学以及理论与实践相结合的教学等,在智慧交互型教学模式中都能将得以实现。

【参考文献】

[1] 黄荣怀.智慧教育的三重境界:从环境、模式到体制[J].现代远程教育研究,2014,(6):3-11.

[2] 李子运.关于"智慧教育"的追问与理性思考[J].电化教育研究,2016,(8):5-10.

[3] 夏仕武.互联网+背景下大学双课堂教学模式的建构与运行[J].国家教育行政学院学报,2016,(5):42-47.

[4] 唐烨伟,庞敬文等.信息技术环境下智慧课堂构建方法及案例研究[J].中国电化教育,2014,(11):23-29.

[5] 赵琳,解月光.智慧课堂的"动态"学习路径设计研究[J].中国电化教育,2017,(11):1-6.

[6] 樊昌信,曹丽娜.通信原理[M].北京:国际工业出版社,2012.

[7] 刘军.智慧课堂:"互联网+"时代未来学校课堂发展新路向[J].中国电化教育,2017,(7):14-19.

[8] 杨宗凯,杨浩等.论信息技术与当代教育的深度融合[J].教育研究,2014,(3):88-95.

[9] 李红美.面向智慧教室的ARS互动教学模式及其应用[J].中国电化教育,2015,(11):103-109.

[10] 于颖,周东岱.从传统讲授式教学模式走向智慧型讲授式教学模式[J].中国电化教育,2016,(12):134-140.

[11] 于颖,周东岱.走向智慧:智慧型自主探究与协作式教学模式探析——基于第十二届全国小学信息技术与教学融合优质课大赛的思考[J].电化教育研究,2015,(11):26-32.

[12] 陈琳,杨英.智慧教育的三个核心问题探讨[J].现代教育技术,2017,(7):47-53.

[13] 卞金金,徐福荫.基于智慧课堂的学习模式设计与效果研究[J].中国电化教育,2016,(2):64-68.

工科院校《构成基础》课程教学改革实践与研究

梁 烨

(宝鸡文理学院 机械工程学院 陕西 宝鸡 721016)

【摘要】工科院校工业设计专业的构成教学依旧沿用着传统的模式。为了让这一门课程为工业设计专业奠定良好的基础,本文主要阐述了工业设计基础课的作用,重点研究了工业设计这门课程存在的问题并且提出了相应的改革措施。为了提高教学质量,从而做出教学的改革的实践与研究。更好的为社会提供工业设计的专业人才,提高其实际操作能力与创造力。

【关键词】工科院校;工业设计;教学改革;实践

近几年,我国大学中工科院校工业设计专业出现了迅速的发展,一跃成为爆火的热门专业,得到了前所未有的发展与扩大,国内个个工科院校如雨后春笋般开设了此专业。工业设计专业的主要设计方向为工业产品的造型与设计,加以辅助的视觉表达设计和环境设计,在掌握工业设计的基础的同时进行产品造型的设计与开发。因此,在学习工科相关的基础专业的同时,也要兼顾艺术设计,专业所需的设计能力与造型能力也是工科院校工业设计的不可或缺的一部分。由于大多数工科院校并没有专业的艺术教育的设计类教学,故而此专业的设计类基础教师来源于纯粹的艺术院系,所以他们的教学方式是针对专业的艺术类学生为标准,并不能适用于工科学生,在工科学生看来,这是具有较大难度的,不能提高学生的全面的审美以及造型素质,所以要从实际出发,从没每个学生角度出发,做到所谓的因材施教,从工科学生的角度出发,按照其思维方式,找到适应的且能满足课程实际要求的教学方法,从而将学生变成能力卓绝,审美素质一定水平的优秀的设计人员。

一、基础课程的作用

工业设计基础课程主要包涵工学、美学、经济学。

工学中包含工程图学,工业设计工程基础等,使学生了解新材料新工业新技术,掌握或了解各种工程技术以及新兴的虚拟现实技术等,为工业设计专业奠定了工业基础。

其中美学中包括设计素描,色彩构成视觉传达设计等课程。其教学目的是要学生对事物进行观察进而分析并感受其中的美学要素,建立空间感,并运用技能将内心的想法表现出来,在锻炼学生表达能力的同时也增强其创造能力。为了将主观的美感与客观的美学相互结合,故而设计课程时应考虑两个方面,一是增强学生主观的符合时尚的审美感及高级的眼光,二是在平时课程中向学生灌输美学的思维。不能仅仅去紧盯着设计的方法,只用产品的精细,符合标准去要求学生,作为新时代的设计者要具有开创性以及创新性思维,所以培养学生的审美感也是至关重要的,现在大多数学校此专业的教学开设并没有注重时尚美学的培养,导致缺少创新性思维,在以后的设计任务中循规蹈矩,千篇一律,所以必须要求此专业工科学生以最基本的形式造型为基础,逐步学习,为以后从事工业设计工作,奠定良好的审美基础。

二、工业设计基础教学主要问题

1. 教学实践不足

工业设计的基本目的是为满足人们的心理要求将技术与艺术相结合进而为人们服务,它与纯粹的艺术和简单的工艺制作都由不同,它是审美与技术的交叉产物,所以学生除了理论上的学习之外,还要进行诸多的实践教学,比如美术实习,装修构造实习,工程材料实习等,美国工业设计协会将工业设计定义为一项专门的服务型工作。只有实践与理论才能使产品符合新的品质与资格,使人们得到所需的美的享受。如各大工科学院可以设定学生特有的实习期,积极与各大工业设计相关的企业进行合作,让学生对学到的知识进行实际操作试验,锻炼学生的动手能力和创作思维。这样也有利于直接为相关企业培养对口人才,合适的学生毕业后可以留在该企业,也省去了一些企业招聘时所要消耗的时间。

2. 教学内容落后

工科工业设计专业基本以素描为中心,对设计教育基本上还停留在纯粹的美术训练上,知识结构并没有进化与更新,并没有随着科技的发展,时代的进步,将教学内容与之结合,目前的课程都更趋近于程式化,将学生的设计潜能阻碍在几十年如一日的教学内容中,消耗了创作的激情。教师可以在课堂上多与学生进行互动,留一些课堂作业,比如制作相关模型并且进行比赛,给与优秀学生积极的鼓励,颁发相关将装等,增加学生对于课堂动手能力的参与度。

3. 教学模式落后

中国的学生所掌握的知识更加适合应用于考试,在效仿西方的教学模式的同时,却忽略了中国学生不善于发挥想象与创新的能力。传统的教学模式是通过教师的

"讲"与学生的"练习"。即在接受一门新的课程时,教师先是将课程的理论知识填充到学生的思想中,然后留下课堂作业。这些课堂作业的应用程度基本为零。学生在即使有效的完成了课堂作业,也不能在一定程度上了解到教学内容的实际操作应用。这种教学模式并没有将学生的兴趣与爱好应用到学习与实践中,只是较为表面的讲知识进行了灌输,让学生被动的去进行学习,就算进行设计,也只是东拼西凑,学生并没有积极的对学习知识后进行相对应的思考,更不能将基础课程的深层次内容进行挖掘了解。教师观念的陈旧老化会造成学生的墨守成规。比如说填鸭式的教学,教师在黑板上写的满满当当,学生不停地做笔记,使学生独立掌握知识、主动思考的能力下降。学生经常被打的接受知识,没有时间及时消化吸收,而且多学的知识不稳固,没有学习重点,使得学生在课堂中过分的疲劳,也有些教师并不适用投影仪和电脑等设备来辅助教学,使学生没有学习的兴趣,也没有直观的认识。不能激发学生的创造力,更有一些教师只为了考试服务,讲课只讲期末考试考到的内容,认为学生只要会做题就可以,不注重学生创造能力的培养,使学生解决问题的能力较差。

4. 缺乏学科之间的联系

设计基础课程之间缺乏相互之间的联系。譬如素描课程就只去单一的讲解该节课所需要了解的素描知识,以及素描创作。色彩课程就只是讲解相关的色彩知识。构成课程也并没有将色彩与素描相结合而开设课程。在教学中,并没有将这些知识进行联系授课,以至于学生在进行学习后,不能准确的了解到学科之间的相互联系,更不可能做到去综合准确的运用知识进行创造。在另一方面,专业课与实践课之间缺乏联系。学生在学完理论知识之后,就算经过了课后作业的训练,也不能将基础理论知识应用到工业设计实践中。虽然学生的想象力与审美能力需要一定的绘画训练来做基础,但是工业设计不是纯粹的会化训练,也不是纯粹的艺术,需要学生有宽阔的知识层次,与形象思维和丰富的审美感。不需要过度了解绘画的技法,在素描与色彩构成等专业基础课中,学习到核心知识融入进工业设计领域中。将抽象的理论知识融入到设计中,才是课程的教学目的。

5. 教与学的重视不够

工科的工业设计专业不仅仅只需要工科的教学理念和模式,更多的是与艺术类人文学科交叉融合后所产生的思想与理念。在大多数工科院校,所开设的这门课程中,只培养学生的理性思维却忽略了感性思维,以及最基础的审美观与时尚理念。由于只向学生灌输专业知识,也使学生认为工业设计基础课程是没有用处的。设计课程知识程式化的训练,使得设计基础课程的教学并没有得到足够的重视。比如教师在教学时"如老和尚念经"只将文本读了一遍,并不能让学生有深刻的理解,更不用说有自己的体会和感悟。应该让学生明白读书不是机械的低效率的读,而是要融入自己的思维,在读书中获取知识。让学生养成善于提问的习惯,教师多为学生的操作者主宰者,学生学习只能被强迫的灌输,教师的教学只能成为"授之于鱼"。

三、工科工业设计专业的基础教学改革与实践

以新时代工业设计为方针的专业人才的培养要紧紧的依靠着学科特点、学生特点、社会实践应用等方面对上述问题进行改革。

1.改变传统的教育模式

以学生的兴趣为基础,将师生互动为基本理念,拒绝填鸭式的教育模式。将研究法深入到课堂。工业设计基础这门课程对工科学生而言,难点并不多,可以轻松的理解。大学生的语言组织能力、自学能力以及理解能力都是比较强的。在这个基础上,为了培养学生的思维能力和创新能力,在工业设计基础课程中增加研究的过程。教师提前引导让学生先自学讨论,在上课时根据学生提出的不同的问题注意引导学生的思维,转变学生的思维,而且还要注重学生的个性,捕捉到每一个学生的闪光点。在对学生存在的问题进行讲解的同时,也要调动学生的主观思考能力,随机挑选学生进行提问抽查,对学生在学习知识中的重点,普遍存在的难点有深度的掌握,对工业设计这一学科有深入的了解,有广度的掌握,有知识的延伸应用的讲解。让学生在先期的自学中就能产生初步了解,对于未学知识的疑问也能增加学生在课堂上的听课兴趣,不仅仅提升了学生的理解还能锻炼他们的语言组织能力,表达能力。教师也能清晰的掌握学生的知识掌握情况,最好是能做到以学生讲为主,由教师进行查缺补漏。在讨论时将教师与学生的关系转变为平等的对话者,这样才能激发更多的学生的创作创意,使更多的学生创意愿意拿出来进行展示,进而得到引导与补充。将学生的绘画素描思维转变为设计创新思维,改变学生主观上对美的感受与理解,开阔学生的视野,培养学生得各个方面的能力。

2.注重课程间的关联与综合应用

注重课程间的关联与综合应用将素描色彩构成立体构成关联起来,打破常规想法,扩展思路,将专业基础知识与设计联系起来,比如在立体构成设计的课程中,在学生学完知识之后应根据,所学知识,到现实生活中寻找实际案例,并根据这些实际案例,去继续了解理论知识,从而能做到知识与理论相结合,并使学生将知识融入到生活中去,如此一来,改变在纸上绘制图案的传统方法,在优秀的实例中,让学生掌握理论知识,而且还能提升学生对色彩的掌控能力,增加学生的空间立体感,综合的提高学生能力。工业设计并不是简单的一门学科为了使产品与人之间获得最大效益,恰到好处的满足人的心理,生理等各个方面的需求,将物理、化学、经济学、美学、社会学、心理学相互粘合进行再次创造。

3. 感性与理性思维相结合

工业设计专业是将工业与艺术相结合，从而将理性思维与感性思维相结合，大多数工科生专注于逻辑思维与理性的认知，理性的思考，虽然可以做到清晰的思考问题，但是缺少发散性思维，没有足够的创造能力，在学习与实践的过程中，这种纯粹的工科学生往往没有足够的动手制作能力，所以会产生没有信心，紧张的情绪。作为专业的，负责人的教师，要紧紧的针对工科学生不同的特点，因材施教，在教学的过程中，摸清每个人的脉络，找到对应的教学方法，以基本教育为基础，在教学内容上做出调整，以适应教学需求，在学盛原有的理性思维上，增加感性认知，激发其创造性思维，教会他们感性思维能力，从而使工业设计专业的学生获得更好的表现能力。

4. 提高综合素质

工业设计专业由工学，艺术学，经济学为基础诸多学科交叉构成，再以科学的基础上增加了对美学的理解，甚至暗含了心理学的内容。工业设计明确要求在生产活动中将科学技术与艺术设计综合统一起来，故而，工业设计所需求的设计师应具备很强的综合能力。一个普通设计者要具有高端的艺术欣赏能力，和高品质的审美能力，才能满足人们的审美心理追求。而工业设计专业更应该开设心理学，社会学，摄影以及其他 提高综合素质的学科，学生只有通过不断丰富，提高自己，增加对艺术的追求，与理解，才能使自己的直观认知与感性创造相结合，从而获得开创性思维，在教育中，直观的认知永远比被动的了解更重要。许许多多的设计并不是通过闭门造车出来的，而是站在更高的人文角度感受到的。

5. 调整课程内容

工业设计专业基础的课程和设计思想在于为学生提供扎实的基础、正确的学习态度和良好的学习方法，工业设计基础的专业课程应帮助此专业设计者获得更灵活更扎实的基本知识，以及发散的感性思维。所以，在工业设计专业的课程的设计中应具备不同的侧重方向。比如素描课程，对工科工业设计学生来讲，不能要求将重心放在素描的能力上，而是应该侧重在对空间的感知以及对结构的分解上，增强学生的空间想象能力以及整体构造能力。在色彩训练中，用勾线平涂或者是色彩归纳的技巧方法来代替纯艺术类的色彩表现形式。在立体课程中，要让学生走到实践中去，多看、多想，切合实际需要，将基础知识与专业实际相结合。工业设计毕竟不是绘画艺术，其基础课程的建设应根据实际的专业特点进行改变。学生不仅要掌握基本的理论和技术技法，也要加强其他方向，具有侧重点的进行学习。积极培养学生的兴趣爱好，让学生在爱好中进行学习，往往事半功倍。有侧重点的进行学习，让学生成为某一领域的专业型人才，也有利于让学生获得较宽基础学习面的同时能够还能做到一专多能的效果。

四、总结

随着工业的发展,工业设计专业所包含的领域日益广泛,而不同的领域又有自己的特点,应按照人—产品—环境的关系出发,进行协调统一,将美与实用性结合统一。在现在社会发展的速度下,所学习的一些知识很快就会随社会的进步被淘汰,学习方法与教学方法也发生这变化,二十年前怎么也想像不到现在电脑在教学中的使用,所以教师的知识储备也要随时的更新与进步。工业设计的根本是创新,工业设计的潮流思维的变化同时,工业设计的基础课程内容就需要改变。工业设计的课程与发展,不应只遵循着传统的素描色彩的传统观念,任何有益于社会变革与发展的设计都是工业设计专业值得吸收的宝贵经验。充分激发学生的创作创意改变学生主观上对美的理解,培养学生的全方面能力,将每一个每门课程的关系充分理解,在有理性思维思考的基础上,增加感性能力,获得创造性思维获得更好的表现能力。教学不仅仅是灌输,合理调整课程内容提高学生的综合素质,站在更高的人文角度去感受改变。强化自身能力,提高教学质量,在不断变化的社会潮流中,不断创新变化,一套完善的,用需要的,工科工业设计专业,构成基础教学的改革,是需要每名教师亲力亲为,在创造性的思维下逐步完成的。

【参考文献】

[1] 李林森.理工科院校工业设计专业设计基础课程教学改革与实践研究[J].兰州教育学院学报.2011,12(3):22-23.

[2] 梁智俐.构成基础教学的设计与创新研究[J].神州,2016,(32):90.

[3] 吴飞飞.构成学艺术的现代教育讨论[J].装饰,2014,20(4):17-23.

[4] 庞永红.论构成学与现代设计教育[J].装饰,2017,23(1):51-52.

[5] 郎光臣.论构成基础教学创新性研究[J].艺术品鉴,2018,(17):290-291.

[6] 陈华锋.浅谈平面构成基础教学研究[J].美与时代(上),2018,(9):21-22.

[7] 倪漫.浅析艺术设计专业设计构成基础课程教学研究[J].美术教育研究,2018,(17):104-105.

[8] 周薇,姚磊.色彩构成基础课教学改革研究[J].艺术科技,2017,30(2):379.

[9] 高甫.基于CDIO设计专业新媒体类课程群《构成基础》课程的教学与实践[J].文艺生活(文艺理论),2018,(2):87-188.

[10] 陈楚楚,徐丽,王海莹,等.基于工科背景下"三大构成"基础课程的创新性教学改革[J].包装世界,2018,(2):65－66.

[11] 师晟,孙宁,王书利.色彩和形式关联的视觉研究——基于《构成基础》课程建设[J].教育教学论坛,2017,(50):65-66.

[12] 盛菲菲.设计基础与专业设计课程之间的链式教学探索——以二维设计构成基础与版式设计课程为例[J].艺术教育,2018,(5):130-131.

新形势下计算机相关专业教学改革探讨

李建卓 刘鹏辉 张光南

(宝鸡文理学院 计算机学院 陕西 宝鸡 721013)

【摘要】第四次工业革命和新工科建设背景下,高校计算机专业教学改革势在必行。本文认真分析了计算机相关专业现状和存在问题。针对这些问题,以《计算机类教学质量国家标准》和《新工科建设指南》为依据,提出了计算机相关专业改革发展的意见,加深了对新工科建设的认识。

【关键词】计算机专业;教学改革;新工科

世界范围内,以人工智能、大数据、物联网应用、云计算等技术为代表的第四次工业革命浪潮汹涌而来,深刻的改变着传统的生产模式和生活方式。本次工业革命方兴未艾,未来一段时间,它还会给我们更大的震撼。本次工业革命,以技术力量突然爆发的方式,带来了社会的巨大变革,也对计算机相关专业人才形成了巨大需求。传统的人才培养模式不能及时响应本次产业变化,需要提出新的培养模式。

我国正在实施的"中国制造2025""互联网+""一带一路"等战略,需要大批新型专业人才参与建设。教育部于2016年提出了新工科建设概念,并于次年正式开始新工科计划,着力改革现有工科教学模式,形成新形势下的具有中国特色的工程教育体系。

新工科建设的"天大行动"中明确指出:"大力发展大数据、云计算、物联网应用、人工智能、虚拟现实、基因工程、核技术等新技术和智能制造、集成电路、空天海洋、生物医药、新材料等新产业相关的新兴工科专业和特色专业集群"。

计算机专业,正处于新工科建设的前沿位置。在天大行动中明确列举出的11个新工科专业,有"大数据、云计算、物联网应用、人工智能、虚拟现实"等5个专业直接属于计算机科学研究领域,其余6个专业中,和计算机科学也有千丝万缕的关系。在计算机专业中,或者更具体一点,在人工智能和大数据方向上取得的突破,将会直接带动和促使其他专业方向发生重大变革,进而引领整个工业领域的技术革命。而人工智能和大数据方向要取得突破,必须要有足够的人才储备。

因此,有必要对计算机及其相关专业的人才培养给予更多的重视,对相关专业的教学改革给予更多的关注。

在宝鸡文理学院,计算机学院目前设置了3个专业,分别是:计算机科学与技术、软件工程、物联网工程。其中,计算机科学与技术自1998年第一届本科招生以来,已经有20年历史了。软件工程专业和物联网专业也分别有8年和6年的招生历史。在多年的办学过程中,计算机学院形成了自己的优势,为社会培养了一批实用人才,当然也存在一些局限。这些局限,限制了计算机专业的快速发展,当然也会对工科专业能力提升造成一定的不利影响。这些局限主要有:

(1)人才培养方案与产业需求不匹配。计算机学院人才培养方案虽然已经修订了4版,但仍不能完全满足新工科建设要求,并且与《计算机类教学质量国家标准》相比,有一定差距。主要体现在实践环节不足,体现新技术、新热点的课程比例不足,部分课程仍然局限于原有的教学大纲和框架中,缺乏更新课程内容的动力。按照原有人才方案培养的学生不能满足第四次工业革命背景下企业对人才的要求。

(2)产教融合速度不能满足新工科建设要求。新工科建设要求产学研教深度融合。目前计算机学院仍以旧版人才方案为依据设置课程和课程教学内容。在该方案中,部分课程仍是以理论课程为主导,实践环节为补充的课程教学模式。企业导师或者企业项目仅仅在其中主导了部分实践环节,例如:课程设计或者专业实习。企业在整个体系中仍处于被动地位,不能主动参加课程体系建设和改革。产教融合仍然处于低水平的层次,未能调动企业积极性,也没有发挥出企业在人才培养中的引导作用。

(3)交叉领域缺乏投入,研究不足,不能开阔学生眼界。随着人工智能和大数据技术的进一步发展,其他专业对计算机相关技术的需求会进一步加深,对通晓计算机专业知识且具有其他专业背景的融合性人才的需求进一步加大。但我们在培养人才方面对这一点认识仍不够深入,缺乏必要的培养措施。

另外一方面,教师也缺乏进行交叉领域研究的平台和机会。很多教师的科研内容集中在学术领域,未能在生产实践中具体应用,不能体现高校人才智力优势,也无法推动地方经济发展。

(4)教学模式更新慢,不能吸引学生注意力。教学资源建设速度不足,缺少对新工科建设的必要资源支持。

部分课程教学内容仍沿袭传统课堂模式,以教师讲解为主。随着人才方案的逐步修订,课程教学总课时在减少,教师为了完成教学进度,逐渐加大了单位时间内的课堂容量。学生接受能力有限,无法完全领会知识体系。造成知识断层,进而影响后续课程的学习。总体表现为学生厌学情绪严重。

缺乏必要的教学资源管理平台和措施,很多教师积攒的辅助教学资源无法发挥优势。在网络课程建设过程中,教师参与的积极性不高。微视频、微课件等制作环节会耗费大量精力和时间,教师要在有限时间内单枪匹马完成课程资源收集、整理、编辑、拍摄、后期、维护等工作,困难重重。因此,造成了网络上资源随处可得、学生更愿意在网络上参加互动学习的局面。进一步分流了课堂认真学习的学生,对课堂教学氛围的营造,造成较大困难。

针对以上几个方面的局限,应当以《计算机类教学质量国家标准》和新工科建设指南为依据,加快计算机相关专业的教学改革,努力提升办学水平,促进学校工科建设发展。

改进意见如下:

(1)重新修订人才培养方案。以《计算机类教学质量国家标准》和新工科建设指南为依据,重新修订人才方案。在新版方案中,大幅革新课程及课程内容。建议将课程方向调整为:大数据、云计算、人工智能等方面,适当减少或合并传统计算机专业主干课程,只保留对以上方向进行支撑的重点课程。加大实践环节所占比重,改革实践环节考核模式和评价标准,针对专业特点制定考核目标及得分点,对学生实践成果进行多元化评价,并将其折算为标准化成绩,按比例计入总评成绩。

(2)加大产教融合速度,改革产教融合方式。进一步促进工科专业教师和企业双向交流。

在制定新大纲时,应充分征求相关企业意见,特别是实践环节。应该让企业从用人单位角度出发,对人才培养模式提出意见。有意识的让企业参与到人才方案修订过程中,发挥企业的能动性。以双师型教师培养模式为依据,派出教师进入企业学习生产流程和经验,也适当引进企业高级人才进入实践课堂讲授开发案例。在产教融合中探索人才培养新模式。

让企业参与课程建设过程,为课程内容提供实际案例。在教学过程中,教师负责对案例进行理论方面剖析,适当情况下,也可逐渐探索企业导师进入理论教学环节授课的模式,可安排部分课时供企业技术人员讲解所采用技术及应用效果。这样更能激发学生学习的积极性。

(3)以科研平台为基础,进行交叉方向应用型研究。应该以新成立的"宝鸡人工智能产业发展促进中心"和"西部数据经济研究院宝鸡分院"为依托,聚集有关学科人才优势力量,与企业进行深度合作,力争在交叉学科的新兴技术方面有所突破。例如:人工智能和机电、电子、电气等专业的结合方向,大数据与经济管理、金融产业、管理科学、市场营销、地理信息、药品研发、统计学等专业结合方向均有很多待研究的内容。以平台优势聚集项目,吸引教师参与研究,在研究成果转化的同时,也能将该交叉领域研究内容传递给学生,促进学生对学科的进一步认识,加深学生的学习热情,达到以科研促教学的目的。

(4)更新教学模式,扩充教学资源。事实证明,以计算机和网络技术为基础的MOOC、SPOC、微课堂等模式,可以有效提高学生学习兴趣,促进学生深入学习和讨论教学内容,是破除目前学生厌学情绪蔓延的有效手段,还可引导学习主动性、创造良好的课堂互动模式,节约课时,也符合学生碎片化学习的新潮流。

但我们相关教学资源建设起步晚、投入不足、激励不够,目前和重点院校的差距进一步被拉大。学校应该充分认识到教学资源的重要性。教学资源包括但不限于教学大纲、试验大纲、考试大纲、教案、PPT、视频、作业题、复习题、考试内容、教学经验总结、实验设计方案、考核方式等内容。目前,课程资源内容大多散落在各任课教师手中,很多内容未经整理,缺乏长期保存和管理机制,可能会造成教学资源的遗失和浪费。这些资源中,包含着一门课程从无到有、从少至多的教学经验总结,每一份内容都是由教师经过若干次授课和实践总结得来的,是宝贵的教学类资产,有着相当重要的价值。学校应提供教学资源管理平台和办法,收集整理教学资源,鼓励教师开发优质教学资源,要把教学资源当作高校整体实力的一部分来看待,认真对待教学资源建设。建议学校适当增加优质课程资源建设名额和经费,调整奖励政策,促进教师课程资源建设热情,力争在3—5年时间内,建设一批优秀MOOC课程和教学资源。

(5)加强国际合作和交流。鼓励教师外出访学或攻读博士,增强对外学术交流。鼓励学生以游学或者交换生方式出国学习,开阔学生眼界。邀请高水平外籍教师以讲座、学术报告、沙龙等形式与学生面对面交流,提供行业领域前沿信息。条件成熟时可聘请外教为学生开设新课,培养具有国际视野的人才。

总之,第四次工业革命,速度和深度远超前面三次。我国是否能够实现中国制造2025等战略,人才培养特别是新工科人才培养起到至关重要的作用。我们应及时行动,以修订人才方案为契机、以创新产教融合方式为依托、以科研成果培育为动力、以教学模式革新为基础,创造性的改革工科教育教学模式,努力提升工科办学水平和成果,以此为动力,促进"工—工""理—工"、"文—工"等学科融合,共同发展。

【参考文献】

[1] 顾佩华.新工科与新范式:概念,框架和实施路径[J].高等工程教育研究,2017,6(1).

[2] "新工科"建设行动路线("天大行动")[EB/OL].[2017-04-08]. http://www.moe.edu.cn/s78/A08/moe_745/201704/t20170412_302427.html.

[3] 李正良,廖瑞金,董凌燕.新工科专业建设:内涵,路径与培养模式[J].高等工程教育研究,2018(2):20-24.

[4] 陈然,杨成.SPOC混合学习模式设计研究[J].中国远程教育,2015(5):42-47.

工程实践培养对工科专业基础课教学法的改革探索

王鹏云

(宝鸡文理学院 电子电气工程学院 陕西 宝鸡 721013)

【摘 要】高校新的人才培养模式是促进高等教育改革工作的重要途径。随着高校专业大平台招生模式的展开,配合本科人才培养的校地合作机制,建设实践应用型专业人才,要求电子专业基础课的教学法也要随之变化,并结合专业发展定位及趋势,针对当前教学中存在的问题,提出了改进意见,目的在于提高学生理论学习水平,培养学生自学能力,提高学生实践水平,从而建立学生学习兴趣与自信,为后继学科学习夯实基础。

【关键字】高等教育;大平台;教学法;工程实践

【作者简介】王鹏云,女,汉族,陕西三原人,任教于宝鸡文理学院电子电气工程学院,副教授,硕士研究生,研究方向:智能控制在电子技术中的应用,同时还研究各种教学法在专业课程中的应用。

全面贯彻党的教育方针,坚持育人为本、德育为先,把立德树人作为教育的根本任务;遵循高等教育发展客观规律,主动适应经济社会发展对人才培养的要求;高校新的人才培养模式是促进专业发展的新思路、新方法。

一、高校大平台招生模式和联合培养机制

随着社会进步以及专业技术地迅速发展,学科之间的交叉越来越紧密,新形势下的大平台招生对于专业地融合,专业地改进起着至关重要的推动作用;并且为了加强工科的实践动手能力,提出学校和地方企业联合,针对具体工程实践问题,提出合理解决方案,所以在这种新形势下对工科电子专业基础课也提出了新要求。专业基础课,是专业发展的基石,其同时也是全国统招类研究生入学考试必考专业课。正视专业基础课地位,认真探索与研究其教学规律与方法,对普通高校学生理论与实践能力地提高、专业地建设与发展均具有重要的作用。同时,工科实践教学的基础也是专业基础课,面对学科得发展方向,应对现有的专业基础课教学模式以及教学方法进行改进。

二、专业基础课现状及存在问题

专业基础课在专业课程体系中处于承上启下的地位,是后继专业课的基石,也是实践教学的基础课程,结合长期的教学实践,目前大平台招生环境下,专业基础课存在的几点问题。

1. 电子技术更新速度快

电子技术的飞速发展,使得知识更新速度加快,相对而言,课堂教学内容更新速度缓慢,学生能够接触先进技术的机会较少,教学内容缺乏实用性和先进性,学生对学科发展的前沿技术知之甚少,因此学习没有目的性,也没用学习地积极性。

2. 电子专业专业基础课难学

电子专业的专业基础课有一个共同特点,课程公式繁多,理论性极强,对学生地抽象思维能力和逻辑分析能力有较高地要求,这就导致学生学习过程困难。例如信号与线性系统理论的发展越来越多地运用了现代数学的概念和方法,需要具有抽象思维、逻辑思维与灵活的数学思维能力,是数学能力恰如其分的在专业中的应用,学生在这门课的学习过程中会深切体会到,数学仅是一种工具,是精练、科学的描述语言。

3. 教学和实践要匹配

教学和实践环节不能很好地提供创新型人才发展需要。教师课堂教学公式推导相对较多,难免大量板书,容易造成课堂气氛不活跃,教学效率低,教学效果差。实践教学环节中,现有实验平台模块较少,仅能实现对一些知识点的验证性实验,无法做到全面性,不利于培养和提高学生的综合能力以及创新能力。

4. 学习方法要创新

专业基础课是学生初次接触专业内容,学习方法不同于以往的任何学习过程,虽然学生经过了不同阶段的学习,但都没有达到明确的应用目的,若还按照以往的学习方法就会为学习后继的专业课程留下一定的隐患。通过专业基础课的教学,要逐步提高学生的综合素质教育,使得学生具备基本的思维方式和专业课程学习模式,建立一定的自学能力,以及实验教学过程中的动手能力和自主创新型的实验内容。

三、传统教学法与教学模型

1. 理论课程教学

传统理论课程教学过程中,均按照章节明确授课重点内容,从概念出发,讲解定理、性质,通过典型例题,掌握其原理,要使学生通过一两道例题就有深刻体会,并完全领悟是有一定难度的,并且在分析地过程中,存在很多相对复杂、难于理解的数学推导内容,学生也必须具备一定的自学能力才能够完成。

教师与学生在理论教学活动中的关系如图1所示,教师处在教学主体地位,学生处在教学客体地位,在整个教学活动中,教师处于积极的主导地位,学生处于从属的被动地位,教学属于满堂灌形式,没有启发式思维,教学效果不理想。

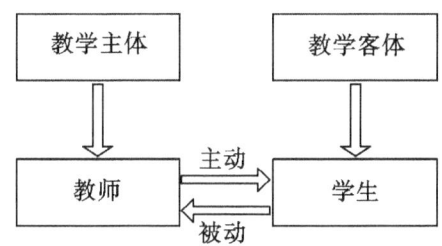

图1　教师与学生在教学活动中的关系

2. 实践教学环节

实践教学环节是结合理论教学的进度,设置实验或者是课程设计,用以认识和验证在理论教学过程中学到的内容,均属认知和验证性过程,学生不能根据自己的实际情况灵活设计内容,整个过程处于被动,不能提高学生地创新性。因此结合实际教学,对专业基础课进行如下的改进。

四、改进教学方法和增加教学手段

1. 注重理论,强调实践,通过习题,提高能力

电类专业基础课的理论虽然公式繁多,但规律性很强,学习过程中注重规律总结,通过总结的规律正确引导学生应用数学工具分析典型模型,处理习题,解决习题的过程又是再次验证理论的过程;同时理论教学也会指导开设的实践教学课程,实践教学又会辅助理解理论教学中的知识点,让学生理解地更加透彻;那么学生的动手能力、解决实际问题能力均大大提高,能力提高又会反作用于实践教学,以及理论教学,学生处理问题更快速,更清楚,最终实现的目标是越学越清楚,越分析越明白,形成一个如图2所示的良性循环。

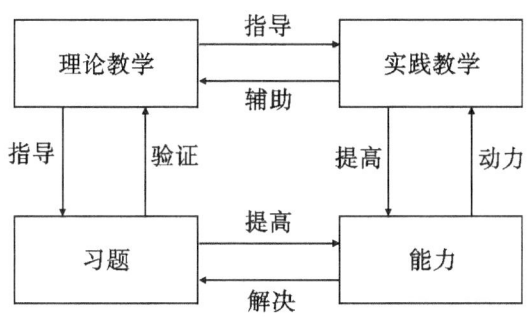

图2　理论教学、实践教学、习题和能力四者关系

从图2可以看到，在不断地学习系统理论中，总结并掌握系统的分析规律，将其应用到习题练习中，在不断地实践中完善分析规律，同时习题也验证了系统的理论，最终系统理论是指导学生做习题，解决实际系统中存在的问题。最终利用实践教学中软硬件结合的形式解决典型问题，启发学生对理论学习地重新思考，建立专业学习兴趣，提高课堂教学效果。

2. 多种思维方式相结合

多种思维模式在专业基础课学习过程中，交叉使用，分析问题更准确，更快速，也增强了学生的学习自信心，自信心提高，学习会更积极主动去寻找学习资源，扩展自己的知识储备，优化自己的知识结构，并形成良性循环，学生学习兴趣会更浓厚，兴趣成为最好的老师，指引学生自己去研究和探索理论和实践知识，尤其会提高学生分析问题，解决问题的能力，这个能力的具备会使学生在电子工程实践中动手能力越来越强，学生自身工程素质也会越来越优秀，实现被动学习向主动学习地转变。

3. 传统教学与多媒体辅助教学结合，丰富教学形式

多媒体辅助教学（Multimedia computer-Assisted Instruction，MCAI）是新兴的、先进的教学手段。在新的教学形式下，合理运用多媒体教学手段，可以促进教学质量的提高。传统的教学模式具有一定的优点，如在推导公式过程中，直观，适合学生的逻辑思维方式，能加深对公式的理解，这是 MCAI 教学方式所不具备的，但传统的教学手段又具有一定的弊端，例如它所包含的信息量不大，不适应现在专业发展的速度，而多媒体教学可以大大提高信息量，同时可以以多种形式展示学科发展方向，然而教师在教学活动中，也不能完全依赖教学课件，它仅是辅助的教学手段，目的是促进教师发挥主导作用，不能完全替代传统的教学活动。因此，在教学实践中，要将两种教学形式相结合，扬长避短，在有限的时间里，向学生尽量传送知识，同时还要加深学生的理解和对知识的掌握程度，以及对学科发展方向的把握。

4. 理论教学、实践教学及 matlab 三者结合

在原有实践平台基础上，引入 matlab/simulink 软件，一方面可以将理论与 matlab/simulink 演示相结合，使学生直观地看到在抽象理论学习中所看不到的现象，将原本抽象理论变得直观生动；另一方面，可以加强学生的动脑和动手能力，让学生借助 matlab/simulink 软件来实现自己所困惑的问题，自行设计实验，提高学生学习的主观能动性，锻炼创新能力，培养分析问题、解决问题的能力，为以后解决实际问题打好基础，最终也提高了学生的英语水平。

5. 在各种电子竞赛实战中加强实践教学

工科教学的最终目的是实践，要兼顾知识和能力，除了学习理论外，加强实践尤

为关键。电子设计竞赛是学生工程实践的启蒙,它不仅能够反映学生综合能力,也能基本反映出一个学校的教学水平,特别是实践教学水平,因此鼓励学生参加各种电子竞赛,在教师的引导下,让学生多动手,激发自信,培养学生兴趣,变被动为主动。

五、结论

学校大平台招生使相近专业的专业基础课合并教学,强基础,重发展,在这种形势下,只有打好专业基础,后继专业课学习才会更上一层楼;专业基础课其特点就是公式繁多,理论性强,教学目的是要为学生建立专业学习兴趣,并使学生将基础理论知识融会贯通,活学活用,提高学生认知水平,进而提高学生自学能力和自主创新能力,为后续专业课程学习提供理论基础。依靠多种教学手段和教学方法辅助教学,有效吸引学生注意力,激发学生学习兴趣,增强动手能力,提升电子大类专业教学效果。

【参考文献】

[1] 许景波,许晓红,崔晓萌.依托高校创新训练项目的大学生创新能力培养的思考与探索[J].教书育人(高教论坛),2018(5):22-23.

[2] 赵卿敏.创新能力的形成与培养[M].湖北:华中科技大学出版社,2001(1).

[3] 王桂云,王明明.构建地方高校应用型课程体系[J].中国高等教育,2017(18).

基于OBE理念的高等教育混合教学现状与适宜模式研究

徐玉霞　冯　瞧

(宝鸡文理学院地理与环境学院　陕西 宝鸡 721013)

【摘要】 混合教学模式将传统教学的时间和空间都进行了扩展,为了推动OBE理念下的混合教学模式在高校中的发展,使学生能够更好地掌握专业工作岗位所需的理论知识和实践能力,加强毕业生就业竞争力。本文基于OBE教学理念将现代教育信息技术与传统教学进行深度融合,以高校在校学生为调查对象,采用网络调查问卷的方法,从理工类、文史类和艺体类不同学科的最优线上线下混合,重点教学环节以及适宜的教学方法三方面考虑,探索不同学科高等教育适宜的教学模式。结果表明:约70%的学生觉得混合教学相比传统教学学习效率和学习兴趣得到了提高。不同学科的学生有不同的学习需求,通过调查分析得出不同学科适宜教学模式。为高校混合教学提供参考,为教师针对不同学科的混合教学制定最优的教学计划提供指导。

【关键词】 OBE理念;混合教学;教学模式;高等教育

自从互联网技术在教育领域普遍运用以来,传统的课堂教学模式已经不能满足高校对人才培养的需求,而独立的网络教学模式又不能够很好地实现教师对课堂的有效引导及师生的多元互动,在这种情况下,结合传统教学和网络教学优势的混合式教学应时而生,随之学界对于该模式也进行了深入研究。何克抗教授结合传统学习和网络学习两者的优势,设计出了混合教学模式的教学系统设计图。李克东和赵建华提出了混合学习设计8个环节的具体步骤。目前,混合教学模式的研究主要是结合MOOC、SPOC、翻转课堂和雨课堂等应用于学科课程中。这对高校混合教学模式的开展具有推动作用。随着教育的不断改革,OBE理念在混合教学中的运用,特别强调学生学习效果而非老师的讲课水平,重视教学过程的"产出"而非"投入",强调研究型教学模式而不非机械式、灌输型教学模式,强调个性化教学设计而非"大锅"式教学。这种教学理念下与混合式教学模式有很好的契合度,是实现高效混合有效的途径之一。陈水斌和殷明共同探讨了 OBE 教学法与传统教学方法的差异,得出 OBE 对学生的学习效果影响更大。谢琼、李晓川将 OBE 理念运用于《酒店管理概论》课程中,提出了课前、课中、课后等九个阶段的评价模式。曹海洋等以材料力学课程为例,制定完全依据 MOOC 平台记录的客观数据来建立学生学习行为和学习效果,以及老师教学行为和教学效果的多维综合评价指标体系。可见,对 OBE 成果导向教育的研究,多集中在课程教学及教学评价。本研究主要目的是为了将 OBE 理念运用于高校混合教学开展的过程中,强调混合教学模式不是简单的"线上"与"线下"的机械相加,而是要更进一步深化以教师为主导,学生为主体的的教学理念,增强学生的自主学习意识,培养学生创新精神,提高学生实践能力的一种教学模式。

目前的研究多集中于混合教学模式理论研究,本研究注重实践探究,对目前高校混合教学现状、教学效果评价以及不同学科学生的学习需求进行分析,制定不同学科适宜的教学模式,基于 OBE 理念促进混合式教学理论的发展与创新。

一、OBE 理念的内涵及混合教学特征

1. OBE 教学理念的内涵

基于学习产出的教育模式(Outcomes-based Education,OBE),Outcome 指学习成果,是指构成该专业毕业生完整学习所需的基础知识、能力(技能)和态度(价值观、情志),强调在与专业相关的真实环境和活动中,整合单向能力,发展综合能力。OBE 又称成果导向教育,它强调学生学习历程结束后学生真正拥有的能力,而不在学生的课业分数,它的重大变化是思维变革,主要体现在将原有对学科内容发展这种形式的重视转变成对学生毕业后活动行为和能力增长的课程发展的这种形式的重视,并要求教师对学生的学习成果负责任。也就是说,它是以学生最终学习成果为导向的反向设计理念,不在是学生一定"学什么",它的教学活动基础是学生经过学习之后可以掌握什么,可以做什么,这种课程模式可以有效的激发学生的学习兴趣,提高学习效率。

2. 基于 OBE 理念混合教学的特征

(1)表现形式上,通过结合线上和线下教学各自的优点,采用"线上"和"线下"两种途径开展教学,打破了传统教学中的时空限制,

(2)学生是教学的主体和中心,课堂中凸显学生的表现,而不是教师。

(3)强调学生自学能力的培养,教师多引学生自己学习总结反思,重在激发学生学习兴趣,提高学生学习积极主动性。

(4)教学注重学生知识和技能的培养,学生不仅仅要掌握重要的理论知识,还要

知道如何将理论知识运用与实践以及工作中。

二、数据来源及研究方法

1. 数据来源

本次调查问卷对象主要来源于陕西省内的大多普通高校,及少数"985""211"或"双一流"院校的在校学生。调查内容主要从混合教学的现状、教学效果、发展趋势以及不同学科学生的教学期待4方面进行问卷设计,采用网络问卷的方法,以高校在校学生为调查对象,依托于微信、QQ、微博、等社交平台网络调查问卷。问卷共计回收4625份,经过筛选、整理,得到有效问卷4500份。有效问卷回收率较高,为97%。其样本分布情况如表1。

表1 样本分布情况表

专业类别	性别		年级				总计
	男	女	大一	大二	大三	大四	
文史类	625	875	356	372	389	383	1500
理工类	726	774	371	368	374	387	1500
艺体类	713	787	336	397	378	389	1500

2. 研究方法

本研究主要包括文献研究法、问卷调查法和分析法3种研究方法。

(1)文献研究法。本文通过文献调研,锁定研究主题后进行筛选,收集和整理前人的研究成果,为本论文的撰写提供了大量资料,同时也拓宽了自己的知识和思路。

(2)问卷调查法。问卷调查法主要是通过以发放问卷的形式,收集获得第一手资料,确保研究数据的真实性和可靠性,为高校大学生混合教学模式探究提供数据支撑和现实依据,增加研究结果的科学性和合理性。

(3)分析法。为了获得真实有效的研究成果,本文选择通过分析调查问卷获得研究数据,为研究对象的具体情况提供有效数据支撑,并为进一步的深入研究提供可能性。

三、结果分析

1. 混合教学现状

混合教学既没有单纯地强调线上课堂而忽视了线下课堂,同时也没有强调以学生为主而忽视了老师与学生面对面的学习交流和言传身教。其结合了线上和线下教学的各自优势,充分调动学生学习积极主动性,能够将课堂由教师返还与学生,实现真正的翻转课堂,提高学生学习兴趣。

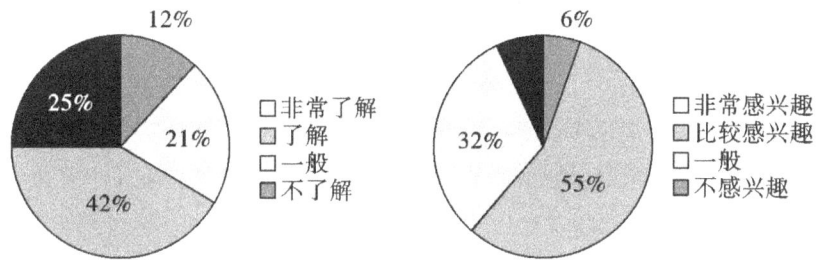

图1 高校学生对混合教学的了解情况　　图2 高校学生对混合教学感兴趣程度

2.混合教学效果

在教学效果上来看,如图3所示,不同专业非常认同高校开展混合教学比传统教学的教学效果更好的学生达到了10%～20%,赞同和基本赞同的学生达到了70%左右,不赞同的达到了10%。可见,传统教学的方式很难满足学生的学习需求,提高学生学习兴趣,使得学生对传统教学的满意度及教学效果也在缓慢下降。

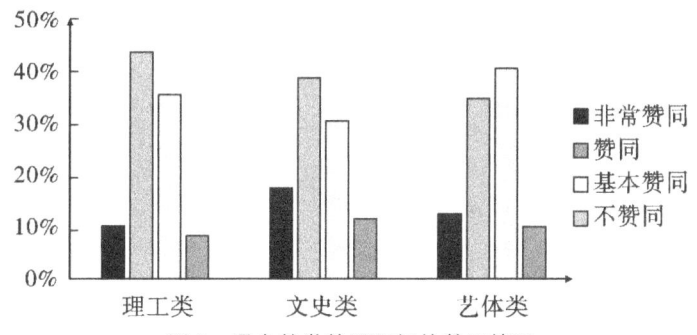

图3 混合教学效果更好的赞同情况

在学习效果上来看,如表2所示,不同学科约70%的学生均认为开展混合教学后自身学习的积极性、主动性提高了、对学习更加感兴趣了、学习能力增强了、学习效率提高,成绩进步了,尤其在文史类学生中,对其整体满意度更高。混合教学打破了传统灌输式的教学理念,以因材施教为教学原则,提倡教师引导启发学生,能够激发学生学习兴趣,使学生积极参与到课堂中,取得良好的学习效果。

表2　进行混合教学之后的学习效果

选项	理工类		文史类		艺体类	
	是	否	是	否	是	否
学习积极性,主动性提高了	71%	29%	82%	18%	75%	25%
对学习更加感兴趣了	72%	28%	79%	21%	77%	23%
学习能力增强了	69%	31%	73%	27%	68%	32%
学习效率提高了,成绩进步了	68%	32%	72%	28%	78%	22%

传统的以内容为主的教学模式则是以教材为中心,以教师为主体,造成课堂上"教材怎么说、教师怎么讲、学生怎么听"的被动学习和学习积极性不高的局面,学习效果自然不佳。

混合教学对传统教学的时间和空间上都进行了扩展,使其学习场所不再是固定的教室,学习的时间不再局限在课堂的40分钟,实现了学习时间的碎片化,学生可以利用一切可利用的闲暇时间进行学习。目前,混合教学相比传统教学取得了一定成果,但要将OBE理念运用于教学过程中达到深入混合,还需不断去实践探索。

3. 混合教学发展趋势

教学模式分为传统教学,线上教学和混合教学3种。从教学最适宜模式上来看,调查结果如图4所示,文史类学生,理工类学生,艺体类学生在选择上高度的一致,选择混合学习的学生最低的达到了65%,最高的则接近70%。在理工类学生中,偏爱传统教学的学生也有相当的人数,约占到25%。而对于传统的教学模式和线上教学模式,在选择占有率上则普遍很低。传统教学长期以来都是最为普遍的一种教学模式,但从高校学生的选择中不难看出,随着教育信息化的发展,传统教学已不能满足学生的学习需求,正逐步走向衰落,混合教学已普遍得到了学生的认可。

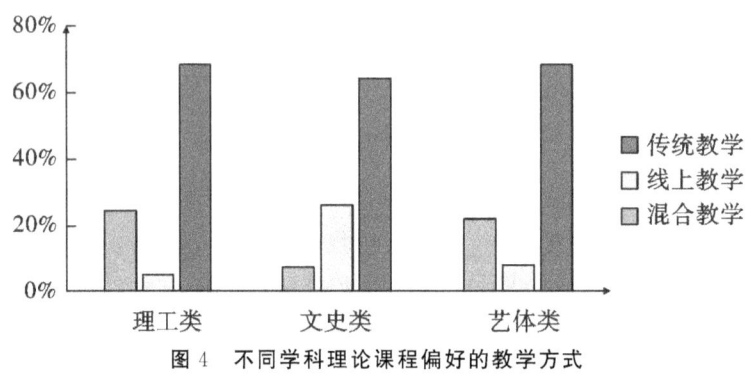

图4 不同学科理论课程偏好的教学方式

根据图5调查数据显示,50%~60%的学生较喜欢混合教学模式,就不同学科而言,不赞同开展混合教学模式的学生人数基本都在15%左右。随着技术的发展,教育信息化也越来越发达,从而能实现因材施教,个性化学习在教育过程中显得尤为重要。高校开展混合式教学,充分调动了学生学习主动性,是满足学生学习需求,是适应时代发展需要,顺应教学改革的必然要求,有利于提高学生自主学习能力,增强课堂的互动交流,切实提高教学质量,符合教育发展规律。

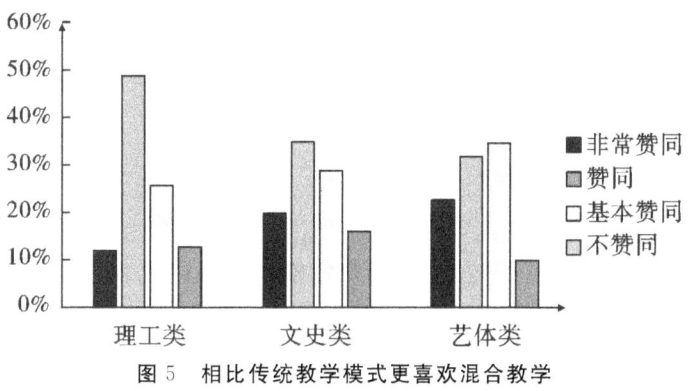

图 5 相比传统教学模式更喜欢混合教学

将其混合教学模式与OBE理念相结合,根据社会的现实需求制定对学生的培养目标,这样培养出来的人才才能满足国家、社会和用人单位的需求,故OBE理念下的混合教学是教育改革的必然趋势,值得在高校中得到推广。

4. 不同学科适宜模式选择

为了推动基于OBE理念的混合教学模式在高校的开展,考虑到不同学科教学特点不同,本次调查从文史类、理工类、艺体类3大类学科出发,探索各学科最适宜的教学模式。从线上线下最优混合、教学重点环节、教学方法和教学模式4个方面来进行逐一分析探究。

(1)不同学科教学最优混合。不同学科采取线上教学的环节调查结果如表3所示,文史类学生、理工学生、艺体类学生在选择上几乎一致。大多学生不认可采用线上教学的方式学习新课,各科约一半的学生认为课前预习应该采取线上。理工类和文史类中50%~60%学生偏好课前预习和课后复习与课外拓展采取线上教学方式,艺体类学生主要偏好于采用线上的方式进行课后复习与课外拓展。

表3 不同学科采取线上教学的环节

选项	理工类	文史类	艺体类
课前预习	58%	49%	39%
学习新课	36%	38%	35%
课后复习与课外拓展	56%	59%	47%

不同学科采取线上教学的环节调查结果如表4所示,理工类、文史类和艺体类学生主要偏好于学习新课采取线上教学的方式,人数占比分别为69%、58%和52%。可见,在教学改革的过程中,传统教学模式也是不可完全替代的,这便要求教师在教学的过程中要充分利用线上线下各自的优势,实现学习成果产出最大化。

表 4　不同学科采取线下教学的环节

选项	理工类	文史类	艺体类
课前预习	29%	22%	26%
学习新课	69%	58%	52%
课后复习与课外拓展	41%	36%	28%

(2)不同学科教学重点环节。高校课程类型主要分为理论课程和实践课程,结合OBE教学理念,注重学生学习与实践目标的融合,满足不同专业学生的学习需求,促进学生学习兴趣及主观能动性是影响最终学习成果的关键因素。

不同专业重点环节调查结果如表5所示,对于理论知识的学习,理工类、文史类、艺体类分别有69%、58%、52%的学生认为主要是通过教师的讲解。对于实践类课程,理工类69%的学生主要认为通过课上讲师讲解来获取,文史类近一半学生认为主要通过课后反馈及讨论,少部分学生认为通过教师讲解和自学,艺体类大多学生认为主要通过教师讲解和课后讨论反馈来获得。可见,不同专业有着不同的需求,这就要求教师在教学过程中应根据学科的不同特点准确把握重点的教学环节,从而达到最优的教学效果。

表 5　不同学科理论和实践学习的重点环节

选项	理论课程			实践课程		
	理工类	文史类	艺体类	理工类	文史类	艺体类
课前自学	29%	32%	26%	29%	28%	22%
课上教师讲解	69%	58%	52%	69%	32%	49%
课后反馈讨论	41%	36%	28%	41%	48%	53%

(3)不同学科最适教学方法。基于OBE理念的混合教学和传统教学相比,教学方法不再是单一的传统讲授为主,而是应考虑不同学科特点及社会需求,采取不同的教学方法,促进学生全面发展,培养符合专业要求的社会实践型人才。

根据不同学科学生偏好的教学方法调查结果如表6所示,随着学生学习的多样化及个性化,单纯的传统讲授已不能满足学生的学习需求。理工类55%～70%的学生偏好讲授法和直观演示法,对于理论知识的学习71%的学生偏好讲授法,实践课程的学习67%的学生建议直观演示法。文史类学生偏好直观演示法的学生甚少,对于理论课程和实践课程学习分别有58%、60%学生都偏好讨论法,同时对于讲授法和任务驱动法也不容忽视。艺体类对于理论课程和实践课程的学习有55%～65%的学生较偏好直观演示法和任务驱动法。可见,教学方法的使用对于不同学科的学生并非千篇一律,但各种方法又都不容被忽视,故教师在教学过程中应结合学科特点以及学生需求,选择适宜的教学方法。

表6　不同学科最优教学方法

选项	理论课程			实践课程		
	理工类	文史类	艺体类	理工类	文史类	艺体类
讲授法	71%	52%	41%	55%	42%	35%
讨论法	40%	58%	38%	38%	60%	24%
直观演示法	59%	27%	58%	67%	21%	62%
任务驱动法	35%	39%	55%	28%	53%	65%

四、结论与讨论

1. 讨论

本文基于OBE理念并结合高校开展的混合教学模式,通过对在校大学生进行实践调查,分析目前混合教学效果及学生学习需求。结果发现,混合教学受广大学生偏好,与传统教学相比学生学习效率提高了,不同学科教学重点环节不同,教师应采取不同的教学方法,故此提出不同学科适宜的教学模式。对OBE成果导向教育研究,主要集中于教学改革、人才培养和学习成果评价体系的构建方面。本研究将应用于高校混合教学中,这也是本文研究的重点及创新点。

在行文的过程中,主要存在以下缺点:

(1)本文通过调查分析得出不同学科适宜的教学模式,但对于不同学科课前、课中和课后的教学设计,具体实施过程未作全面考虑。

(2)OBE理念下的高校混合教学模式对学生自学能力,教师综合能力以及学校网络教学平台及管理水平均有较高的要求,故要推动该教学模式在高校的开展,对于学生,教师,教学环境的具体要求还应进行深入探讨。

(3)采取问卷调查可能会存有一定主观性,故该教学模式仅为高校提供一个参考。

总之,基于OBE教学理念的教学,有利于加强课程教学的针对性;有利于实现教师对学生的因材施教,个性化教育;有利于学生掌握专业工作岗位所需的理论知识和实践能力,加强毕业生就业竞争力,在未来的教育中,必会占有一席之地。要求教师在教学过程中应充分考虑学生自习的成果输出,同时还要结合社会的现实需求进行教学,减少理论学习和实际工作的距离,使学生能更好适应未来工作。

2 结论

基于成果导向的OBE教学理念,为完善高校混合教学提供了以学生为中心,教学成果为目标的教学思路。近年来,慕课(MOOC)、私慕课(SPOC)、微课、翻转课堂等概念接踵而来,频频出现在高等教育、基础教育的教学改革中,这为基于OBE理念教学的开展奠定了基础。综上调查结果得出不同学科最适宜的混合教学模式如下:

(1)理工类最适混合教学模式。理工类最适宜的教学混合方式是课前预习,课后复习与拓展采取线上教学,故可通过MOOC/SPOC及微课进行线上自学,有了一定的知识储备后,对于新课学习主要采取线下教师讲授。教师对于理论课程教学,应多采用讲授法和直观演示法,将抽象知识具体化,可有利于学生理解,对于操作类或实验型等实践课程的教学应通过讲解演示后多引导学生进行讨论、小组协作及动手操作,并及时做出评价及反馈。基于OBE理念,理工科应注重为社会、企业培养符合要求的专门人才,教学过程应凸显其应用性、实践性,重在培养学生将理论知识运用于实践工作中的能力。

(2)文史类最适混合教学模式。文史类最适宜的教学混合方式与理工类相同,一致认可学习新课采取线下,课前课后采用线上的教学方式,与理工科不同的是对于理论课程课上的教学应多采用讲授法和讨论法,实践课程多采用讨论法和任务驱动法。考虑到文科学习侧重理解及分析,且课时量少,拥有大量的空闲时间,对于汉语、外语、写作等课程,教师则要注重对学生的练习、反馈及评价。对于实践性强的课程如考古类,新闻报道类专业,教师应多采取任务驱动法,帮助学生多积累社会经验,使学生将所学知识能真正运用于以后的工作实践中,这也是OBE理念的核心思想。

(3)艺体类最适混合教学模式。艺体类最适宜的教学混合方式及理论课程学习重点环节与其他学科一致,均认为学习新课采取线下的教学方式,认为课上教师的讲解是理论课程的教学重点环节。有别于其他学科的是,实践课程的学习应多注重课后反馈讨论,无论是理论课程的学习还是实践课程的学习,55%—65%的学生偏好采用直观演示法和任务驱动法,故相对于理工类和文史类,教师应注重学生自学能力,多根据学生反馈来进行差异化教学。

【参考文献】

[1] 王怀波,李冀红,杨现民.高校混合式教学中深浅层学习者行为差异研究[J].电化教育研究,2017,38(12):44-50.

[2] 李迎.基于高校网络教学平台的混合教学模式的应用研究[D].南昌大学,2014.

[3] 李克东,赵建华.混合学习的原理与应用模式[J].电化教育研究,2004,(7):1-6.

[4] 马红亮,袁莉,白雪梅,等.基于MOOC的中外合作混合教学实践创新[J].开放教育研究,2016,22(5):68-75.

[5] 金静.基于"雨课堂"的混合教学模式[J].计算机时代,2020(3):77-79,83.

[6] 陈灵芝.基于翻转课堂的混合学习教学模式研究[J].教育教学论坛,2019(44):221-222.

[7] 赵文飞,周刚,刘孝磊.SPOC混合式教学模式在军校高等数学课堂的可行性研究[J].教育教学

论坛,2020(12):282-284.

[8] 赵玲峰,杨剑冰,邓炯,等.基于OBE理念的混合式教学模式改革初探[J].中国多媒体与网络教学学报(上刊),2020(5):21-23.

[9] 严中华.国外职业教育核心理念解读——学习成果导向职业教育课程开发理论与实践[M].北京:清华大学出版社,2017,3.

[10] 孔春暖.PBL健美操教学模式的构建与应用研究[D].江西师范大学,2016.

[11] 曹海洋,等.基于OBE理念的线上线下混合式教学多维综合评价指标体系研究——以材料力学课程为例[J].内江科技,2020,41(3):79-80,66.

[12] 隋国研.加拿大CBE及OBE教学模式探析[J].中国场,2016(31):209,211.

[13] 刘占明.基于工作过程导向的高职旅游类专业课程体系创新研究[D].河北师范大学,2010.

[14] 王凯,李静.OBE理念下经管类课程混合教学模式设计研究[J].现代教育科学,2019(1):92-97.

[15] 马金晶.成果导向教育博士课程发展研究[D].西南大学,2012.

[16] 李礼,李琼.大数据背景下线上课堂与线下课堂融合的相关研究[J].电脑知识与技术,2019,15(30):121-122.

[17] 金慧峰.基于OBE理念的《程序设计基础》课程教学改革与实践[J].中国教育信息化,2020(8):38-41.

[18] 周健鸿.线上线下双向教育促进课堂智慧翻转——基于平板教学的智慧课堂模式研究[J].中学数学研究(华南师范大学版),2020(2):53,1-5.

[19] 王园园.高职英语线上线下混合式教学模式改革研究[J].福建茶叶,2020,42(4):379.

[20] 桑学慧."OBE＋学导式"健美操教学模式的构建与实践研究[D].武汉体育学,2019.

[21] 陈维维.MOOC、SPOC、微课、翻转课堂:概念辨析与应用反思[J].南京晓庄学院学报,2015(6):117-121.

附录

高等教育混合教学现状与适宜模式调查

亲爱的同学：

你好！感谢你参加此次高校混合教学开展情况及最适宜教学模式的问卷调查，本次问卷采用匿名的方式进行，请如实填写下列问题，谢谢合作！祝你学习进步，学业有成！

1. 您的性别

    ○男　　　　○女

2. 您的年级

    ○大一　　　○大二　　　○大三　　　○大四

3. 您的专业是什么？

    ○理工类　　○文史类　　○艺体类

4. 您对混合教学有了解吗？

    ○非常了解　○了解　　　○一般　　　○不了解

5. 你对高校混合教学模式感兴趣吗？

    ○非常感兴趣　○比较感兴趣　○一般　　　○不感兴趣

6. 混合教学模式与传统教学模式相比，混合教学学习效果更好

    ○非常赞同　○赞同　　　○基本赞同　○不赞同

7. 您认为在进行混合教学之后［矩阵单选题］

	是	否
学习效率提高，成绩进步了	○	○
学习积极性，主动性提高了	○	○
对学习更加感兴趣了	○	○
学习能力增强了	○	○

8. 相对于在传统课堂教学，更喜欢线上线下相结合的混合教学

    ○非常赞同　○赞同　　　○基本赞同　○不赞同

9. 您希望哪个环节采取线上教学（多选）

    ○课前预习　○学习新课　○课后复习与课外拓展

10. 您希望哪个环节采取线下教学（多选）

    ○课前预习　○学习新课　○课后复习与课外拓展

11. 您认为该专业理论知识获取的重要环节是什么?(多选)

(实践类学习主要包括:理工科的实验,动手操作等课程;文史类的写作,口语等课程;艺体类的展示反馈型课程)

　　○课前自学　　　○课上教师讲解　　○课后反馈及讨论

12. 您认为该专业实践操作类课程学习的重要环节是什么?(多选)

　　○课前自学　　　○课上教师讲解　　○课后反馈及讨论

13. 对于知识的学习,您喜欢哪种教学方法(多选)

　　○讲授法　　　○讨论法　　　○直观演示法　　　○任务驱动法

14. 对于专业实践操作的学习,您喜欢哪种教学方法(多选)

　　○讲授法　　　○讨论法　　　○直观演示法　　　○任务驱动法

15. 学习过程中,您偏好哪种教学模式

○传统教学,以老师讲为主

○在线学习,以自己自主学习为主

○混合学习,即将传统学习方式和网络化学习结合起来

16. 针对目前高校教育模式,请提出您宝贵的建议。

_____

_____

_____

实践教学

经管类学生 CPCI 创新创业能力培养体系研究与实践

刘晓科

(宝鸡文理学院 经济管理学院　陕西 宝鸡 721013)

【摘要】目前的创新创业教育需要系统性思考和设计,亟待解决知识技能培养碎片化、项目错位缺乏持续孵化、学科专业优势互补不足等诸多问题。以经管类专业为例,通过梳理目前创新创业能力培养体系现状,结合问题分析,提出 CPCI 大学生创新创业能力培养体系,即课程(Course)—项目(Project)—竞赛(Competition)—创新创业活动(Innovation and entrepreneurship activities)四维一体的综合培养生态系统。并提出了做好顶层设计、系统化培养,加强沟通合作、协同化培养,全程监督、精细化培养的政策建议。

【关键词】经管类专业;创新创业能力;培养体系;学科竞赛;训练项目

【项目基金】陕西省高等教育教学改革研究项目,"开放、融合、多元"的地方院校创新创业三阶协同育人体系的构建与实践(19BY116)。

新技术革命时代的到来和经济社会快速发展改变了高等学校人才培养的外部环境,新时代全国高等学校本科教育工作会议召开,"以本为本、四个回归"理念对高校培养人才质量提出了高标准和严要求。创新创业教育已成为培养适应现代市场经济发展的应用型人才的重要环节和组成部分,是深化高等教育教学改革,培养学生创新精神和实践能力的重要途径。随着创新创业教育逐渐升温,高校、企业、政府都在思考如何提升培养效果。作为高等教育的主战场,高校应率先转变培养观念、深化教学改革、改变思维方式,结合目前专业培养实际以及已开展工作的具体情况,如何构建创新创业能力培养体系,是亟待解决的重要问题。

一、问题的提出

在高等学校中,率先设置创新创业类课程的往往是经管类专业。一般是在高年级设置"创业学""创业管理""技术创新管理"等专业选修课,作为管理类课程的外延式拓展,旨在培养提升学生的综合管理素养和开拓学生的管理视野。随着创新创业通识教育的提出和推进,2012年8月1日,教育部办公厅下达关于印发《普通本科学校创业教育教学基本要求(试行)》的通知,文件要求各高校设置创新创业教育通识课程,全面推行创新创业教育。通过近几年的教学实践,创新创业教育囿于师资匮乏、课程教学内容的同质化、专业结合不够、特色突显不足等问题,学生创新创业能力培养寄希望于通识教育,没有取得预期的效果。

对于经管类专业而言,其培养方案中涉及到的"市场营销""经济法""财务管理""战略管理"等课程,在创新创业通识教育课基础上,为提升学生创新创业能力提供了一定理论知识储备,相对其它专业具有一定的"先天优势"。同时,也可以通过"企业经营模拟沙盘""市场营销模拟""ERP财务实训""人力资源管理模拟"等相关专业实践课程的学习,借助虚拟仿真技术,让学生在实践能力、团队精神、战略思维、沟通协调等方面都有较大提升。

目前经管类专业的创新创业教育,即使已经实现了"通识教育奠基+专业课程理论教育拓展+实践能力培养提升"按阶段多层次组合,但依然停留在知识碎片化、体系逻辑不畅的层面。虽有创新创业讲座和各类比赛,但也拘泥于偶然性,较为零散,缺乏系统性,导致创新创业能力培养效果不理想,学生创新创业意愿不强,接受群体偏小。而且,学科专业之间的"组团配合"欠缺,经管类专业虽有商业模式侧重,但没有技术创新支持,也很难让项目推演落地,从而让创新创业能力培养环节不全和持续跟进缺位,极大地影响了创新创业教育效果。

二、经管类专业学生创新创业能力培养体系现状

目前学生创新创业能力培养主要通过课程体系、学科竞赛、训练项目等3个维度展开。课程体系设计源于人才培养方案,是大学生创新创业能力培养的顶层设计,包括培养目标、培养标准、课程设置和实践教学体系等,主要通过相关课程的理论、实践教学,提高学生的创新创业意识和能力;学科竞赛指各级各类以学科知识技能展示为主的比赛活动,包括政府、教育主管部门、行业学会举办的相关大赛,也包括各级各类创新创业主题的大赛。学生通过参加大赛系统梳理专业知识、提高应用技能;训练项目指通过科研立项的形式,训练学生的可行性分析能力、调查研究能力、报告撰写能力等。

(一)课程体系设计现状

1. 培养目标

在人才培养方案中,创新创业能力的培养成为人才培养的重要目标之一。现行

2017版人才培养方案有以下"培养富有创业精神和实践能力""具有创新意识和实践能力"这样的描述。体现了培养方案的出发点和落脚点,不同程度的提到了创新意识、创业精神、创新创业能力。这是2017版人才培养方案的一个显著变化,增加了以上这些培养目标新提法。当然,在《普通高等学校本科专业类教学质量国家标准》中,也有明确提到,"具有国际视野和创新创业能力""在社会实践中的创新意识和创新能力""具有国际视野、本土情怀、创新意识、团队精神和沟通技能"。

2. 培养标准

在人才培养方案中,培养标准包括素质、能力、知识单个层面。将"创新创业精神"纳入素质结构层面,作为培养学生要具备的核心素质之一。现行2017版人才培养方案有以下表述,"创新精神,具有能够综合运用已有的知识、信息、技能和方法,提出新方法、新观点的思维能力和进行发明创造""创业精神,具有开放性的思想、观念、个性、意志、品质等"。将"创新能力"纳入能力结构层面,作为培养学生要具备的核心能力之一。现行2017版人才培养方案有以下表述,"创新能力,能够在已有的理论和知识基础上,在实践活动中提供具有价值的新思想、新理论、新方法和新发明"。将"创新前沿知识"纳入知识结构层面,作为培养学生要具备的核心知识结构之一。现行2017版人才培养方案有以下表述,"创新前沿知识,工商管理学科理论前沿与发展动态"。培养标准中,对创新创业素质、能力和知识的表述,需要在课程体系设计时予以一一对应支撑。

3. 课程设置

在人才培养方案中,按照通识教育课程、学科基础课程、专业教育课程、综合教育课程四大模块分别设置相应课程。在通识教育课程中设置"创业基础教育课程",开设创新创业基础课程,一般44学时、2学分,同时在通识教育任选课中开设创新创业类课程,而且要求学生必须在创新创业类课程中至少选修1个学分的课程(任选课须修读10学分);专业教育课程中除了设置学科专业的核心必修课("市场营销""经济法""财务管理""战略管理"等)之外,设置创新创业方向课程"创新创业案例""创业管理学""技术创新管理",共计108学时、6学分;综合教育课程中设置"大学生职业生涯规划""大学生创业就业指导",共计36学时、1.5学分。

4. 实践教学体系

实践教学包括两种形式,一部分课程教学过程中包含的实践教学环节,另一部分是针对专业实际,专门独立开设的实践课程。与创新创业能力培养相关的实践课程包括"创新创业实训""企业经营模拟沙盘""人力资源管理沙盘模拟""市场营销模拟实验""企业投融资决策模拟实训""企业模拟仿真实训""财务报表分析实训""财务管理沙盘"等。与实践教学体系相匹配的是实践教学平台资源建设,目前依托省级经济管理虚拟仿真实验教学中心,整合跨专业实践教学软硬件资源,同时建立创新创业实训环境,引入配套实训资源,完善实践教学体系。

(二)学科竞赛现状

1.专业知识技能竞赛

工商管理、人力资源管理、市场营销、经济学、会计学等5个专业,针对专业特点,优选具有影响力的专业知识技能竞赛,按照组建团队、培训备赛、参加对抗、竞赛总结等环节,全程训练学生理论联系实际的能力,达到拓展学生视野、提高团队合作协作意识的目的。通过比赛,让学生在创新意识、创新精神、创业能力方面都有所提高。例如,学生参加企业经营模拟大赛,训练提升其战略思维、合作精神等创新创业必须的综合素养;学生参加会计技能大赛,训练提升其财务分析能力;学生参加人力资源管理知识技能大赛,训练提升其对团队管理的技能。

2.创新创业类大赛

近几年,各级各类创新创业专项比赛越来越多且逐步引起各高校重视。包括"挑战杯"全国大学生课外学术科技作品竞赛和中国大学生创业计划竞赛、全国大学生电子商务"创新、创意及创业"挑战赛、"创青春"全国大学生创业大赛以及中国"互联网+"大学生创新创业大赛等。学生通过参加这些专项比赛,从创意激发、团队组建、市场调研、创业计划、商业模式设计、路演答辩、融资落地等全过程得到锻炼和提升。经济管理学院从2009年起,连续积极组织每年一届的学院创新创业大赛,在学校层面具有了一定影响,在孵化储备创新创业项目方面效果显著。

以学校2018年学科竞赛项目下达列表分析为例,17个学院共申报了35项学科竞赛项目,最终确定26项学科竞赛,涉及到12个学科专业。从主办单位性质看,政府部门4项、学会(行业协会)16项、企业1项、学校自主5项,学科竞赛目前以学会或行业协会主导,侧重促进学生未来职业技能提升发展。从竞赛类型来看,创新创业类竞赛13项、师范生技能竞赛6项、数学英语类竞赛4项、其它竞赛3项。创新创业类竞赛占学科竞赛的比重达到50%,创新创业类竞赛中近5年新设立的竞赛项目5项,占到38.46%,这是近年来创新创业教育纵深发展的必然,是专创融合的必由之路。创新创业类竞赛项目涉及到的学科专业8个,占到学校学科专业总数的47.06%,覆盖面不到一半,有很大提升拓展空间。

从学科专业分布来看,经济管理、机械工程、计算机和化学化工,学科竞赛均全部属于创新创业类竞赛,突显了创新创业的方向与新技术、智能制造、生物医药、商业模式等紧密相关。而师范类专业则着重培养学生师范技能,新闻传播、物理光电、教育技术等学科专业则逐步向创新创业能力培养靠拢,突显了创新创业的领域更加多元化,例如新媒体、数字模拟、现代教育等方向。

表1 学科竞赛专业分布及类型对比表

学科专业	创新创业类	师范技能类	数学英语类	其它类	合计
经济管理	2	—	—	—	2
机械工程	3	—	—	—	3
计算机	2	—	—	—	2
化学化工	2	—	—	—	2
数学信息	1	—	1	—	2
文学新闻	1	2	—	—	3
物理光电	1	1	—	—	2
教育	1	1	—	—	2
地理环境	—	1	—	—	1
外语	—	—	3	—	3
音乐	—	—	—	1	1
电子电气	—	—	—	1	1
历史旅游	—	1	—	1	2
合计	13	6	4	3	26

注:数据来源于学校相关文件统计。

(三)大学生创新创业训练计划项目现状

通过实施国家级、省级、校级大学生创新创业训练计划,促进高等学校转变教育思想观念,改革人才培养模式,强化创新创业能力训练,增强高校学生的创新能力和在创新基础上的创业能力,培养适应创新型国家建设需要的高水平创新人才。大学生创新创业训练计划包括创新训练项目、创业训练项目和创业实践项目三类,目的是按照创新创业项目所处阶段,从研究为切入点、以经费支持作为保障、利用项目管理的方式,科学有效推进创新创业项目的孵化落地,旨在培养学生的创新创业意识和能力,在这个过程中,强化指导教师的参与。一方面,创意可以来源于教师科研阶段性成果,另一方面,通过教师指导,训练学生的学术素养、问题意识和创新思维。

表2 创新创业训练计划项目类别横向比较表

学科专业	创新类	创新类比例	创业类	创业类比例	总数
经济管理	3	30.00%	7	70.00%	10
化学化工	13	100.00%	0	0.00%	13
机械工程	14	93.33%	1	6.67%	15
地理环境	13	100.00%	0	0.00%	13
电子电气	14	100.00%	0	0.00%	14
计算机	16	100.00%	0	0.00%	16
教育	5	83.33%	1	16.67%	6
历史旅游	10	83.33%	2	16.67%	12
美术	5	83.33%	1	16.67%	6
数学信息	2	40.00%	3	60.00%	5
体育	1	100.00%	0	0.00%	1
外语	4	66.67%	2	33.33%	6
文学新闻	9	75.00%	3	25.00%	12
物理光电	11	100.00%	0	0.00%	11
政法	3	100.00%	0	0.00%	3
合计	123	86.01%	20	13.99%	143

注:数据来源于学校相关文件统计。

以2018年校级大学生创新创业训练计划立项项目为例,全校共立项143项,其中创新训练项目123项,占86.01%,创业训练项目20项,占13.99%。经管类专业共获批立项10项,其中创新训练项目3项,创业训练项目7项,创业训练项目占到70%,更多的偏向未来落地实践,已经从创意到了商业落地的阶段,考虑更多的是市场化、商业化,呈现出经管类专业学生创新创业项目的典型特征——轻技术、重市场。通过横向数据统计分析,见表2,化学化工类专业立项13项,创新训练项目占到100%,创业训练项目占到0%;机械工程类专业立项15项,创新训练项目占到93%,创业训练项目占到仅仅7%。从图1可以看到,非经管类专业尤其是理工科专业学生创新创业项目的典型特征——重技术、轻市场。考虑更多的是理论新发现或者技术新应用,侧重科研素养的训练以及知识产权成果的推出。

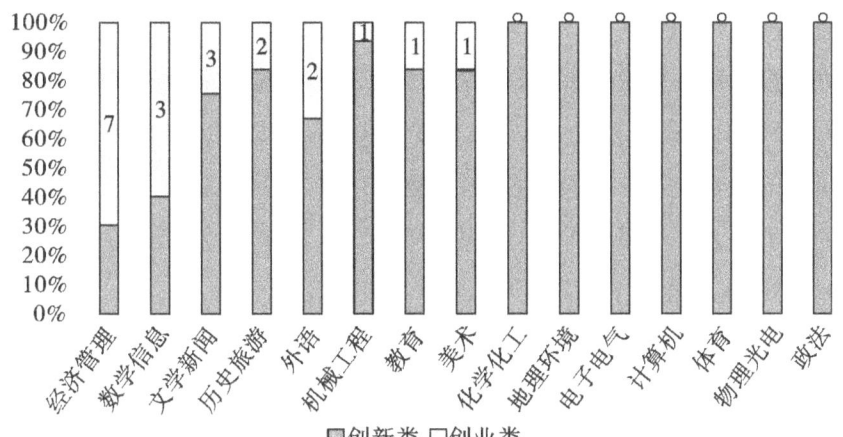

图1 创新创业训练计划项目类比占比横向对比分析图

注:数据来源于学校相关文件统计。

三、大学生创新创业能力培养体系存在的问题分析

以经管类专业为例,通过对学生创新创业能力培养体系现状的深入剖析,发现现有培养体系虽能多维度多层次展开工作,但在体系的系统性方面还存在诸多问题,从微观层面来说,课程体系、学科竞赛、训练项目之间的互动衔接还不到位;从宏观层面来看,学科专业之间的互动沟通不足、优势互补缺位严重。

1. 课程体系在创新创业能力培养上缺乏系统设计,呈现知识技能培养碎片化

经管类专业虽在课程体系设计中,以学校关于创新创业教育基本要求为基础,按照学科专业优势全方位设置相关课程,但作为创新创业能力培养的知识系统性和连贯性方面有所欠缺。课程设置从大一到大四遍布各个学期,课程性质从通识课、专业基础课、综合教育课再到选修课、方向课,既有理论课、又有实践课。未能将已有创新创业相关课程有效统起来,在内容层面的模块化设计、在时间层面的逻辑性安排,都未有科学合理安排,导致在创新创业能力培养上呈现出碎片化,培养没有系统性和连贯性。

2. 学科竞赛与训练项目互动衔接不够,导致项目错位缺乏持续孵化

以2018年校级大学生创新创业训练计划立项项目(143项)和2018年校级互联网+大学生创新创业大赛入围项目(748项)相关关系分析为例,通过核心关键词文本检索对照其关联系,统计发现,创新训练项目最终转化为创新创业大赛项目的平均转化率为6.67%,而创业训练项目最终转化为创新创业大赛项目的平均转化率则高达85.71%。大创项目作为创新创业大赛项目的预研储备,作为占比达到86%的创

新训练类项目在向创新创业大赛项目转化中并没有表现出应有的比重。一方面,前期做的大量可行性论证和调查研究,只停留在理论分析层面,并没有从用户出发寻找痛点、以市场为导向设计商业模式,商品化程度较低,从而没有进一步包装成符合创新创业大赛要求的项目。另一方面,从项目管理部门出发分析,体现出未能有效理顺大创项目与创新创业大赛项目的关系,组织管理存在一定随机性,导致在创新创业大赛项目申报时存在"重数量轻质量"现实困境。

3. 学科专业优势互补不足,团队结构不合理不利于能力培养

不管是大创项目还是创新创业大赛项目,团队成员构成基本呈现出专业来源单一、局限在同一学科专业的现象,这也是导致创新创业训练计划项目类比占比横向对比特征典型化的主要原因。依然以2018年校级大学生创新创业训练计划立项项目和2018年校级互联网+大学生创新创业大赛入围项目为例,分析其团队成员构成,团队成员中有来自跨专业的项目比例在大创项目中占到9.1%,在创新创业大赛项目中占到28.6%。分析其原因,创新创业大赛项目鼓励跨学校、跨专业的团队组合,鼓励合作。即使如此,团队结构依然不尽合理,因此而造成学生创新创业能力培养的自组织学习氛围不够健全、学科专业优势互补没有充分发挥,也会丧失一些创意的落地,有些技术应用创新因没有好的商业模式,或者有些好的商业模式因没有技术创新支撑,而最终夭折。

四、CPCI大学生创新创业能力培养体系的优化与构建

在现有经管类学生创新创业能力培养体系的基础上,经过问题剖析,文献回顾与述评,对系统化培养深入思考和凝练,提出CPCI大学生创新创业能力培养体系,即课程(Course)—项目(Project)—竞赛(Competition)—创新创业活动(Innovation and entrepreneurship activities)四维一体的综合培养生态系统。

(一)文献回顾与述评

国内学者的相关研究集中在学科竞赛、科研项目对于创新创业能力培养的作用研究。刘卉(2015)以机械工程专业为例,认为参赛引导更多的学生,扎实理论基础的学习,开拓创新思路,增强动手能力。王凤(2014)构建创新团队,针对当代大学生创新科研能力弱、项目经验缺乏等问题,立足于企业的人才需求,以科研项目和学科竞赛为载体,构建大学生创新研学团队的方法,培养学生的团队合作、科研创新精神和学科竞赛能力,丰富学生的项目经验,强化学生的实践能力,促进创新应用型人才的

培养。武卫华(2015)则进一步根据不同年级学生特点,将学科竞赛与科创活动有机结合并互为体系,应用项目驱动思路提出一系列创新活动训练方案。

同时,学者围绕如何推进培养体系发挥创新创业能力培养的统领作用,从活动机制、平台搭建、评价方法等多角度提出了保障机制。王尔申(2015)提出,应形成基本实践技能、综合实践能力、研究创新能力多层面的竞赛机制,发挥学科竞赛在创新创业能力培养中的作用;同时,指出了"精心选题、加强指导与交流、以论文发表和专利申请作为创新训练计划项目完成质量的主要评价指标"的重要性。李宝营(2016)提出,应通过第二课堂,实施循序渐进的课外科技创新教育培养方案。王利(2017)认为,应把学科竞赛纳入人才培养方案的课程体系,有利于提高学生参与的积极性和主动性,包括建立学科竞赛成果归档展览机制、健全学科竞赛管理办法等。刘鹏(2018)提出双创思维人才培养机制,以学科竞赛为载体,将专业某项知识技能提炼若干子技能为任务驱动载体;以项目为依托,分解成若干个子实验为任务驱动载体,进行双创思维训练。王玮(2018)认为,进行校企合作,为高校学生提供更为丰富的实践课题来源是提升高校学生整体创业创新能力的必经之路。穆娟建议,应提高创新创业训练的激励回报,将社会资源引进高校比赛,把优质的资源给到优质的创业学生。

综上,现有研究从创新创业教育实践出发,探究大学生创新创业能力培养存在的问题,围绕实践教学、课程体系、学科竞赛、科研项目等方面,分析其促进创新创业能力培养的途径,同时在制度设计、保障措施方面做了大量卓有成效的探索。然而,未能从顶层设计出发,系统梳理目前实践做法的逻辑机理,还未形成大学生创新创业能力培养体系。

(二)CPCI培养体系维度关系分析

建立课程体系(C)—训练项目(P)—学科竞赛(C)—创新创业活动(I)四维一体创新创业教育生态系统,力图从顶层设计出发,优化现有培养方案课程体系、建立训练项目和学科竞赛之间的有机联系、将创新创业实践活动与理论实践教育相关联,形成创新创业教育生态环境,从而提高大学生创新创业能力。

1. 优化已有课程体系奠定理论基础

系统梳理现行培养方案中的创新创业教育相关理论、实践课程,按照学科专业大类进行个性化设置,经管类专业适当补充逻辑推理、原型设计类课程模块,理工科等非经管类专业则应加大市场分析、商业模式、财务分析等课程模块,力求在专业教育过程中融入创新创业教育,实现专创融合。完善的课程体系是创新创业实践教育生态系统构建的基础,学生在专业学习过程中完成了创新创业理论知识和技能的储备。

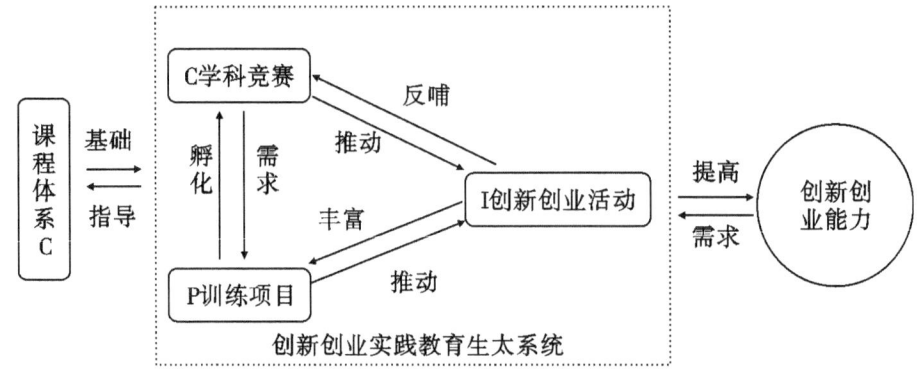

图 2　CPCI 大学生创新创业能力培养体系图

2. 采用项目制驱动创新创业实践

通过大学生创新创业训练计划项目,基于已有理论知识和技能,采用市场调查分析的手段,论证创意的可行性,一方面为继续参加创新创业竞赛孵化项目,另一方面为项目落地完成前期论证。大学生创新创业训练计划项目的研究特征,包括项目的周期性、导师制和经费保障为大学生进行持续研究建立了制度保障,为后续创新创业竞赛和实践活动奠定了基础,是驱动大学生进行创新创业的源动力。

3. 借助学科竞赛做好创新创业模拟演练

不管是与学科专业相关的行业创新创业类竞赛、还是创新创业专项竞赛,都需要项目前期研究和积累,同时一些已经在实践中落地创业的项目也可以作为竞赛项目予以进一步完善和得到支持。通过参加竞赛,训练项目孵化而来的竞赛项目,成为学生将创意最终落地的练兵;从已落地的创业项目而来的竞赛项目,则是通过比赛试图获得更多的关注、甚至获得风险投资。

4. 协同合作支持创新创业活动广泛开展

依托省级创新创业教育改革试点学院和校级创新创业团队等平台资源,积极引入外部资源,包括创新创业导师、风险投资机构、第三方教育资源平台机构、政府、企业等,以创客空间为载体,以孵化落地的创新创业项目实施为主体,协同合作支持,营造大学生创新创业的环境,切实提高大学生创新创业能力。

五、大学生创新创业能力培养的政策建议

1. 做好顶层设计,系统化培养

首先,从人才培养方案着手,以创新创业能力培养为目标,科学合理设置课程体

系，注意不同性质、不同类型、不同形式课程的系统安排，着重强调其内容的逻辑衔接，模块化设课、阶梯化推进、多样化呈现。其次，在学科竞赛和训练项目方面，分析其对于创新创业能力培养的协作机理，在训练项目立项、实施、创新创业大赛项目孵化、评奖等方面，加大持续跟进的力度，确保学生创新创业能力训练培养的连贯性。最后，在组织保障层面应尽快成立创新创业教育专门机构，统领全局、协调资源，做好顶层设计，实现大学生创新创业能力培养的科学化、系统化。

2.加强沟通合作，协同化培养

一方面，校内各学科专业应加强优势互补，在团队组建、教学资源共享层面实现抱团取暖、强强联合，避免重复建设和无谓消耗。理工科等非经管类专业发挥其技术创新优势，经管类专业发挥其商业模式创新优势，以项目管理制灵活运作，通过训练项目和创新创业大赛等多种方式，提升成员创新创业能力；另一方面，加大外部资源引入，依托创新创业团队，聘请校外行业导师、引入风险投资共同孵化创新创业项目，实现协同化培养。

3.注重全程监督，精细化培养

首先，尽快建立学生创新创业能力跟踪评价机制，确保培养有目标、效果有评价、质量有反馈，实现创新创业能力培养四年贯通、全程监督。其次，参加创新创业训练项目和创新创业大赛，应纳入培养方案，予以学分认可，包括在毕业实习、毕业论文等实践环节，可以灵活化要求，最大限度支持创新创业能力的培养。最后，针对学科专业特点差异化、精细化培养。在专业特色方面挖掘学生培养潜力，结合学科专业特点，设立创新创业方向，或者创新创业实验班，以职业生涯为导向，在"大众化创新创业教育"的基础上，集中优势资源，推进"创新创业精英化"培养，试点示范带动全面培养。

【参考文献】

[1] 教育部高等学校教学指导委员会.普通高等学校本科专业类教学质量国家标准[M].北京：高等教育出版社,2018:6-14,844-853.

[2] 刘卉,张付英,汪宇,等.基于"学科竞赛、创新项目"培养学生创新能力的思考[J].价值工程,2014,33(29):238-239.

[3] 王凤,万智萍,叶仕通,等.科研项目和学科竞赛载体下创新团队的构建[J].宁波大学学报(教育科学版),2014,36(01):57-60.

[4] 武卫华.学科竞赛项目驱动的学生能力训练模式探索[J].安徽工业大学学报(社会科学版),

2015,32(5):86-87.
[5] 王尔申,李轩,李玉峰,等.依托学科竞赛和创新计划项目培养实践能力[J].实验室科学,2015,18(5):181-183.
[6] 李宝营,祁建广,王裕如,等.以学科竞赛和创新创业项目为驱动的应用型人才培养[J].教育现代化,2016,3(30):9-10,26.
[7] 王利,李养良,刘良文,等.基于学科竞赛的大学生创新创业能力培养研究[J].教育教学论坛,2017(23):54-55.
[8] 刘鹏,顾晓滨,王雅静,等.学科竞赛和项目实验为载体的双创思维人才培养探索[J].广州化工,2018,46(2):168-169,175.
[9] 王玮.完善创新实践教育与竞赛体系,提高大学生创新创业能力[J].创新创业理论研究与实践,2018,1(2):79-82.
[10] 穆娟.以竞赛项目为依托的大学生创新创业教育探究——以河北经贸大学为例[J].科技资讯,2018,16(8):207-209.

基于创新创业能力培养的经管类虚拟仿真实验教学体系设计研究

杨嘉歆

（宝鸡文理学院 经济管理学院　陕西 宝鸡 721013）

【摘要】 为提升大学生的创新意识、创业能力，在探讨创新创业教育本质的基础上，探索构建经管类虚拟仿真实验教学体系。在原有"四层次四能力"的虚拟仿真实验教学体系上，对现有实验教学资源整合重构，从企业创新发展全过程来搭建创新创业实验项目，形成虚实结合、资源共享的实验教学改革示范区。

【关键字】 创新创业能力；虚拟仿真；实验教学

推进大众创业、万众创新，是经济社会发展的必然选择，通过创新创业活动培育和催生经济社会的新动力。创新创业教育就是要培养学生的创新思维、创业意识等综合能力。《国务院关于大力推进大众创业万是众创新若干政策措施的意见》国发〔2015〕32号文件着重指出健全创业人才培养与流动机制。把创业精神培育和创业素质教育纳入国民教育体系，实现全社会创业教育和培训制度化、体系化。加快完善创业课程设置，加强创业实训体系建设。在此背景下，经济管理类专业，构建创新创业经济管理虚拟仿真实验教学体系是具有极强必要性的。

一、高校创新创业教育的本质

教育部在2012年出台的《普通本科学院创业教育教学基本要求（试行）》强调创业教育的重点是提高学生的社会责任感、创业精神和创业能力，促进全面发展。创新创业教育并非是要让每一位学生都必须开展自主创业开办公司，创新创业教育绝不是为了培养生存型创业而设立；而是利用自身专业背景知识，寻找社会发展中的现实问题，引导学生进行经过独立思考、通过客观判断，结合自己专业知识进行创新型创业，从而激发社会的创造力。

美国经济学家彼得·德鲁克认为创新就是为客户创造出新的价值，它是企业家特有的工具。创新是创业的本质，创业是创新的主要载体，创业的源头来自创新，创新型创业就是要创造性的将各类资源进行重新整合。任何企业家行为都是对自我精神和大胆实践的探索。可以说，创新是一种精神追求，创业是创新行为的体现，创新与创业实际上是一种表里关系。只有以问题为中心的探究式学习和教学才能适应创新精神和创新能力的培养，最终才能培养学生的创业能力。

我们的创新创业教育应该是面向大众的教育，创新创业教育就需要从培养大学生的创新创业意识出发，通过模拟实践、参加创新创业竞赛等各种手段培养大学生的创新创业能力。

二、虚拟仿真实验教学与创新创业教育的适配性分析

虚拟仿真实验教学主要借助多媒体技术（视频、音频、图形）、3D建模技术、传感技术、输入输出技术，通过生动、逼真、立体的表现形式，让抽象的实验环境、实验流程、实验角色浓缩在高度虚拟现实，它可以展示复杂系统的未知运行结果，并实现在实际实验中不完整或难以完成的教学功能。让学生有身临其境的感觉，从而激发学习热情，提高教学效果。同时还能充分提供自主实验和实践环境，突破实践和空间的限制，不仅通过课下学习提升自主学习能力，而且便于实验实训教学资源的远程共享。

1. 教学目标的适配性分析

创新创业教育关注创业者综合素质与技能培养的关注，在创新思维能力、分析解决问题能力、沟通表达能力、实践动手能力等方面具有较强的综合素质，以及在财务分析、融资、战略、营销等方面具有较强的技能和经验。学习者在传统的课堂教学中是难以实现这些要求的，而必须通过模拟仿真或动手实践的"做中学"方式中获得。显而易见，经济管理类实验实训教学与创新创业教育，有着天然一致的目标和高度契合的实现途径。将经济数据、管理制度、业务流程等虚拟、仿真或模拟，实现对经管管理基础性认知与验证、业务熟悉与方法掌握，以及相关性的上、下游与纵、横社会环境的"沉浸"性体验。通过体验切实增强学生的对企业运营的全面认识，提升综合能力，努力造就大众创业、万众创新的生力军。

2. 教学内容的适配性分析

创业所需的对于企业运营认知,在现实情况之下无法让学生实验或者实验代价太大。即使到企业实习,由于商业机密和隐私的保护,学生难以参与到更深层次的企业经营。通过虚拟仿真构建大型的综合实验环境,在实验中心内部实现工商、银行、税务、加工制造、金融市场等方面的共生模拟,并使学生通过角色扮演,把企业从生产到内外部环境进行全面模拟,形成完整的实验过程,在仿真的条件下,可以让学生将专业知识系统理解和认识,解决实验"手段单一、综合性、设计性不足"、实验内容"静态化、无法细化到岗位、没有社会协同全局观"等困局,大大缩短学生走上工作岗位和进入角色的磨合期与适应期,解决学生在实习过程中无法深入、完整地接触企业的运作过程。虚拟仿真实验利用现代信息技术,帮助学生掌握专业知识和技能、培养创新思维、提升创业就业能力,实现真实实验条件不具备或难以完成的教学功能。

三、构建创新创业能力培养的实验实训体系

1. 构建了"四层次四能力"的虚拟仿真实验教学体系

经济管理虚拟仿真实验教学中心经过多年建设,构建了"四层次四能力"的虚拟仿真实验教学体系(如图1所示)。通过信息技术构建开放的实验教学体系,通过基础验证实验层、专业综合仿真实验层、跨专业虚拟仿真综合试验层和创新创业模拟实验层4个实验层次,培养学生的学科基础知识、专业基本技能、综合应用能力和创业实战能力。

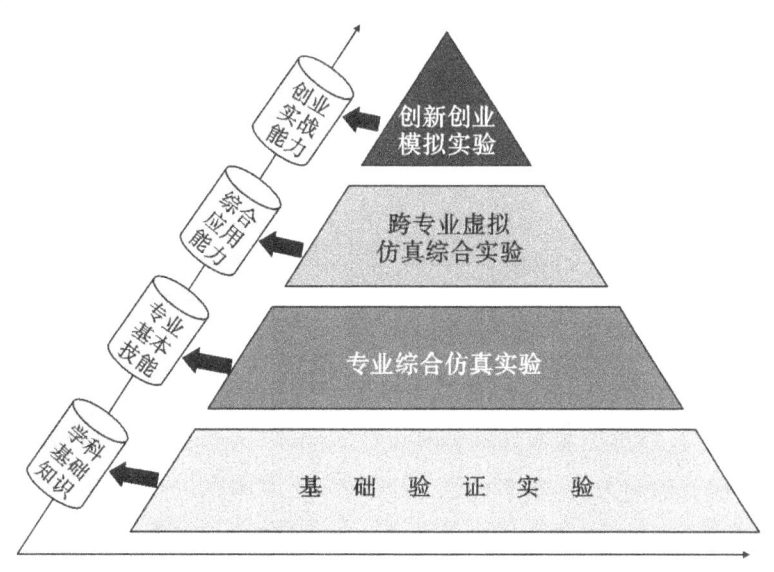

图1 "四层次四能力"的虚拟仿真实验教学体系

通过基础验证仿真实验,巩固学生的学科专业基础,确保人才对基础知识的掌握,保证人才培养的基本规格;通过开设专业综合技能虚拟仿真实验,强化学科专业的综合技能培养;通过跨专业虚拟仿真综合实验,打通经管各学科专业的界限,实现综合应用能力的突破;通过创新创业模拟体验实验,开展创新创业体验式教育,以赛促训,结合科学研究和课外活动与实践,提升学生的创新创业综合能力。通过"四层次、四能力"的虚拟仿真实验教学体系,实现学生在知识、能力、素质方面的提升,成为地区经济发展所需的应用型人才。

2. 创新创业实验项目模块设计

以虚拟仿真技术让学生真实体验创业全过程;以"互联网+"的理念打造创新创业云平台,将创业课程教学、创业管理、创业社交、创业投融资等进行整合至整个云平台,实现线上线下的融合。

(1)基础仿真实验设计。基础仿真实验主要是反映基本知识和基本理论,通过教师示范,学生做基础验证性操作,使专业基础理论与实践紧密结合起来,使学生巩固对课堂教学知识,解决学生对基础理论与实际行业的了解和认知过程。

表1

序号	实验课程	实验项目
1	营销管理	目标客户管理、维系、客户关系管理等6个实验项目
2	管理信息系统	信息系统分析与设计简单开发工具学习、信息系统规划等4个实验项目
3	数据分析与SPSS应用	SPSS数据文件的建立和管理、数据文件预处理等11个实验项目
4	市场调查与预测	调查内容、调查方案、问卷设计、调查中心、抽查结果、抽样设计等9个实验项目
5	统计学	数据统计、统计制图、计算描述性指标等7个实验项目
6	基础会计手工模拟实验	固所学的会计核算基本理论和知识,初步掌握会计核算操作的基本技能。学会编制和审核原始凭证、记账凭证、登记账簿、编制会计报表等7个实验项目

(2)专业综合技能虚拟仿真实验。在学生具备了一定专业理论和知识的基础上,以培养专业综合技能为主线,将多门甚至全部专业课内容进行有机组合而设计的实验项目,要求学生充分掌握和运用相关专业的基本理论,基础知识和基本技能,是一种综合的实验形式。对培养学生的综合应用能力具有重要意义。

表2

序号	实验课程	实验项目
1	企业模拟经营沙盘	通过实验模拟各职能职责,覆盖了企业运营的所有关键环节:战略规划、市场营销、生产组织、采购管理、库存管理、财务管理等,是一个制造企业的缩影。使学生通过模拟实战,增强了团队精神,强化了专业知识的实用性,为学生走出校门成为一个真正企业管理者打下了一个良的基础
2	人力资源管理模拟沙盘	本沙盘课程所创设的模拟公司内部设有4个部门。外部设有人才供应市场4个,产品需求市场3个。进行4个周期的人力资源规划、薪酬设计、招聘、培训、人员调配、绩效考评等工作,最终累计利润最高的企业将获得胜利。而获得胜利的模拟公司一定是各项人力资源政策最恰当的公司,有诸多经验值得大家总结与分享
3	市场营销模拟沙盘	每个学生可创建自己的一个公司;学生扮演营销总监的角色,对营销活动每一步要做出决策和判断;在营销沙盘实战中,锻炼学生的市场营销策划能力、营销实战能力,掌握营销基本理论(4P、4C、4S)在实际中的应用,掌握各种营销方法和传播理念,让学生在有限的实训时间内学习丰富的营销过程;通过软件模拟,培养学生分析和解决营销实际问题的基本能力,具备较强的竞争意识
4	财务管理	从财务的角度透视企业经营管理,体验不同经营策略对财务状况的深刻影响;学习预算和商业计划的制订、管理与控制;从财务的视角出发应对竞争与挑战,合理平衡企业盈利能力、偿债能力、营运能力与发展能力;提高财务分析能力和财务安全意识;理解财务决策对公司利润的影响;更好地与财务人员沟通,参与财务政策的制定;学习重要的财务知识,包括了解和分析财务报表;学习如何控制成本;理解并学会沟通与协作,培养部门间的协作精神

(3)跨专业虚拟仿真实验。学生通过系统模拟真实商业社会环境中的典型单位、部门和职位,进行身临其境的岗前培训。根据职位学习基本业务流程,体验基于工作的业务决策,并了解工作绩效与组织绩效之间的关系;真正感受到企业之间"三流"(物流,信息流,资金流)的过程;全面识别业务管理活动和主要业务流程;体验业务功能与公司与政府,商业组织以及其他社会资源组织和管理部门之间的业务关系之间的协作。通过不同职业的角色培训,学生将培养企业管理所需的综合技能和创新能力,使他们具备全局意识和综合的专业素质。

(4)创新创业模拟实验。该层面着重培养学生的创新意识与应用专业知识进行相关科研的能力。创新创业模拟借助于虚拟仿真技术,以创业管理过程为主线,让学生全方位学习创业机会识别、商业计划书、创业融资、创建新企业、组织管理、战略管理、营销管理、生产管理、财务管理等等。让学生在高度仿真的商业环境中体验真实的创业经营管理过程,反复尝试,不断总结成功的经验。针对不同学科背景的学生,进行由浅入深,循序渐进的引导式教学与训练,把创业训练分解成创业基础启蒙、创业专业训练、创业综合对抗。分阶段、分层次、按目标为我校创新创业实践教学构建系统完整的创新创业综合实训课程体系。帮助学生掌握企业经营管理与创新创业实战技能,提升学生的择业、就业与创业能力。

四、经管类虚拟仿真实验教学实施的保障措施

经管虚拟仿真实验教学平台基本框架搭建完成,但是在实际运行过程中仍然存在着教学资源不够丰富,专业知识深度不够,师资水平有待提高等问题,可以采取以下改进措施加以改进。

1. 构建专创融合一体化实验教学体系

将现有实验资源进行整合和优化,将企业仿真模拟实训、企业经营模拟、创业之星等综合性实训资源和市场营销、人力资源、金融分析等独立实验进行整合,把创新创业教育实训内容和教学理念植入到基础实验课程、专业实验课程、综合实验课程中。将实验室场景重新规划,功能重新设置,搭建充分满足项目需要的实验教学平台。由于经济管理类实验主要模拟企业经营活动,很难让学生在真实世界中去实际运营,这样成本太高,因此需要虚拟仿真实验来完成,做到"虚实结合、能实不虚",将企业调研、观摩等真实活动与虚拟实验有机结合。

2. 丰富虚拟仿真教学资源并持续共享

现有实验教学资源多为购置用友、杭州贝滕等成熟的教学资源,这些资源优点在于易使用,在使用这些教学软件的资源的同时,还应当借助成熟架构,注入新的市场理念,随着市场环境的改变,开展校企合作,共同对购置软件进行"二次开发"。例如在教学中会利用《企业经营模拟沙盘》来帮助学生理解企业运营的过程,由于在教学过程中,是以制造型企业为例,在学生充分掌握后,设定不同的产业类型,针对产业特点不同,可以鼓励学生参与,设置不同的推演规则,将新点子、新思路转化到成熟框架中去打磨、推演。以此既可以增加软件的利用率同时还可以赋予虚拟仿真实验的的产业特色和专业深度。

3. 扩展虚拟仿真实验平台功能

大学生创新创业训练计划和各级各类创新创业大赛为抓手,以赛促教、以赛促学、赛教一体、课赛融合,将实验平台资源充分盘活,为参加创新创业活动的学生提供空间和资源。把比赛当成一个推进创新创业工作,推进创新创业教育,推动创新创业改革的契机,利用大赛的平台展示创新创业成果,推动科技成果,培育优秀的创新创业项目,激发学生的创新创业意识和热情,为创新创业项目梳理创业商业计划,对接资源,在大赛中接受洗礼,走向成熟。同时以"基于互联网的商业模式实训与培育"创新创业团队为依托,发挥学生自主管理作用,支持跨专业学生进行实验交流,思维碰撞,着力培育学科交叉融合成果。

4.提高双创教师的教育教学意识和能力

首先,转变教师教学观念,老师由课堂的主导者、传授者变成了引导师,在实验过程中是一个学习过程设计者和研讨引导者,核心任务是帮助团队在解决问题过程中达成学习目标。这就要求老师不经要有深厚的理论知识,还要有丰富的企业实践经验,同时拥有较强的信息技术应用能力。要打造这样的实验实训师资队伍,需要从体制机制上出发,设计好实验教师的职业发展通道和薪酬制度,让实验教师能够安心工作,发挥自己的主动性去参与实验实践教学。同时做好师资培训,实施分层分类的培训,将外出进修和企业锻炼相结合,在帮助企事业单位解决实际问题过程中提升实践能力。还要充分利用校外资源,开展校企合作,聘任企业家进校园担任导师,利用自己丰富的经验和知识去指导学生创新创业实践活动,从而丰富学生的去企业运营知识。

【参考文献】

[1] 国务院办公厅.关于大力推进大众创业万众创新若干政策措施的意见[OL].http://www.gov.cn/zhengce/content/2015-06/16/content_9855.htm.

[2] 教育部办公厅.普通本科学校创业教育教学基本要求(试行)[EB/OL].http://old.moe.gov.cn/publicfiles/business/htmlfiles/moe/s5672/201208/140455.html.

[3] 彼得·德鲁克.创新与企业家精神[M].蔡文燕,译.北京:机械工业出版社,2009.

[4] 柴葳.把创新创业教育贯穿人才培养全过程[N].中国教育报,2015-06-03(1).

[5] 曹远明.经管类专业仿真实践教学模式研究——以湖南信息学院为例[J].兰州教育学院学报,2016(8),119-120.

[6] 教育部高等教育司.关于开展国家级虚拟仿真实验教学中心建设工作的通知[EB/OL].http://www.moe.gov.cn/s78/A08/A08_gggs/A08_sjhj/201308/t20130821_156121.html.

卓越法律人才视野下
我校法学实践教学的改革与创新

赵林虎

(宝鸡文理学院 经济管理学院 陕西 宝鸡 721013)

【摘要】新时期我校法律人才培养的目标应确定为面向西部培养一批"信念执着、品德优良、知识丰富、本领过硬"的复合型、应用型法律职业人才。当前我校法律实践教学仍存在创新不足、管理不严、体系缺失、激励考核机制不完善等问题。实践教学的改革与创新应建立和完善实践教学体系,积极探索高校—实务部门联合培养机制,创新实践教学方法,利用"法律诊所"项目,积极拓宽校外实践基地,完善实践教学的激励考核机制,逐步形成特色鲜明的实践教学团队。

【关键词】卓越法律人才;培养目标;实践教学;创新

习近平总书记在"为全面依法治国培养优秀人才"的讲话中指出"法学学科是实践性很强的学科,法学教育要处理好知识教学和实践教学的关系"。2011年教育部、中央政法委《关于实施卓越法律人才培养计划的若干意见》明确提出卓越法律人才应是"信念执着、品德优良、知识丰富、本领过硬"的高素质复合型法律人才,尤其是应把培养西部基层法律人才作为培养应用型、复合型法律职业人才的着力点,以适应西部跨越式发展和长治久安的需要,为西部基层政法机关培养一批具有奉献精神、较强实践能力,能够"下得去、用得上、留得住的基层法律人才。我校法学专业自2004年设置以来,为西部基层政法机关、律师队伍培养了近千名法学毕业生,有些毕业生已经成为行业或部门的骨干和精英。但是,面对法学专业就业竞争压力剧增、实践教学创新不足等问题,如何顺应追赶超越的发展思路,突破瓶颈,全面提升法学实践教学水平,面向西部培养一批应用型、复合型的高素质法律职业人才,是我校法学专业当前发展急需解决的新课题。

一、卓越法律人才培养视野下法学实践教学的目标与任务

培养应用型、复合型法律职业人才是实施卓越法律人才培养计划的重点。适应多样化法律职业要求,坚持厚基础、宽口径,强化学生法律职业伦理教育、学生法律实务技能培养、提高学生运用法学与其他学科知识方法解决实际法律问题的能力,促进法学教育与法律职业的深度衔接是卓越法律人才培养的基本任务。法律的实践性、应用性特点要求新时期法律实践教学应紧紧围绕卓越法律人才培养的任务体系,把培养"信念执着、品德优良、知识丰富、本领过硬"的法律职业人才作为法律实践教学的总体目标。

"信念执着"就是指法律实践教学应以习近平新时代中国特色社会主义法治思想为指导,坚定社会主义理想信念和中国特色法治发展道路,帮助学生牢固树立为全面推进法治国家、法治政府、法治社会建设服务的法律情怀和担当。

"品德优良"就是指法律实践教学应坚持社会主义核心价值观,帮助学生牢固树立公平正义、诚信友善、崇尚规则、坚守底线、乐于奉献的职业伦理观。

"知识丰富"就是法律实践教学应倡导厚基础、宽口径、多方法、全方位的立体化人才培养观,顺应世界多极化、经济全球化、社会信息化趋势,帮助学生形成具有国际视野、通晓国际规则,掌握新知识的复合型知识结构。

"本领过硬"就是指法律实践教学应突出学生职业技能的培养,把一流的写作能力、一流的口才、敏锐的观察力和洞察力、善于倾听、较强的思维能力和创新能力作为教学的重点和突破口。而卓越法律人才培养视角下法律实践教学的任务应是七种职业能力的培养,即法律资料的收集与处理能力、法律思维与方法的运用能力、法律事务中的语言表达能力、法律文书的写作能力、法律风险的判断与规避能力、法律事实的调查能力、证据收集与运用的能力。

二、我校法学实践教学的现状及问题

现有实践教学形式僵化、创新不足,管理不严、准备不足,环节不齐、效果欠佳。

1. 庭审观摩

我校庭审观摩活动多以专业见习的形式组织学生到法院或邀请法院到模拟法庭开庭观摩。庭审观摩是学生旁听真实案件的实践教学形式,通过对审判活动的全面观察和感受,让学生熟悉和掌握庭审程序,强化对专业知识的理解和运用能力,对培养学生的职业感、责任感至关重要。从近几年组织的情况来看,这种实践教学形式存在以下问题:

(1)部分教师不能严格按教学进度和教学计划安排庭审观摩,导致观摩庭审的案

件与授课内容的衔接性不够,学生对案件中涉及的知识点理解不透。

（2）观摩前对学生观摩的准备工作指导不足,学生缺乏明确的目标,不知道观摩学习的重点是什么,这种现状往往容易使庭审观摩流于形式,无实际效果,成了走马观花式的参观活动。

（3）观摩缺乏系统性设计,有观摩环节,无互动交流和总结反馈环节,学生收获感不强,积极参与的热情不高。

2. 模拟庭审

模拟庭审作为实践教学的一种形式,因其模拟的真实性、对抗性较高,已经成为法律职业人熟悉诉讼环节,提高论辩能力,掌握庭审技巧、体验法律职业角色,判断诉讼风险的重要实践活动。我校模拟庭审根据诉讼类型主要采取由学生扮演法官、检察官、律师等职业形象的形式开展庭审实践。从开展的实际效果看,存在的问题是：

模拟庭审的形式单一,创新不足,效果不佳。模拟庭审主要以学生自发组织为主,囿于学生的知识储备不足和实践能力欠缺的现实情况,庭审中往往注重程序推进,忽视举证、质证环节的对抗模拟,即使出现实体和程序上错误,学生自己也很难纠错和总结,不利于实现模拟庭审的预期目标。

教师、实务部门参与模拟庭审的激励机制缺乏,热情不高,导致模拟庭审活动的针对性不强、感染力不够,学生参与的热情和动力不足。

教师对学生庭前的知识储备、资料收集、法律分析等准备工作的指导机制缺失。

3. 教育实习

法学专业教育实习作为传统的实践教学组织形式,在大四第一学期通过派学生到公检法司等实习基地开展为期3个月的实践来实施,从实施的效果看,存在以下问题：

教育实习的目标与考研、考公务员的学生的应试需求存在冲突,导致其参加教育实习的的积极性不高,通常借助争取"自主实习"的机会逃避实习或采取消极对抗的方式应付实习工作。

实习单位的工作要求与学生自身实践能力形成反差,实习单位指导的难度和压力剧增,部分实习单位担心影响工作效率因而指导的热情不高,主要安排学生从事打扫卫生、端茶递水等非法律职业活动。

学校和实习带队教师参与实习导师的遴选评价机制缺失,无法形成有效的实习指导的监督制约机制,不利于提高学生的实践能力。

4. 法律诊所

法律诊所教育是从美国引进的法学人才培养模式,其借助医学院学生临床实践的培养模式,注重法律职业能力和职业伦理的培养,通过灵活多变的体验式活动和教师指导学生代理案件的形式开展教学。我校虽已设置法律诊所,但实践教育平台的功能有限,存在的问题是:

法律诊所目前仅属于基层党建项目,虽能发挥实践平台作用,但还未纳入课程体系,处于建设阶段,加之投入经费不足,无法开展更高层次的法律教学实践活动。

法律诊所项目的师资配备不足,紧靠现有专业教师无法满足指导学生从事实践活动的需要。

(1)法律诊所实践活动仅限于法律宣传和参加公益活动,其"服务性、实践性、公益性"功能还未凸显,需要在培训专业教师的基础上加强与实务部门的联系,建立和完善校检、校法合作培养学生职业能力的新机制。

(2)课程体系设置重理论轻实践,法学实践课程比例和学时偏少,法律方法、职业伦理、职业技巧等实践课程没有纳入教学体系,即使设置了法律文书写作、民法实务、刑法实务等实践课程,教学还未改变"满堂灌"式的讲授法、案例教学等传统形式。按照卓越法律人才培养任务的要求,法学实践教学环节学时应不少于总数的15%,而我校实践教学环节课时比例明显偏低,不到总课时的10%。

(3)尚未形成系统、完善、科学有效的实践教学评价考核体系,专业课程的考核还局限于识记能力、分析能力的考核,对学生参与法律实践活动的操作能力考核不足,学业成绩还停留在应试教育阶段"唯分数"的水平。

(4)教师指导和参与法律诊所、模拟法庭、庭审观摩等实践活动的激励机制不完善,教师指导实践活动的课时补贴与投入的工作量及精力不相符,导致教师宁愿多上理论课也不愿在实践课上费时费力。

(5)实践教学的特色不明显,社会参与度不高,还停留在关起门来搞实践,走出校门搞宣传,实践活动有时变成了"应景式"的政治任务,对法律思维与法律实践技巧的训练不足。

三、法学实践教学改革与创新的举措

(一)明确实践教学的培养目标,建立和完善实践教学体系

按照教育部、中央政法委《关于实施卓越法律人才教育培养计划的若干意见》中"分类培养卓越法律人才"的要求,我校作为"一带一路"沿线城市和"关天经济区"中心城市的地方高校,应立足西部跨越式发展和长治久安的需要,结合政法人才的培养模式,面向西部基层政法机关,把培养"信念执着、品德优良、知识丰富、本领过硬"的法律人才培养目标作为法学实践教学的目标,真正培养出一批体现地方特色,具有奉献精神、较强实践能力,能够"下得去、用得上、留得住"的基层高素质法律人才。

在此基础上,应尽快制定体现不同部门法特色的实践教学大纲,建立实践教学体系,把实践教学从一个环节提升到一个系统,真正形成立体化、全方位的包括实践课程、实践指导与评价机制在内的实践教学体系,从课程设置、实践任务、实践方法、实践评价、社会反馈、学生总结等多角度有效规范法学实践教学。

(二)创新人才培养模式,尽快探索和建立"高校-实务部门联合培养机制

高校-实务部门联合培养法学专业学生是法学院校利用社会资源,开放办学的有效模式,国内多所政法院校的人才培养都采用了这一机制,实践证明也是成功的。我校法律系师资力量在地方本科院校中有较强的竞争力,多位教师不仅理论基础扎实,而且实务经验丰富,并兼任相关部门的法律顾问,在我市政法系统有一定的影响力,具有良好的合作基础和能力。应充分利用这一资源优势加快合作和交流,探索共同制定培养目标,共同设计课程体系,共同开发优质教材,共同组织教学团队,共同建设实践基地的常态化、规范化的联合培养机制。

(三)创新实践教学方法,形成特色鲜明的实践教学模式

1. 创新案例教学

改变传统的举例说明式的案例教学法,开设专题案例研讨课,课前先由教师或学生征集、选取社会热点案件、疑难案件,确定争议焦点,明确分工,让学生自己收集和分析资料,在教师主持下进行分组讨论,最后由教师或其他同学总结点评,在条件允许的情况下,还可邀请律师、法官、检察官等到课堂参与教学,开展"沙龙式"的案例研讨教学,与学生进行互动交流。

2. 创新庭审观摩

(1)应强化庭审观摩前的教师指导和准备工作。先由教师与承办法官协商确定观摩案件类型,明确观摩案件的重点,让学生带着任务和问题查找与案件相关的资料。

(2)观摩环节应让学生尝试做法庭笔录或庭审笔记,全身心参与其中,而不是看热闹、走过场。

(3)观摩后应做好总结交流,由学生就相关程序问题与法官进行交流,并撰写观摩报告或心得,或者让学生在观摩基础上对观摩的案件进行庭审模拟,由教师予以点评,并给出最终的实践成绩,纳入该课程的考核体系。

3. 创新模拟庭审

采取模拟庭审的实践教学形式应避免"走秀式的"模拟,因此,为保证模拟庭审的实效性,应发挥教师的指导作用。教师首先应精心选择典型案例,然后根据学生特点分配角色,确定模拟需要收集的资料,让学生独立撰写诉讼文书,为模拟庭审做好准备工作。为了增强庭审的实效性与影响力,也可邀请实务部门的法官、检察官或律师、人民陪审员予进行观摩指导或参与角色扮演。庭后,还应让学生结合扮演的角色提交庭审报告、庭审心得或庭审总结,未参与庭审的学生提交庭审笔录或观摩心得,让给每个学生参与其中,建立你中有我,我中有你的"全员参与、全程动手、全体思考"的模拟庭审方式。

(四)加强对法律实习指导工作的监督和制约,改革现有教育实习的时间固定、模式固定的弊端,形成分类实习、常态化实习的新模式

以往的实习指导教师基本都由实习单位选派,带队教师和学校无选择和建议权,而实习单位只是把学生分到某个庭室或业务部门,指导教师不确定,责任不明确,学生不好主动选择指导教师,这就造成谁都指导谁也都不指导,而每个人的业务能力又有差异,导致实务部门不能集中优势导师资源进行实习指导,进而影响实习的实效性。因此,在实习指导教师的选择上,应建立实习单位推荐与我校遴选的双向机制,通过组织聘任仪式、导师见面会等方式让业务能力强、人品靠得住的优秀法官、检察官和律师参与到实习指导工作中,逐步建立法学专业的实习导师库,激励实务导师热心服务我校法学人才培养工作,提升人才培养质量和办学水平,在合作交流中共享优质法律资源。

在实习过程中应完善带队教师与实务部门的信息反馈和交流,建立互通有无、信息共享、相互信赖的合作交流机制,把学生在实习期间遇到的问题解决在实习工作中,在问题的提出和解决中切实提高法律职业能力。

法律实践教学应贯穿教学的全过程,而不是把"宝"全压在大四的教育实习上,为避免教育实习与学生个人职业发展发生冲突,应结合学生考研、考公务员的实际及个人能力状况,建立"错时实习与集中实习相结合"的多元化分类实习模式,可以让学习基础好,实践操作能力强的学生在大一、大二学年,结合课程内容,按照实践指导教师的要求提前完成专业实习,并给出成绩作为毕业实习的成绩计入学生学习档案,或以赋分的方式,由学生利用课余、寒暑假到实务部门参与实践,并予以考核计分,作为毕业实习的成绩。

(五)加快资金和人力投入,利用法律诊所项目的实践平台,积极创建校外实践基地,拓宽学生社会实践的渠道

"法律诊所"目前虽属于基层党建项目,还未纳入专业课程体系,但其"实践性、服务性、公益性"的特点决定了该项目平台可以通过聘请"实训导师"、学生为弱势群体代理案件、建立社区实训基地等方式与公检法、政府部门、社区进行合作交流,为此,要进一步加大对法律诊所的资金支持和人力投入,积极探索在法律诊所项目中引进

"实训导师"的培养机制,加强与"法律援助中心"、社区机构的合作,争取政府相关部门的支持,早日取得社会团体登记资格,让学生代理案件的机制畅通,案源充分,能力可靠,在案件的办理中增强实务技能,真正体验法律职业人的使命感、责任感。

(六)规范和完善实践教学的激励、考核机制,调动教师和学生参与实践的积极性、创造性,逐步形成特色鲜明的实践教学团队

我校现有教学的激励、考核机制主要集中在课堂教学,对实践教学的激励措施、考核环节缺失,教师潜心组织实践教学"吃力不讨好,法学教师投入实践教学的精力不亚于准备一堂理论课,但评职称看科研,教学评价看课堂,考试成绩看卷面,实践教学搞得好与搞不好,实践能力强不强,结果都是一个样,在这种心理支配下,让教师创造性的开展法律实践教学根本不现实,让学生全身心参与实践教学也不可能。因此,不能忽视法学学科特点,采取"一刀切""唯论文""唯分数"的方式考核,学校应针对法律实践教学的特点设置独立的激励考核机制,在教师的课时补贴、经费报销、职称评审中有所倾斜,在学生学业成绩的评定中增加实践能力的考核,具体包括知识学习能力(基础知识水平、专业知识水平、知识运用能力)、实践运用能力(动手能力、操作技能、发现问题能力、分析问题能力、解决问题能力)和个人素质(道德品质、沟通交流能力、心理承受能,让法律教学回归实践,激励有实践热情、有实践能力的教师和学生积极参与法律实践教学,逐步形成特色鲜明的实践教学团队,增强和提升服务社会、服务学生的影响力。

【参考文献】

[1] 莫宏宪.论卓越法律人才应有素质及培养[J].河南财经政法大学学报,2014(6):130-136.

[2] 袁碧华.法律硕士考核标准的反思与重构[J].高教探索,2013(5):78.

[3] 徐显明.法学教育的责任[J].中国改革报,2007(6):25.

高校创新创业教育与文化产业管理专业发展融合机制

赵建昌

(宝鸡文理学院 历史文化与旅游学院 陕西 宝鸡 721013)

【摘要】创新创业教育的目的在于培养学生的创新能力和创业意识,这与文化产业管理专业对人才创意能力的培养相一致。将高校创新创业教育与文化产业管理专业发展相融合,便于通过创新创业教育的开展来促进文化产业管理专业的进一步发展。文化产业管理专业为创新创业教育的开展提供了更加有利的平台。

【关键词】创新创业;文化产业管理专业;融合发展

中国高校创新创业教育被认为是提高高校教育教学质量的关键举措。2015年6月,国务院出台"大众创业、万众创新"若干政策措施意见,2015年11月中央财经领导小组第十一次工作会议,习近平首次提出供给侧结构性改革,"双创经济"和供给侧结构性改革是我国经济社会发展新战略,是我国今后很长一段时期发展新动能。创新创业教育的提出,是为改变高校传统教育中对学生创新能力和创业意识的忽视而造成学生综合能力的下降,以及改变高校及教师传统教学管理、态度及方法的不利局面。在技术、资本、意识等多元因素的作用下,当创意成为时代的一种主题的时候,以大学生的培养为着力点,以高校创新创业教育为抓手,的确是提升全民创意能力和水平的有效途径。因此,国家出台了一系列鼓励高校进行创新创业教育的政策。从各地的实施来看,国家层面的顶层设计的确发挥了引领作用。各种以创新创业为主体的比赛遍地开花,高校开设了专门的创新创业基础课程,各类创新创业基地在逐步建设,针对学生的各级创新创业项目研究也全面铺开,关于创新创业专门性的研究机构也在很多高校成立,创新创业教育的成果越来越成为衡量高校及教师教育教学水平的重要标准。所有这些都表明,中国高校教育对创新创业教育的贯彻和落实的确是在踏踏实实的进行。作为高校教师,我们也深深感觉到,创新创业教育的开展,正在改变着中国高校教育的格局。提升大学生的创新创业能力,对培养符合社会需求的创新创业型人才具有深远意义。

文化产业管理专业作为高校新设立的专业,无论是艺术特色还是管理特色,文化创意始终是文化产业管理专业最大的特色。文化产业管理本科专业是培养高级文化产业管理人才的初阶形式和规范模式,对文化产业管理系列人才的培养起到了基础性的支持作用。2004年教育部在山东大学、中国传媒大学、中国海洋大学、云南大学四所高校试点化产业管理本科专业。2011年教育部修订的本科专业目录正式将其纳入,并授予管理学或艺术学学士学位。如何培养学生的创意能力是文化产业管理专业教育的主要目的。创意能力即是一种创新能力。从这一角度来看,高校创新创业教育的体现与文化产业管理专业的教育有着天然的相关性。文化产业管理本科专业建设的核心目标是培养创意经理人,这种创意经理人才"具有文化产业的专业思维,这种专业思维表现在创意管理、符号(象征)价值创造和授权经营模式上"。创新创业教育所倡导的对大学生创新能力的提升也是文化产业管理专业教育所要达到的目标。作者将以宝鸡文理学院文化产业管理专业的教育中如何实现对大学生创新创业能力的培养来分析两者有机融合的途径。

一、融合动力

教育的特点之一就是其固有的传统性。而要改变传统的趋势,的确存在着难度。因此,在通过创新创业教育来改变传统教育方式的过程中,难度更大的则是对传统教育观念的改变。随着高校教学及科研的发展,特别是依托新兴专业的教育,通过与新时期创新创业教育的融合,就能够达到传统教育观念变革的目的。宝鸡文理学院目前正在全方位构建高水平的宝鸡大学,对针对大学生的创新创业教育以及新办的文化产业管理专业的发展提出了新的要求。学校要求通过创新创业这一强有力的抓手来实现对学生培养质量的突破,并为此出台了专门性的保障和激励政策。对于新设立的文化产业管理专业的发展,学校要求专业发展要进一步与社会需求相结合,进一步凸显应用型学科的时代价值。面对这些要求,只有将创新创业教育与文化产业管理专业的发展相融合,才能够探寻到促进两者共同发展的路径。

目前来看,创新创业教育大有呼声高而做为小的局面。虽然创新创业成为新时代的热词,但在高校具体的实施中还需要对具体的方法进行深入探究。教学及管理工作中,我们经常发现,创新创业教育很难有可持续的操作方法。因此,创新创业教育亟需研究具体的实现手段。研究发现,对创新创业教育与具体学科发展相融合是近期研究的热点。作为宝鸡文理学院开设四年多的文化产业管理专业,目前的发展中也遇到了师资力量薄弱、教学设备落后、学科定位模糊、学生能力培养不力等问题。诸如引进师资等问题的解决需要一个较长的过程,但通过将文化产业管理专业发展与目前流行的创新创业教育相结合的途径,则可以较快的实现专业教学质量的提升。文化产业管理专业最大的价值是其适应了中国新兴的文化创意产业的发展,属于典型的应用型学科。但是,文化创意产业各地的发展非常不均衡,尤其是经济较落后的西部地区更是发展较为缓慢。宝鸡文理学院的文化产业管理专业也是在这一背景下开设的。如何才能够真正意义上凸显该专业的优势,成为专业发展的关键。创新创业教育成为文化产业管理发展与产业实际相联系的通道。只有加强专业教育与产业发展实践的联系,才能够促使文化产业管理专业教师及学生观念的转变和能力的提升。由此可见,正是因为创新创业教育与文化产业管理专业发展相互的需求,才使得两者具备了融合动力。

创新创业教育的成功,必须贯穿于学生的整个专业学习过程中,必须贯穿于学科建设过程中。文化产业管理专业的创意诉求同学生创新创业教育相结合的时候,就要求通过创新创业的理念使文化产业管理专业教育更能够体现文化创意特点。而文化产业管理专业的创意性质也能够使高校创新创业教育更好的发挥引领作用。

二、融合途径

创新创业教育虽然各级教育管理部门都很重视,但遗憾的是具体的工作抓手却不容易获得。究竟通过何种方式才能使创新创业教育得到落实,高校目前还在探索当中。学生创新创业意识和技能的确存在问题,提倡创新创业教育的确是找到了提升中国高校学生素质以及可能改良高校教育机制的关键,但具体的抓手还需要不断探索。宝鸡文理学院的文化产业管理专业从教师到学生,对创新创业教育的重视不够,究其原因不是因为师生的愿望不强烈,而是可以借鉴的模式很少,具体的工作抓手有限,导致师生面对创新创业教育就比较茫然。

如何均衡不同学科类型在创新创业教育中的具体运用,也是管理者所应思考的问题。从宝鸡文理学院对创新创业教育的实施来看,明显偏向理工科。这主要是因为理工科院系拥有较好的实验室条件,在各类竞赛中较容易获奖。而一般文科性学科则很难取得与理工科一样的效果。所以,从学校对创新创业教育的扶持来看,更多的侧重于理工科。这种偏科的态度也是对创新创业教育的不正确理解。文化产业管理专业虽然具有创新创意的特点,但与一般文科学科一样,需要学校更加重视。

创新创业教育的根本目的是培养学生能力。教师的指导作用到底要发挥到什么程度也应该反思。学校对创新创业教育的衡量往往通过项目、论文、竞赛获奖等便于量化的手段来实现。为了达标,实际过程中一些教师会过度参与,甚至代替学生工作。这很显然也与创新创业教育的初衷不相适应。创新创业教育中,教师的作用是引领性的,要将更多的参与机会让给学生,真正实现创新创业教育所追求的目的。

创新创业这个词当前成了热词,不仅仅在专门从事教育工作的高校,就在社会的其他领域,我们发现创新创业一词的出现频率非常高。这与国家不同层面的倡导有关,也与整体社会对创新创业的需求现实有关。随着中国社会进入消费时代,在服务业比例不断增加的背景下,以文化创意为主流的文化创新成为社会发展的关键词。在就业压力不断增大的背景下,大众化创业理念的提出也显得非常有必要。因此,创新创业成为时代性话题也是社会发展的必然。但是,对于一般性高校学生而言,同创业教育相比,更为关键的还是创新意识和能力的养成。因此,面对高校创新创业教育,我们应该将主要精力放在大学生创新能力的培养上。由于受传统观念、文化和教育的限制,中国大学生普遍缺乏创新意识和能力。当然,高校教育中对相关意识和能力培养的不力也是造成这种局面原因之一。文化产业管理专业学生的培养目标之一就是创新精神、创新意识和创新能力的养成。创新教育的结果就是直接促成创业能力的提升和创新意识的强化。

创新创业教育的提出,旨在改变以往传统教育的弊端,这是因为我们已经认识到了传统教育在学生培养过程中的问题,即是对创新意识和创业方法的忽视。从这个视角审视,创新创业教育应当贯穿于高校教育的全过程。所以,创新创业教育应该开发专门性课程以及重视对专业教师的培养。文化产业管理专业教育的专业课设计,诸如文化创意、文化产业发展规划、文化遗产保护与开发、广告设计等课程很容易体现创新创业教育的理念,但还是应该有创新创业专门性的课程。虽然宝鸡文理学院在全校大一年级的各个专业都开设了创新创业基础课程,但过于宽泛的基础类课程难以有专业深度和发展广度。特别是高校应该结合自身情况以及所处的社会、经济、文化环境来开发系列地方性创新创业教育课程。文化产业管理专业应该发挥专业优势率先进行创新创业课程的建设。至于教师创新创业教育能力的提升,应通过国家对相关教师的系列培训以及专门性引进具有丰富社会经验的创新创业教师来实现。目前的问题主要在于创新创业教师能力的有限。专业课教师缺乏创新创业经验,如果只能是照本宣科式的理论讲解,那就绝对违背了创新创业教育最初的设想。

三、融合保障

为了更好的执行各级管理机构出台的高校创新创业教育的政策,宝鸡文理学院出台了相关政策来鼓励各专业能够积极发挥专业优势来进行创新创业教育的落实。作为新办专业,宝鸡文理学院文化产业管理专业建设中虽然投入了很多精力,但依然存在很多问题。本专业设置在历史文化与旅游学院,部分课程由历史学专业教师担任。因为专业的原因,历史学教师大都采用传统教学方法,对新方法的使用较少。这样一来,就影响了文化产业管理专业的授课质量。学生普遍反应难以适应教师的教学方法。而授课教师同样觉得学生不能够密切配合。授课陷入两难境地。而创新创业教育的提出,务必使教师能够适应专业背景下的新要求,就能促使教师不断进行自我革新,从授课方法的改革入手,进而培养与时俱进的革新意识和方法。

特别是在新的信息技术快速发展的背景下,学生获取知识的途径更加多元。教师以往传统办法所讲授的知识,学生可以很轻松的在网络里获得,再加之如果不能更新教学方法,则教学效果可想而知。创新创业教育的发展,也是信息技术发展的必然结果。文化创意同样是新技术革命的成果,而只有当创新创业教育与文化创意紧密结合的时候,才能够更好的发挥信息技术的促进价值。教师在此背景下,如果不能够积极革新教学方法及手段,则很快就被时代发展所淘汰。

学生应该是创新创业教育的践行者和受益者。文化产业管理专业学生应当首先是创新创业教育的先行者。然而,可能并不是所有的文化产业管理专业学生能够真正投入到创新创业教育当中。与一般传统的学习相比,创新创业教育背景下文化产业管理专业的学习对学生的要求则更高,要求学生能够通过活动和创意的形式来达到对知识的深度掌握,这就必然增加了学生的学习任务和难度。特别是对那些对本专业兴趣不大的学生来说,很难使他们投入到学习中来。因此,创新创业教育指导下的文化产业管理专业学生学习能力的提升也至关重要。正是创新创业理念的深化和系列可操作性过程的开展,能够在很大程度上改变学生的传统学习观念,促使学生由课本的学习向课本以外延续,真正能够体现出文化产业管理专业的创意特征,而不是像一般传统型专业那样封闭。宝鸡文理学院文化产业管理专业学生通过大学生创新创业项目的申报与研究、学校科研训练项目的研究、中国青铜器博物院志愿者讲解的参与、实践性课程内容的落实等手段,保证学生能够真正落实创新创业教育的政策,能够将文化创意贯彻到日常性学习中。

创新创业教育目标的落实需要各种条件的保障。除了基本的教学设备意外,创新创业教育在很大程度上带来了教学设备条件的改善。宝鸡文理学院成了专门的创新创业基地和实验室,有些二级学院拥有学校资助的创新创业平台,平台主要发挥教学设备整合和优化的功能。通过项目资助、校外创新创业基地建设以及实验室提升等途径来从根本上改善高校适应创新创业教育的条件。调查显示,最近几年国家对教育经费的投入主要集中在基础教育和高水平大学,一般性普通大学用于改善教学条件的经费都比较有限。正是创新创业教育的开展,使一般性普通高校能够争取到经费的配套。宝鸡文理学院文化产业管理专业的建设,也在积极争取经费的支持。今年,成功立项了中央财政支持的实验室建设。实验室的建成,将在很大程度上提升专业教学设备的水平。

总之,创新创业教育的提出,是新时期社会发展的需要。高校应该借力于创新创业教育的政策,分析传统教育中的弊端,深入推进基于创新创业教育的改革,为培养具有创新创业意识和能力的人才而不断努力。

【参考文献】

[1] 谈志娟.新形势下高校大学生创新创业能力培养路径与机制研究[J].大学教育,2017(10):162-164.

[2] 向勇.创意创业家精神:文化产业管理专业人才培养的探索[J].中国大学教学,2017(10):26-30.

[3] 向勇.文化产业导论[M].北京:北京大学出版社,2015.

[4] 罗朝晖,黎勇.高校师范专业创新创业能力培养研究——以数学与应用数学专业为例[J].大学教育,2017(5):149-151.

[5] 王宁.高校创新创业教育中的四大哲学思考[J].继续教育研究,2018(1):25-28.

[6] 杨洁.高校创新创业教育模式探索[J].中国成人教育,2018(1):82-84.

视觉传达设计专业教学课题作业探析

高 瑜

(宝鸡文理学院 经济管理学院　陕西 宝鸡 721013)

【摘要】 课题作业设计在教学中扮演者重要的角色,在具体的教学过程中需要针对不同的课程设置教学课题作业。本文主要结合具体的教学案例,通过观察分析类、大师学习类、社会实训类、专题研究类4个方面详细分析了视觉传达设计专业课题作业的设置种类,希望能够为视觉传达设计课程教学研究提供可借鉴理论。

【关键词】 视觉传达设计;专业;课题;教学

【项目基金】 2018年校级科研项目《视觉传达设计专业课程课题的设计研究》(项目号:YK2018010)。

【作者简介】 高瑜,男,汉族,陕西榆林人。硕士,宝鸡文理学院美术学院讲师。

一、课题作业设计在教学中的作用

在视觉传达设计专业教学中,作为课程的主导者—教师,如何将课程的教学大纲、教学目标、教学计划、教学内容准确的贯穿在自己的课程当中,详细的的编排课程,让学生更好的接受课程重点信息,是教学的重要目标。对于艺术设计教学来而言,首当其冲是知识讲授,其次最重要的是如何去设计有针对性的、灵活的实践训练课题,使学生通过课题的实践训练掌握具体的实践方法。在一个完整的课程内容当中,最重要的一个环节就是课题的实践与作业,这是视觉传达设计专业教学的一个引子,它始终贯穿在一个课程当中,是检验学生课程知识掌握程度的手段,也是课题作业设计在教学中的重要作用。

一个课程课题作业设置的良好与否,直接导致了本课程的教学效果与教学的意义。如果课题设置的完整合理,课题作业安排适中,能够利用现有的教学资源,启发学生自己动脑思考,让学生通过学习和探索掌握教师事先设定的知识点,从中获得设计的方法和思考的角度,提高设计能力。不仅学生学得有趣,也可以实现良好的教学的目标。如果课题设置的混乱随意,教师在设置课题时,因循守旧,没有贯穿课程知识,不与时俱进,那么将导致学生学习积极性不强,难以完成教学目标。

二、视觉传达设计专业课题作业的设置种类

要能较好的完成一门课程的教学,尤其是视觉传达设计专业课程的教学,对于课题作业的设置显得尤为重要,对于课题作业设置的种类有以下几方面:

1. 观察分析类

吕胜中说:"我们可以把平常观察认识世象、物象、事象的方式叫做'常态',而把科学地观察认识被描绘对象的方法叫做'非常态'。目前来看,大多数受中国美术院校培养的人习惯的是后者,也就是说,我们只有进入"非常态"的情境之中,才会自如地表现这个世界,而在'常态'之中,就有可能一筹莫展。"这里说的"常态"是指作为普通大众对于事物的一般观察角度,"非常态"是相对于常态而言的,它是指对于同样的事物,作为一个设计者需要从熟悉物象的固定思维模式跳出来,以打破常规的思维进行观察。在观察分析类课题中,就是培养学生打破常规的思维。观察分析类课题比较适合专业基础课程设置,例如:构成课程、字体设计课程、图案设计课程、摄影课程、图形创意课程等,这些课程需要学生结合生活实际,观察身边的人和事,用设计的视角捕捉美的形式,利用课程的理论知识把生活中习以为常的事物进行创意的构思与想象,设计新的美的形式。比如,在字体设计课程当中,可以设置针对材料、影像、光影、动态以及生活中的字体进行发现与搜集,让学生观察分析这些素材,整理出不同的设计方向以完成字体的创意过程,在这样的学习过程中学生们是用游戏的方式展开的,他们会产生积极地学习兴趣。

2. 大师学习类

设计领域的大师很多,有服装设计、建筑设计、产品设计、平面设计等等,每一个领域的大师都是学生学习的导师,对大师作品进行分析和临摹,可以提高对画面构成、秩序感的把控和熟悉,训练对节奏、韵律、材质的体验。模仿大师作品,重要在于从整体风格与表现手法上去把握,先高度概括的领会作品传达的形式与内容,再从细节入手,对作品进行分析,认识大师怎样处理和表现设计问题。在一些视觉传达专业课程中可以把具体的课题与大师学习紧密结合起来,例如,招贴设计课程,让学生先通过查找资料的方法先了解设计大师金特凯泽、福田繁雄、靳埭强、安藤忠雄等的背景及设计风格,再寻找自己喜欢的风格给大师设计系列招贴。

3. 社会实训类

这一类课题可以看作是针对社会中实际需求的设计项目给出的主题设计,一类是实体商业项目设计,商品设计的委托方会给出具体的设计需求,作为学生也就是扮演设计师的角色也即乙方,需要按照客户的需求进行具体的设计,这是具体的商业项

目,学生要针对市场和营销做出详细的调查与分析,最终给出具体的设计。另一类是虚拟主题,主要指模拟客户需求的项目,模拟市场需求,给出设计,设计的限定相比市场真实项目较少,自由度相对较大。最后一类是设计大赛课题,这一类课题以大赛主题为主要设计题目,需要详细研究大赛要求,做出课程主题,这一类课题相对以上两种课题的延展性较大,围绕题目展开设计就好,局限性小,因为大赛主题一般是一个主题的大范围设定,需要发挥学生的多元创造性和想象力,比如,全国大中学生海洋文化创意设计大赛,是"世界海洋日暨全国海洋宣传日"系列活动内容之一。分别以"海洋·人类·和谐""美丽海洋""海洋强国梦""丝路海洋""创意海洋"和"智慧海洋"为主题的创意大赛,每一届都有一个主题。2018年大赛组委会在"世界海洋日暨全国海洋宣传日"活动期间,以"透明海洋"为主题,举办全国大中学生第七届海洋文化创意设计大赛,通过大赛的系列活动,是为了给全国大中学生搭建一个全面认识和了解海洋、保护海洋和经略海洋的平台,使广大学生投入到建设海洋强国的事业中,为我国未来海洋事业发展做出贡献。在招贴课程中可以利用这个大赛设置课程主题,设计课程作业,引导学生进行创意完成系列招贴作业,完成课程培养学生创意思维与多样化表现力的教学目标。在这个课题中,具体的安排如下:

第一阶段:调研分析、讨论——对"透明海洋"主题的分析,以公益类海洋保护为背景展开。

"透明海洋"是针对海洋环境保护提出的一个宏观理念,从字面理解,"透明"是指清澈、干净、能见度高,为什么要透明海洋呢?因为海洋环境面临污染与破坏,海洋变得浑浊、肮脏、看不清楚。通过发问的形式,学生们展开联想,通过思维导图的形式进行发散思维想象,从多角度进行分析探讨出创意方向:污染的原因(塑料袋等垃圾、石油矿产资源、工厂废料等);海洋生物的威胁(人类的、海洋生物之间的);全球环境污染的结果(热效应、海啸)等。

第二阶段:素材搜集、筛选——在搜集的过程中发现创意点。

对于素材的搜集主要来源于杂志、书籍、网络的文字资料还有通过网络和摄影的手段得到的图片资料,在搜集素材的过程中,学生们会从中发现关于海洋问题多样的创意和想法,搜集过程中,学生们在整理的过程中会表现出对这一社会问题的认识角度。

第三阶段:设计系列方案的形式进行表现。

通过讨论设计素材,学生总结出许多创意点,如:事情、情景、代表词语,例如海洋生物被杀的血腥场面:鱼翅的切割、鲸鱼的捕猎、垃圾被海鸟误食不能呼吸的样子、企鹅被原油包裹死亡的场景等,还有一些有隐喻性的符号:刀子、叉子、文字、鱼网、手、渔船、铁锚、矿泉水瓶、塑料袋、麻绳、牙签等。同学们通过分析与讨论招贴设计的内容、目的、受众、传达的信息等。手绘大量的草图反复进行形式语言的表达与实验。

应用之前对招贴设计风格的形式手法不断的尝试。具体会考虑到招贴的整体色调、文字排列版式。主要内容有直接用惨烈的血腥场面表现的,有从反面的通过讽刺的手法引起受众反思的,有用插画描绘情景的,有用图形创意同构的方法构成画面的等。

第四阶段:评比参赛——让比赛促进学习。

最终结课我们采用集中评比打分的形式,选出较优秀的作品参加"全国大中学生第七届海洋文化创意设计大赛",以集体为单位进行网上提交,用比赛的形式对学生的学习效果给出更进一步的评价,从而起到督促学生学习专业课程的目的。

4. 专题研究类

有一些课题是专门训练学生的创造性思维和多样的思想延伸,专题研究类课题则是训练学生在一定主题限制的范围内寻找不同的答案,当然,答案是多样的。这类课题的训练是要挖掘和开发学生的潜质,拔高他们的设计水平。在这里用具体的实际案例来分析如何表现专题的内容。例如,包装设计课程,专题是:"凤翔泥塑抗摔性包装设计"。在课程的安排中我们按照认识凤翔泥塑;分析凤翔泥塑——搜集凤翔泥塑及包装现状资料;展开调查——找准抗摔性包装设计方向;绘制草图——对比凤翔泥塑抗摔性包装设计方案;确定创意——确定凤翔泥塑抗摔性包装设计方案;电脑制作——完成凤翔泥塑抗摔性包装设计制作;评比打分的步骤。通过这样的教学过程,学生可以学到面对一个专题如何进行设计的方法,最重要的是对于一个主题的深入剖析,这种分析研究的习惯有利于学生今后的专业发展。

在视觉传达设计教学中,针对性的教学课题作业设置是实现良好教学目标的重要前提,视觉传达设计专业教学课题作业与其他专业有明显区别,整体要注重多角度观察理解、专题深入剖析、宽领域形式实践的专业特色。在教学课题的实施过程中作为课程主导者的教师,有针对性的设计教学课题是为了充分发挥学生的创造能力,最终使学生在实际作业中有效地实现对当前所学课题知识点和方法掌握的目的,最终实现高校培养出具有创新性、实践性、思想性的综合设计专业人才的目标。

【参考文献】

[1] 林采霖.设计院校与设计业界建立双向多元化合作之研究[J].装饰,2004(3):77-79.

[2] 孙迎春,王少云.基于建构主义的艺术设计课题与作业编排研究[J].湖北三峡职业技术学院学报,2012(12):89-92.

[3] 何方.从资源到编排:平面设计教学的课题作业研究[D].南京南京艺术学院,2015(4):1-125.

[4] 芦影.平面设计艺术[M].北京:中国人民大学出版社,2005.

[5] 艾伦·斯旺.英国平面设计基础教程[M].张锡九,等译.上海:上海人民美术出版社,2003.

管理类专业会计实验课教学方法研究

马 焱

(宝鸡文理学院 经济管理学院 陕西 宝鸡 721013)

【摘要】 高校管理类专业会计实验课教学必须考虑当代大学生学习与发展的需要,注重学生自主性思维习惯的培养和职业能力的提高,改变传统的教师讲学生听,教师问学生答的教学方法,逐步的走向互动交流和演示探究式并结合混合式教学方式。

【关键词】 启导;演示;案例强化;混合式教学

高校非会计专业会计实验课教学的诸矛盾中,教与学的矛盾历来是主要矛盾,它也是高校非会计专业会计实验课教学的内部动因构成的矛盾,其原因有两方面,第一,随着社会进步速度的加快,处于时代前沿的大学生其自主意识和独立性得到了前所未有的发展,他们注重个性张扬追求成才与成功,加之信息化社会为他们提供了丰富多彩的获取知识的途径,使得他们可以从自己喜闻乐见的方式中去吸收对发展自己的综合素质和适应能力有实用性和针对性的知识信息,不愿意接受单调的由老师唱独角戏的传递式课堂教学;第二,高校讲授会计课的教师大多是从学校毕业就直接走上讲台,自身缺乏帐务处理的实践性知识,教学中只注重书本知识的传授,忽视了学生分析能力和知识运用能力的培养与提高,导致会计课实验课堂教学低效率,使学生深感会计课"学得枯燥,考得苦恼,用时忘掉"。用市场经济的观点看,学生是教育的主体,教育者应依据人本原理树立学生本位观,将一切为学生和学习服务作为教学宗旨,大胆创新教学方法,采用灵活多样的启发探究式教学以解决教与学的这个矛盾。早在两千多年前孔子就提出"学而不思则罔,思而不学则殆";叶圣陶先生也认为教育的目的在于达到不需教,由"有师自通自会"达到"无师自通自会"。因此高校非会计专业会计实验课教学必须尽快改革教学方法,由独白走向对话,由封闭走向开放,由传递走向启发引导,抓好以下几个课堂教学环节。

首先,精心设计每一章教学内容的导语,使其具有诱发性。会计课的每一章虽都是相对独立的一个环节或相对独立的一块内容,但它和前后环节或别的内容存在着内在的联系,导语的设计要贯彻"学生本位"的教学指导思想,全面深入地了解学生的知识基础、接受能力、思想面貌、个性特征、学习方法、学习习惯和学习态度,既要考虑新知识和前一个环节或前一块内容的衔接,又要考虑如何把学生的兴趣和精力有效地调动和集中起来,迅速带入新的环节或新的管理对象中打开其思维的窗口,让学生以高昂的情绪和兴奋的状态投入到新的要学习的知识点和要思考的问题中去,前苏霍姆林斯基曾说过,"如果教师不想办法使学生产生情绪高昂和智力振奋的内心状态,就急于传授知识,那么这种知识只能使人产生冷漠的态度,而使不动感情的脑力劳动带来疲劳。"这就要求教师除了设计的导语语言精湛和精美具有诱发力之外,还必须营造宽松愉悦的课堂气氛,并在每一章的导语中让学生理清新一章教学内容的重点和难点。当代大学生走进课堂都是带着自己的知识、经验、思考和灵感参与课堂活动,由于各人成长经历不同,从而使课堂教学处于一种流变的状态,呈现出丰富性和复杂性,因此教师在课堂教学中必须应学生之动而动,应情境之变而变,最大程度地实现教学目标的针对性和实效性。古人曰:"学起于思,思想于疑",思维一般都是从思考问题开始,按照这一认识规律,在导入新课时应适当创造问题意境,根据内容需要同时考虑到课堂教学的动态性,多设置不同的财务问题置布疑阵以吸引学生的注意力资源和推动其积极思维,并灵活采用情感导入式、故事导入式、承前启后式、悬念导入式等教学方法去积极诱发。

其次,启导和帮助学生梳理思路。非财会专业会计课由于理论教学课时较少,所以教师大多习惯于通过系统讲授把现成的知识结论直截了当地塞给学生,狭隘的认为会计知识是外在于人的客观存在,教学是接受知识的过程,而不把知识看作动态的师生共同建构的、生成的过程。其实教学过程不是一种单纯的认识过程,它是一种确证、丰富、提升和创造知识的过程,师生之间的合作关系不只是知识传递的关系,而是有着共同话题的对话关系,通过相互沟通师生各自凭借自己的经验,用自己独特的表达方式实现知识的共有和知识应用的创新发展。美国教育家戴尔·卡耐基曾说:"一两重的参与重于一吨重的说教"。因此高校非财会专业财务课教学要让学生参与课堂教学的全过程,教师少讲解多引导只做一个帮助者,师生之间民主、平等、相互尊重,利用教学互动的作用吸引学生多学多思,以此激励学生充分掌握知识点,在这种对话交流中,教师通过"启"使学生能够"发",即要引起学生思考的兴趣,学生的积极思考就是理性认识,教师通过有效点拨和启迪帮助学生排除思考中遇到的障碍使学生的思路豁达顺畅。在这个启导过程中教师传授知识固然重要,但更为重要的是教给学生理性思考问题的方法,这是当代大学生必须掌握的核心知识,只有这样教师的教才会转化为学生的学,学生才会以自我的角色进入教学过程。尤其在复式记账法和成本核算两大块重点章节教学中,注意在内容的重点和难点地方多问几个"为什么"或"怎么样",课前预留问题并布置阅读资料,让学生自己利用课余时间复习相关理财知识和学习相关的法律法规对所留问题试着加以解决,已有的知识解决不了的疑难问题再带进课堂,有准备地进入教师预定的教学之中,学生的学习处于"激发态",有利于积极思考和主动探索,也是其乐于在课堂上将自己的想法表达出来并不断提高自学能力,这样不仅使知识能够尽快地转化为职业能力,而且可以充分使学生体验到参与教学过程的乐趣和达到实现自我教育的目的,使应学生掌握的理财知识容易在对话中生成,在交流中重组。

最后,借助会计教学案例模拟核算强化其知识运用能力。在非财会专业会计课程引导探索式教学中,课后一定要适当地给学生留置典型核算教学案例,使学生在应用知识的过程中去进一步地感受和体悟概念、判断、公式以及决策方法,并不断的去创造新的核算知识,这种生成、开放的强化教学设计能充分调动学生自觉复习的积极性,增强学生独立思考和独立决策的能力,将学生被动听课的过程愉快地转化为积极思维和主动实践的过程,不仅能提高学生发现问题、分析问题和解决问题的能力,并且能改变学生所学理论知识条块分割的状态,使各门课程的内容相互渗透,以提高学生综合运用知识的能力。好的财务案例可以实现将学生带入管理"现场"充当理财角色锻炼职业本领的效果,因此,这是一种理论联系实际进行启发式教学的理想形式。选用案例开展启发式教学时教师要指导、监督学生做好案例分析的准备工作,给学生推荐要阅读的参考文献和需要吃透的教材知识点,要求学生写出独立的案例分析报告,然后在课堂上分组讨论形成共识,有不同看法的学生开展辩论各抒己见,整个过程教师参与但只进行适时的指导和恰当的评价,指出各组分析结论中的优缺点,阐明重点难点,最后总结归纳答案给出具有参考性质但绝不是唯一的答案,让学生进一步认识自己的分析有哪些不足,有哪些问题还需要深入思考,课后再参阅一些资料把问题搞清楚,以便加深学生对相关理论知识的理解和应用。

另外,在互联网时代开展会计实践性教学必须把传统教学和数字化教学结合起来,采用课堂讲授示范模拟、在线视频展示和线下自主实践三种方式混合使用的学习范式,让传统和时尚二者优势互补,以"学"为主,学与教兼顾,线上自主实践实现学生的多向性互动,课堂讲授保证师生的情感交流,从而实现管理类专业会计实验课良好的教学效果。开展会计实践性混合式教学线上采用语音、书面和图像相结合的对话模式,在整个过程中将知识点分科目、复式借贷记账法、凭证、账簿和报表五大块呈现。第一聚焦会计科目名称和内涵采用书面推送式,第二是以案例的面孔登场,有图片、视频和数字,就本门课最难最重要的复式借贷记账法在工业企业各环节中的具体运用选择一个月常见的会计事项要求进行规范的核算,涵盖复式借贷记账法、凭证和账簿。第三是财务报表的编制,用的是前次在线的数字完成当月的资产负债表和损益表。管理类专业会计实验课的混合式教学可以实现各种数字化教育资源的集成和发布、多种教学互动方式、教学测评和网络考试等,创造、拓展和优化了会计实验课的学习环境,将为教师的实践性教学创新模式、学生的个性化及自主学习和会计学实验课程的资源共享提供良好的技术支持,最终必将消除会计课以往"学时枯燥,用时忘掉"的尴尬现象,保证良好的会计课教学效果。

【参考文献】

[1] 梁金华.高等教育教学的改革创新探讨[J].西部素质教育,2018,(7):166.

[2] 熊培志.探究大学会计教学改革应解决的问题[J].现代职业教育,2018,(4):167.

[3] 吴正杰,李广."双创"时代管理会计教学改革[J].商业会计,2018,(4):127-129.

[4] 兰莹莹."互联网+"给高等教育教学改革带来的机遇和挑战[J].大学教育,2018(5):37-39.

[5] 何莲,王双群.慕课视域下深化高等教育教学改革的思考[J].学校党建与思想教育,2016(21):59-61.

[6] 刘海燕."以学生为中心的学习":欧洲高等教育教学改革的核心命题[J].教育研究,2017(12):119-128.

西府曲子曲牌与地域性流变特征初探

吕 博

（宝鸡文理学院音乐学院　陕西宝鸡 721013）

【摘要】 西府曲子历史悠久，魅力独特。它是陕西曲艺类型中的一个重要组成部分，音乐结构属于中国传统音乐牌子曲类的说唱音乐。西府曲子的艺术价值与艺术特征不仅体现在表演的多样化、唱词的独特地域风格，也表现于曲牌的多种类型与具有西府地域特色的多种应用。本文围绕西府曲子音乐现象，探究其曲牌的种类、曲牌的特征和曲牌的地域性流变特征。

【关键词】 西府曲子；曲牌；地域；特征

一、西府曲子简介

西府曲子是陕西曲艺类型中说唱体音乐——陕西曲子的一个重要成员，其流行于陕西关中西部的宝鸡地区。因宝鸡地区在历史上曾称"西府"，因此而得名。西府曲子历史悠久，源远流长，是现存民间音乐中曲牌体类音乐的一个典型代表。

二、西府曲子曲牌种类与特征

1.西府曲子曲牌种类

所谓曲牌即曲调，一个曲调便是一个唱腔。西府曲子属于牌子曲类的说唱音乐，多以叙述故事、抒发情感和描绘人物、山水、风景、季节为主。唱多说少，旋律性强，因此可以说，曲牌是西府曲子的重要组成部分。现西府曲子的曲牌根据艺术结构和唱腔特征主要分为三大类：平弦类曲子曲牌、月弦类曲子曲牌和器乐曲牌。根据笔者收集整理的资料统计，西府曲子经过岁月累积和后人的整理创作，现西府曲子流传于民间的曲牌约有168首，其中平弦曲子曲牌有近50首，月弦曲子曲牌约70多首，器乐曲牌40多首。

2. 平弦类曲牌特征

平弦类曲子曲牌多为单曲体结构和简单的联曲体结构。单曲体结构即是一个一个表演的曲子内容主体旋律只用一个曲牌完成,曲牌反复演奏,可以是一段唱词也可以是分节歌式的多段体唱词,多用于表现较为简单明快的曲子内容。通常时长为3～5分钟,表现力简单明快。另一种是将两个或两个以上的少量曲牌简单的连接在一起,曲牌反复教少,通常时间在5～10分钟,这类曲子可以表现一些简单人物关系的带有故事的讲述性内容的曲子。

器乐曲牌是指无唱词曲牌,旋律鲜明,结构短小。主要用于曲子表演的开场和曲子中的间奏。

3. 月弦类曲牌特征

西府曲子曲牌中发展最成熟,最具有地方曲艺特色的就是月弦类曲子的联曲体结构。这类曲体结构的的曲子具有最典型的牌子曲类说唱音乐的特点,在艺人的使用当中也富于变化。它们一般是由不同的曲牌按照不同的表现功能联缀起来叙述曲子内容,这类结构中所拥有的曲牌非常丰富,多用于表现复杂的长大结构的曲子内容,如讲唱民间故事、坊间传奇等内容。在艺人长期实践中选择出的讲唱和使用于曲牌与连缀方式常常是固定的。牌子曲类有些曲种常以一个或两个曲牌为主,将其一分为二作为整个唱段的头和尾,中间连缀不同的曲牌,构成"曲头 ＋ 若干曲牌 ＋ 曲尾"的形式,成为一种固定的结构程式。西府曲子的月弦类曲牌结构即属于这种类型。

三、西府曲子地域流变特征

1. 历史地域流变

西府曲子属于中国传统音乐中牌子曲类说唱型音乐。这类型音乐沿袭唐代诗曲、大曲,宋代词曲、唱赚,受元代散曲影响,繁荣于明清时期时调小曲蓬勃发展时期。西府曲子的流变原因是受到历史朝代更迭,民族人口变迁,文人艺人的流通加工整理和同类型曲艺艺术和相关戏曲艺术的影响。其慢慢发展沉积于陕西关中地区至今,成为极具西府地域特色的民间艺术形式。相较于其他地区同类型曲子艺术,它的地域性流变特征主要体现在曲牌唱腔唱调特征和曲牌在曲子当中的使用方式。

2. 方言对曲牌的改变

曲牌唱腔唱词的变化是受到方言影响的结果。西府曲子的曲牌唱腔在艺人的实际使用过程中,调性上主要集中在降E调、F调、G调、A调、降B调,拍子主要使用易于讲唱故事的2/4拍、3/4拍、4/4拍,器乐曲牌当中除过前面的三种拍子类型,还有适于艺人发挥表现的散拍子。随着演出场合、演出内容和演出人员水平的配置也会作出调整变化的。通常使用的曲牌在曲词中是用宝鸡地区方言演唱,按照方言的声腔特征和结构特征,造成了西府曲子的独特的地域性特征,表现在唱腔发声、唱词韵辙、词句结构、衬词衬句的使用,极大的区别于同地区曲艺品种和其他地区曲艺品种。此内容与曲例在笔者《浅析西府曲子唱词特征》中有详细论述,在此不赘述。

3. 艺人对曲牌的改变

西府曲子的曲牌应用种类和使用方式也是西府曲子地域性特征的重要体现。代表性的月弦腔牌子曲的连缀结构特征为"曲头 + 若干曲牌 + 曲尾"的形式,被分割的曲牌有【月调】、【背宫调】两个曲牌名。中间插入的曲牌也随着讲唱故事与曲目类型而变化。

(1)分割【月调】类。只分割【月调】,中间插入其他曲牌。既是将【月调】分成曲子开头【月调】(节选后的【月调】)和曲子结束【后月调】,或者分割成曲子开头【前月调】和曲子结束【后月调】。【前月调】是【月调】的节选改编,一般也作为曲牌连缀中的曲头。具有开宗明义、点示主题的意义。此曲牌间插四二和四三两种拍子,唱腔较少,旋律简洁流畅,为全曲的故事情节叙述定了基调。【后月调】是西府曲子中联曲体类结构曲子的结尾,是对整篇曲目内容情节和情绪的总结。此曲中也是四二拍为主,穿插四三拍,与【前月调】相同。

这一种联曲体结构其连缀方式即为:【月调】+【若干曲牌】+【后月调】,或者【前月调】+【若干曲牌】+【后月调】。如下例:

曲目《黑访》:【月调】+【慢诉】+【老龙哭海】+【站子花调】+【老龙哭海】+【站子花调】+【黄龙滚】+【紧诉】+【后月调】;

曲目《孝廉卷》:【前月调】+【银纽丝】+【紧诉】+【大哭调】+【尖尖花调】+【小哭调】+【银纽丝】+【小哭调】+【紧诉】+【小哭调】+【五更】+【后月调】。

(2)分割【背宫调】类。前后【月调】分割后紧跟前后【背宫调】,然后插入其他曲牌。【背宫】是抒情性的慢板,字少腔多,旋律起伏跌宕,委婉深沉。善于表现人物内心深沉凝重的情绪,而不像【月调】系统的曲牌那样明朗。相较而言,【背宫】在音乐结构上比【月调】稍大,在故事情节上紧接【月调】叙述故事主题。在西府曲子中【背宫】在紧接【月调】时,转入原宫调系统的下五度宫调系统,构成调性的转换。

将【背宫调】分割成【前背宫】和【后背宫】。【前背宫】在曲中开头常紧接在【月调】后面,【后背宫】在曲子结束时紧接【后月调】前,这一类联曲体结构其组成方式为:【月调】+【前背宫】+【若干曲牌】+【后背宫】+【后月调】。这种曲牌连缀方式相比第一种只分割【月调】的类型,从曲牌的丰富性、连缀特征和曲目中唱词的丰富性和曲体的变化性上都有了一定的改变和扩张,在西府曲子的月弦一类中,这种连缀方式的曲目占了多数。其曲牌连缀特征如下例:

曲目《陶渊明重阳访菊》：【月调】+【前背宫】+【五更】+【金钱】+【打洞】+【银钮丝】+【罩罗袍】+【混江】+【岗调】+【后背宫】+【后月调】

曲目《刺目劝学》：【前月调】+【前背宫】+【五更】+【西凉】+【打洞】+【琵琶调】+【西凉】+【五更】+【银纽丝】+【琵琶调】+【紧诉】+【后背宫】【后月调】

（3）插入曲牌的使用。除过两个特定曲牌【月调】、【背宫】被作为曲头和曲尾分割开使用，其他在曲目中连缀的曲牌则没有先后次序或多于少的使用限制。其中连缀曲牌不是固定的，是根据曲目的故事内容需要、演出时间需要和艺人的加工整理与改编而做出变化的。西府曲子中常用的有：【岗调】、【五更】、【站子花】、【紧诉】、【慢诉】、【太平调】、【银钮丝】、【西凉】、【尖尖花】、【金钱】、【老龙哭海】、【花调】、【打洞】、【皂罗袍】、【琵琶调】、【哭调】、【片儿调】、【梳妆台】，还有一些具有板腔体音乐特征的如：【滚板】、【吹调】、【反簧】、【黄龙滚】。这些曲牌以其曲调相对的功能特征，共同构成了曲子叙述故事、表达情感、烘托气氛的主体。

西府曲子中这类具有地域性流变特征的曲子曲目繁多，收集整理曲词可达300余首，艺人们经常演唱并具有一定代表性的曲目如典雅清秀的：《李晰古抚琴赏牡丹》《陶渊明重阳访菊》等；缠绵悱恻的《黛玉葬花》《皇姑出家》等；高昂雄壮的《醉打山门》《伐崇城》《华容道》《劫杀场》等；轻巧风趣的《小姑贤》《刻财鬼变驴》《小姑听房》、《桃小春赔情》等；还有大量的民间故事改变的《张连卖布》《吕蒙正赶斋》《刺目劝学》《卖水》《状元祭塔》《天河配》《审苏三》等等。

四、总结

西府曲子的曲牌特征与地域特征是具有陕西关中西部地方色彩的，是符合中国传统音乐客观发展规律的。它来源于民间，流传于民间，这种雅俗共赏的艺术形式已成为西府地区的文化名片。其曲目宣扬忠孝节义、因果报应，在当今仍有一定的伦理教化意义。它的许多演唱礼仪和演唱曲目也成为关中西部民俗礼仪活动的重要组成部分。曲词中所具有的诗词韵味和民间文学俚俗之趣，曲牌中所具有的腔调特色和丰富多变的结构特征与表现形式，使得西府曲子成为了一座丰富的民间文化宝库，极具艺术价值与研究价值。

【参考文献】

[1] 袁静芳.中国传统音乐概论[M].上海：上海音乐出版社,2007.

[2] 赵德利.西府曲子资料汇编校注[M].文化艺术出版社,2009.

[3] 张君仁."山花儿"及其若干问题[J].中国音乐,2002(2):34.

[4] 周来达.平调曲牌音乐特性初探[J].文化艺术研究,2010(3):83.

基于"互联网+"的大学生科技创新实践模式建设
——以电子信息类为例

周新淳　段旭朝

(宝鸡文理学院 物理与光电技术学院　陕西 宝鸡 721016)

【摘要】针对校园内大学生实践模式的研究,采用传统模式存在目标定位不明确、实践教学体系不完整、科研创新发展基金不充足等问题,导致学生实践效率较低,因此,提出了基于"互联网+"的大学生科技创新实践模式建设。分析"互联网+"与教育之间的关系,并对实践模式建设必要性展开研究,由此建设大学生科技创新电子信息实践模式。通过精准定位来完善创新实践基地功能,优化实践教学体系来搭建创新实践平台,设立科研创新发展基金,实现人才培养方式多样化。由实例分析结果可知,该模式最高实践效率可达到95%,为学生在校外实践能力的提高奠定基础。

【关键词】互联网+;大学生;科技创新;实践;发展基金;精准定位

一、引言

全球化经济不断推进,高校教学管理体系的改革对大学生科技创新能力带来了严峻挑战。在"互联网+"条件下,建设大学生科技创新实践模式,造就一代适应未来挑战的高素质年轻人。目前,我国大学生科技创新实践模式存在一些问题:①网络技术尚未全面应用到科技创新实践当中,面对工作量大、人为操作速度慢的问题,工作效率受到了严重影响;②大学生们实际动手能力较差,有一部分工作人员的实践能力仍达不到基本要求;④经济效益无法得到保障,在电子信息维护过程中,大学生并没有对其进行全面维护,影响信息的可靠性。

由于我国高校大学生科技创新起步较晚,对于校内科技创新实践模式建设,高校还存在目标定位不明确、实践教学体系不完整、科研创新发展基金不充足等问题,采用传统实践模式,缺少合理创业创新能力,存在许多亟需解决的问题,为此,提出了基于"互联网+"的大学生科技创新实践模式建设。采用"互联网+"先进技术建设高水平运行维护的大学生科技创新实训基地。该基地能够将企业与高校紧密结合在一起,满足大学生科技创新需求。

二、"互联网+"与教育

在"互联网+"时代,教育领域掀起了一股革命性浪潮,使传统教育行业得到了颠覆性变革。在大数据条件下,互联网教育变得更加个性化,通过对大学生电子信息科技创新实践建模过程,设置学生性别、年龄、家庭情况以及个人兴趣爱好为初始数据,在学生实践过程中,进行动态建模,根据其表现不断调整实践内容,并最终在保证基础实践条件下,充分发挥个人潜能,实现人尽其才。

在这个万众创新时代背景下,处处都有创客,科技创新是网络时代的产物,也是证明我国实践教育的成熟,大学生们积极利用网络平台和信息技术,促使"互联网+"与教育建立了千丝万缕的关系。大学生电子信息科技创新是培养学生实践所需知识、能力的教育行为,也是激活学生创造性思维与意识的必要手段,学生可在社会创客空间中自由体验,随时随地将创意实现。将所想的创意放置在实践过程中,通过网络平台开发教育内容,开展网络资源共享。运用"电子信息"实践模式,可为科技创新提供数据资源,老师可采集数据制作成课件,也可从中选出题目,让学生们自由练习。将这些练习题通过软件传送到电子答题卡之中,学生通过手动就可进行实践,使学生具有浓厚学习兴趣,为学生带来轻松高效的"互联网+"时代的实践体验方式。

三、实践模式建设必要性

大学生实践课大部分都是在实习基地完成的,其独到之处就是为学生提供一个实际场景,在学以致用中深化认识,分别从电子信息的关键性需求、学生综合素质需要和社会资源整合这三方面对大学生科技创新实践模式建设的必要性进行分析。将"互联网+"的实践教学与学生专业实习结合教育,以稳定专业实习基地为实践教学基础,从而完善专业实训基地功能,充分发挥实践教学应用的功能。

1. 电子信息的关键性需求

电子信息类科技创新实践模式建立能够较好实现理论课教学由外到内生成,相比于其他学科来说,电子信息类课程既是理论课,又是思想课,可将理论与思想统一,这就意味着大学生科技创新是一项智能课程,具有严密科学性。将学生专业实训实践教学环节添加在科技创新之中,使学生专业实训基地成为实践教学的主要平台,以此引导学生正确调整实践方向,从而快速接受实践课教育内容,并将其转化为心理品质。通过社会实践引导学生根据所学的电子信息知识,自觉做出道德选择,真正将理论化为信念,实现学生行为选择上的自律。

2. 学生综合素质需要

学生不仅需要掌握思想实践课基本理论,还应通过专业实训接触社会,提高自身综合素质,建立科技创新实践模式,可防止出现基础教育与实践教育在人才培养目标上出现的不平衡现象。充分发挥实践模式在提高学生职业道德、服务意识和诚信意识等方面的重要作用,使大学生达到知识与技能的双重结合。

3. 社会资源整合

科技创新实践教学有利于充分利用并整合社会教学资源,是形成理论课有效合力的一种探索。由于实践基地是结合了学校和企业两种不同的教育资源,经过企业与学校的双向介入,可将校外企业实际工作情况与校内实践课堂上所学到的知识结合起来,充分发挥实践基地育人功能。通过实践课可定期对实训基地进行调研,了解学生在实习过程中的思想情况,也可同时和学生进驻企业,使学生实习的同时接受思想政治教育,以便及时调整实践模式。

四、实践模式建设

为了建立大学生科技创新实践模式,需先整理与学生电子信息类科技实践密切相关的课程,保证大学生在正常课堂学习条件下,牢牢掌握电子信息科技创新实践中的核心技能。其次,探索各级学生科技创新发展资金统筹方法,设置相应科技活动,提高学生参与活动的效率。在进行实践模式建立之前,需调动全校师生积极性,并组建专业学生科技创新活动小组,进一步提升学生创新实践能力。

1. 精准定位,完善创新实践基地功能

创新实践基地是大学生开展自主学习、科技创新的依托,逐步形成教师与学生为一体的自主性、研究性学习模式。在科研促进教学和创新实践能力以及综合素质培养方面得到了较大突破,在原有基础上成立电子信息创新科技实践基地,将这种实践模式进一步优化后有效融合到实践模式之中,通过信息学院内部推广,取得了较为突出的实施效果。创新科技实践基地是按照自由机制进行建设的,以长期培养形式开展大学生科技创新实践能力,为优秀大学生提供充足自主学习机会,丰富研究资源,营造创新激情,促进学生平等竞争、健康活泼的学习氛围,充分发挥学生个性,挖掘创新潜能,培养具有创新精神的人才。

创新实践是师生互动、以项目流程管理为核心的创新实践环境,在运行过程中,对电子信息进行精准定位,能够最大限度激发指导教师的积极性,充分发挥创新实践功能。采用以项目认定方式计算教师工作量,极大教师对学生培养的积极性,鼓励以兼职身份参与大学生科技创新实践指导活动,并在每学期期末,创新实践基地将收集学生研究报告,从报告中分析出指导教师的工作量,以实验开放津贴形式给予教师补贴。通过对电子信息进行精准定位,可完善创新实践基地功能。

2.优化实践教学体系,搭建创新实践平台

通过建立科技创新实践平台,能够为大学生提供实践活动空间,也是提高大学生创造性思维的良好平台。在校内创新实践基地与在校外建立实践基地有着本质区别,校内实践基地多以探究性综合实验为内容,采用启发式教学模式,教师只对实验结果提出要求,引导学生发挥主观能动性,通过小组讨论,开展实验研究,并最终取得科研成果。

优化实践教学体系,搭建创新实践平台实践模式的主要目的是训练,并培养学生对电子信息科技创新的意识。在开放式实践教学环境中,不仅需要强调同步性,还要关注大学生在科研实验室中的亲身感受,教师应尊重大学生的个体化差异,提高科研训练针对性,有利于学生知识结构的优化。

3.设立科研创新发展基金,实现人才培养方式多样化

自主选择校内实践基地所开展的创新活动,鼓励学生根据自身兴趣,充分发挥科技创新重要内容。由于校内实践基地是面向全校师生开放的,因此,大学生需根据自身思维能力,结合基地特点进行一系列创新实践活动。由于科研项目是根据学生自身爱好决定的,因此科研中的大学生们具有很强求知欲,经过教师精心指导,学生很容易实现融会贯通,激发创新活动,获取创造性科研成果。

在"互联网+"时代下,将理论基础课与实践课有效结合,学生行为选择上的自律程度是电子信息关键性需求,毕业生知识与技能双重结合是学生综合素质需要,学生实习同时接受思想政治教育是社会资源整合的前提,这三方面是大学生科技创新实践模式建设的主要因素,也是实践模式建设的必要条件。在此条件下,精准定位,完善创新实践基地功能;优化实践教学体系,搭建创新实践平台;设立科研创新发展基金,实现人才培养方式多样化是基于"互联网+"大学生科技创新实践建设的主要三种模式。

五、实践模式的实施与效果分析

由于传统实践模式存在目标定位不明确、实践教学体系不完整、科研创新发展基金不充足的问题,将基于"互联网+"的实践模式与传统实践模式进行对比分析,具体内容如下所示。

1.目标定位明确实践模式效果分析

保证传统实践模式与基于"互联网+"实践模式具有完整实践教学体系和充足科

研创新发展基金,在该条件下,对目标定位明确实践模式效果进行分析,结果如图1所示。

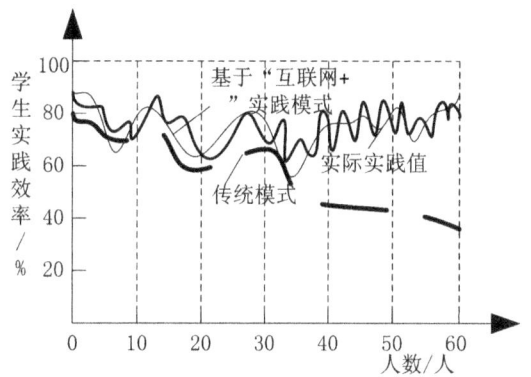

图1　两种模式下目标定位明确实践效率分析

由图1可知,当学生人数为10人时,没有明确目标定位的传统模式学生实践效率为70%;明确目标定位的"互联网+"实践模式学生实践效率也为70%,与学生在校外实践模式的实践效率一致;当学生人数为40人时,没有明确目标定位的传统模式学生实践效率为43%;明确目标定位的"互联网+"实践模式学生实践效率也为65%,学生在校外实践模式的实践效率为78%;当学生人数为60人时,没有明确目标定位的传统模式学生实践效率为37%;明确目标定位的"互联网+"实践模式学生实践效率也为80%,学生在校外实践模式的实践效率为90%。

因此,对于目标定位明确的"互联网+"实践模式学生实践效率比传统模式更高。

2.完整实践教学体系实践模式效果分析

在传统实践模式与基于"互联网+"实践模式定位目标明确,具有充足科研创新发展基金情况下,对完整实践教学体系实践模式效果进行分析,结果如表1所示。

表1　两种模式下完整实践教学体系实践效率分析

人数/人	传统实践模式	基于"互联网+"实践模式	实际值
10	61%	91%	95%
20	58%	95%	95%
30	63%	91%	94%
40	64%	89%	92%
50	58%	93%	94%
60	59%	94%	96%

通过表1分析结果可知,虽然学生在校外实践效率比基于"互联网+"实践模式实践效率要高,但相差不大,而传统实践模式下的学生实践效率与实际值相比相差较

大。因此,对于完整实践教学体系的"互联网+"实践模式学生实践效率比传统模式更高。

3. 充足发展基金实践模式效果分析

与上述条件一致,保证传统实践模式与基于"互联网+"实践模式定位目标明确,并具有完整实践教学体系,在该条件下,对发展基金实践模式效果进行分析,结果如表2所示。

表2 两种模式下发展基金充足实践效率分析/%

人数/人	传统实践模式	基于"互联网+"实践模式	实际值
10	45	91	91
20	62	95	95
30	37	89	92
40	56	88	90
50	59	96	96
60	57	91	93

由表2可知,基于"互联网+"实践模式与学生在校外实践效率基本一致,而传统实践模式下的学生实践效率较低。因此,对于发展基金充足的"互联网+"实践模式学生实践效率比传统模式更高。

六、结语

通过基于"互联网+"电子信息运行维护的大学生科技创新实践模式建设,不仅需要加强电子信息自动化建设,还需推进电子信息采集的全面覆盖,有效提高大学生自主创新能力。

高校校内科技创新实践模式作为高素质人才培养重要基地,在提高创新型人才培养方面发挥了重要作用。高校应借助自身优势,不断健全校内实践基地管理,完善科技创新体系,为实践活动开展提供支持。通过效果分析结果可知,该模式可提高学生实践能力,使大学生创新能力发挥更大作用。

【参考文献】

[1] 李素芳."互联网+"背景下大学生科技创新教育研究[J].学校党建与思想教育,2017,20(2):60-62.

[2] 顾健,毕宏达,唐少辉.国产第三代机组项目建设安全管理创新与实践——基于互联网+大数据下的管理创新[J].企业管理,2016,18(S2):300-301.

[3] 曹文泽."互联网+思想政治教育"模式的实践和创新——对高校"易班"网络思政教育的探索

和思考[J].社会科学家,2016,15(12):8-10.

[4] 王勇,王明强,孟宁宁.校地协同模式下大学生创新创业实践体系建设途径与策略[J].教育评论,2017,22(7):82-86.

[5] 郭卉,韩婷,黄刚.科研实践共同体与拔尖创新人才培养——大学生在科技创新团队中的学习经历探究[J].高等工程教育研究,2016,18(6):42-47.

[6] 刘德才.论大学生科技创新能力的培养[J].中国成人教育,2016,41(1):81-83.

[7] 彭才望,孙松林,蒋频,等.基于协同创新视角的工科大学生创新能力培养——以湖南农业大学工学院为例[J].河北农业大学学报(农林教育版),2018,35(2):36-42.

[8] 周详.现代大学行政治理模式的创新与实践——以香港科技大学为例[J].高等工程教育研究,2017,36(3):90-94.

[9] 刘金福,李峰,万杰,等.校内科技创新实践基地的建设模式探索[J].中国高校科技,2016,35(12):18-20.

[10] 程鹏.大学生科技创新主题第二课堂建设模式探索与思考[J].现代职业教育,2016,40(12):19-20.

[11] 张贵兰,陈雪,高兴华.本科生科技创新实践能力培养模式的构建与完善——以北华大学创新实践基地为例[J].科学技术创新,2016,47(27):31-31.

[12] 张明川,冀治航,吴庆涛,等.计算机科学与技术专业学生科技创新基地建设的研究与实践[J].教育教学论坛,2017,39(15):151-152.

[13] 王强,高婷婷,曹永成.应用技术大学信息工程类科技创新人才培养模式的探索与实践[J].时代教育,2016,32(5):21-21.

Famic Automation Studio 仿真软件在实验教学中的应用
——以"电机与电力拖动"课程项目教学为例

刘 霞 李小斌

(宝鸡文理学院 电子电气工程学院 陕西 宝鸡 721006)

【摘要】本文以"电机与电力拖动"课程改革为背景,尝试以项目教学法借助于仿真实验进行课堂理论的延展教学,通过简单控制案例介绍 Famic Automation Studio 仿真软件的使用方法,阐明虚拟仿真实验既能充分调动学习积极性,辅助学生掌握电机理论知识,又能克服学习时间和地点的局限性,充分共享教学资源。通过实践证明 Famic Automation Studio 仿真实验教学效果良好,对普通本科高校工科学生提高设计能力有极大的助推作用。

【关键词】电机与电力拖动;项目教学法;仿真;在线学习

【基金项目】陕西高等教育教学改革研究项目(17BY094);宝鸡文理学院教学改革研究项目(17JGZD04);陕西省教育科学"十三五"规划课题:面向新工科的地方高校工程实践教学体系研究(项目编号:SGH18H317)。

《普通高等院校本课专业类教学质量国家标准》和《中国工程教育认证标准》中对电气工程及其自动化专业的本科人才培养方案提出 12 条毕业要求,各门课程修订大纲的知识点严格支撑毕业要求各级细则。其中"电机与电力拖动"课程是核心课程之一,为学习后续的"自动控制系统""电气工程基础""电气控制及 PLC"等课程提供必备的知识点和应用能力。在传统理论教学和实体实验基础上,采用虚拟仿真的教学方法,选择适当的仿真软件进行电气图形绘制、设计,训练学生初步掌握绘制电气控制图等相关职业规范,要求学生具有终身学习的意识和能力,通过自主学习达到相应毕业要求,实现人才培养方案的各项目标。《国标》和《工程认证标准》中提出"适当增加实践性教学环节学分比重,引导学生自主学习,为学生全面发展和个性发展提供充分的自主空间。"虚拟仿真教学以此为指导思想,引导学生利用碎片化时间学习虚拟仿真软件的使用,集中时间到实验室由指导教师帮助解决疑难问题,充分体现"以学生为主导"的角色翻转。

一、虚拟仿真实验的重要性

指导教师将实验相关知识点和仿真实验要求制作微课视频推送给学生,学生与教师在线学习探讨、自主学习,有效的弥补了传统课堂授课形式的不足。虚拟仿真实验的重要性体现在两方面,①实体硬件实验的时间受限,部分学生在短时间内理解较复杂的实验目的有一定困难,虚拟实验过程中学生可以录制视频对仿真结果多次比较,观察参数曲线变化进行分析,学习时间更自由;②修订的培养方案中要求"学生能够应用仿真软件预测和模拟电气工程中的实际问题;能够理解仿真结果的局限性",通过"虚""实"结合、对比,学生能进一步明确在仿真结果的基础上,硬件调试阶段的重要性,对提高学生的工程意识起到了一定的帮助。

二、仿真软件介绍

Automation Studio 教学版仿真软件由加拿大 Famic 公司开发,建模覆盖电气、气动、液压等单一或多种综合领域,是目前机电一体化和控制系统设计人员进行设计与仿真优化的一项重要工具。该软件可以通过绘图建模、制作二维动画、仿真等操作以直观的方式完成电气控制系统的学习。

三、基于 Famic Automation Studio 项目教学具体应用

现以如图1所示的工作台自动往返控制设计为例,进行仿真软件应用说明。

1. 控制要求

由1台三相异步电动机驱动工作台,到指定地点 A 停留5秒钟后返回到 B 点,3秒钟后再返回 A 点,自动往返,在任何时间都可以人工手动停止运行。

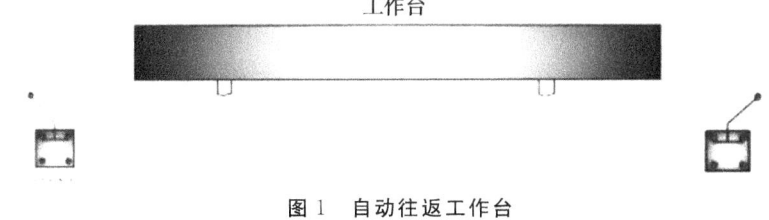

图1 自动往返工作台

2. 自主学习阶段——了解预备知识

本项目控制任务简单,涉及的知识点有:①三相异步电动机的正反转;②基本电

气控制元件的使用;③电气主线路图和辅助线路图的绘制。其中,知识点①在"电机与电力拖动"课程中已经讲授并做了相应的硬件实验巩固其工作原理。知识点②和③属于工厂常用电器设备领域,教师将接触器、继电器、定时器等工作原理微课视频推送给学生,要求学生自主在线学习主回路、简单控制回路的绘制方法,由教师在实验室指导完成触点串、并联连接等功能运用。

3. 集中学习阶段——仿真模型搭建

仿真实验前学生完成方案设计并手绘电气控制图,随后集中在实验室搭建模型,教师给出参考模型如图2所示,学生将各自的模型搭建完后加以比较。根据项目控制要求在仿真软件环境下设计符合要求的控制面板如图3所示。

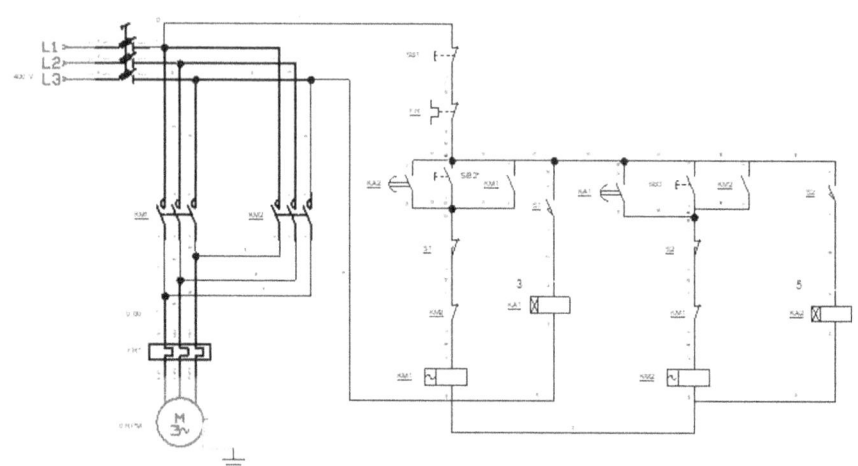

图 2 电气控制参考图

4. 仿真调试阶段

在 Automation Studio 中进行仿真测试,模拟实际故障分析电机运行时各项保护是否正常执行,通过虚拟仪表显示系统运行数据并了解电机运行特性,将数据、波型或曲线记录导出如图4所示,以备撰写实验报告。

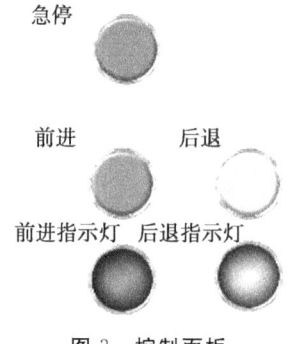

图 3 控制面板

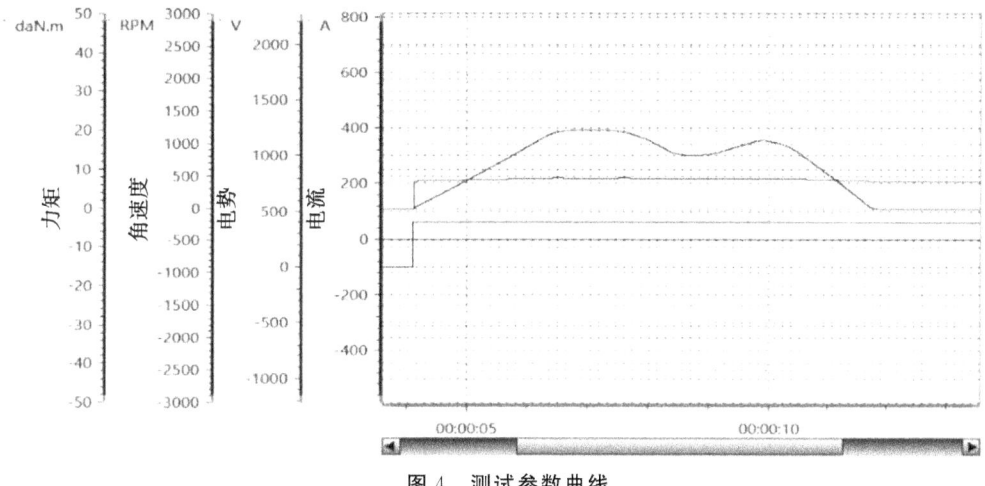

图 4　测试参数曲线

5. 二维动画制作阶段

仿真结果完成控制要求后,利用平移动画工具设置工作台运动效果,应用顺序功能图 SFC 实现二维动画制作如图 5 所示,更直观的展现控制过程。

图 5　工作台二维动画界面

顺序功能图 SFC 如下:

- 顺序功能图 SFC1."table":= .顺序功能图 SFC1." table " ＋0.1 if ET71."KM1";
- 顺序功能图 SFC1."A" if .顺序功能图 SFC1." table " ≥=60 and .顺序功能图 SFC1." table " ＜63;
- 顺序功能图 SFC1." table " := 60 if .顺序功能图 SFC1."A";
- 顺序功能图 SFC1." table ":= .顺序功能图 SFC1." table " －0.1 if ET72."KM2";
- 顺序功能图 SFC1."B" if .顺序功能图 SFC1." table " ≥=－5 and .顺序功能图 SFC1." table " ＜10;
- 顺序功能图 SFC1." table " := .顺序功能图 SFC1." table "＋0 if .顺序功能图 SFC1."B" ;

6. 综合评价阶段

学生利用软件录制功能将仿真结果制作成视频,配有语音讲述控制原理及参数变化的意义,并撰写实验报告。教师对学生的任务完成情况进行点评,指出存在问题,帮助找到解决的方法。

通过以上项目教学的实施,完成了从任务布置到目的性学习的过程,虚拟仿真软件 Automation Studio 以直观的方式再现动态控制过程;学生掌握了软件操作后,可以进一步在机电一体化、液压、气动等领域中主动探索激发个人兴趣爱好,拓展综合专业技能。

四、结束语

虚拟仿真实验过程中混合使用了线上互动教学、基于 Automation Studio 软件的在线学习模式,优势在于:①学生能针对个人学习情况反复观看微课视频,根据个人进度安排学习时间,使得时间的安排相对自由化。②使用 Automation Studio 软件的分时段授权功能,充分共享资源,可以解决硬件实验受地点、时间的限制问题,在集中实验时间之外的时间内继续研究未完成的设计任务,有效弥补了硬件实验条件的不足。实践证明,虚拟仿真实验的开设提高了实践课时比例,对提高工科学生设计能力有较大的辅助作用。

【参考文献】

[1] 曹贺.Automation Studio 在液压系统设计中的应用[J].机床与液压,2010,(9):53-55.

[2] 李现友.Automation Studio 软件在电液比例控制系统课程教学中的应用[J].液压气动与密封,2013,(9):48-50.

[3] 李华.基于 Automation+Studio TM 的 PLC 任务型在线学习模式构建研究[J].科技创新导报,2014,(20):20-21.

[4] 周润景.基于 Automation Studio 的 PLC 系统设计、仿真及应用[M].北京:电子工业出版社,2012.

[5] 王淑芳.电气控制与 S7-1200 PLC 应用技术[M].北京:机械工业出版社,2016.

基于专业认证背景下的校企合作实践方法探讨
——以通信工程专业为例

王晓利

(宝鸡文理学院 教育学院 陕西 宝鸡 721016)

【摘要】工程教育专业认证是现阶段国际通行的工程教育的质量保障,也是实现工程教育国际互认的重要基础。文章探讨了以宝鸡文理学院通信工程专业为例,在优化了人才培养方案的基础上,在校企合作模式下推进"产、学、用、督、查"的特色实践教学,通过五届毕业生的教学实践表明,该实践方法不仅可以提升学生的实践意识、实践经验和实践能力,而且可以通过校企合作平台为学生提供工程实训、毕业设计、就业岗位等机会,甚至可以通过深度合作为学校培养"双师型"人才提供共赢共进的有效途径。

【关键词】专业认证;校企合作;通信工程;实践教学

一、引言

工程教育是我国高等教育的重要组成部分,在国家工业化进程中,对门类齐全、独立完整的工业体系形成与发展,发挥了不可替代的作用。随着宝鸡文理学院教育发展的不断推进,现阶段我校对工科本科专业进行了积极动员和组织申报。以通信工程专业为例,通过课程体系、师资队伍、办学条件等,围绕学生毕业要求这一核心任务展开。其中,课程体系作为专业支撑材料的主体部分,在调整时加大了实践环节的比重,通过调研、摸索与探讨该专业更新了校企合作理念,将校企合作实践环节渗透到大学本科四年的每一个学期,延长了实践教学的运行周期,丰富了实践教学的实施内容,增加了实践教学的质量监控,为我校工科工程教育专业认证提供了有序的时间保障、有力的资源保障、有效的质量保障。努力为服务地方经济发展输送"研究、设计、开发、制造、运维和管理"等通信工程方面的应用型人才。

二、校企合作,资源共享,共赢共进的长效运行机制

宝鸡文理学院电子电气工程学院下设五个专业中包括通信工程专业,该专业2010年招收第一批本科生,2014—至今共有五届毕业生。人才培养方案由2010年—至今经历了五次修订,其中实践教学环节的比例逐年递增,校企合作由原来的单一、固定、简短模式转变为多样、灵活、长效模式。如图1所示,在校企合作,资源共享,共赢共进的长效运行机制的导向下,在安全保障的前提下,通过成立校企合作指导委员会、行业专家监控指导工作室,通过学生、教师、企业三方联动,产学研协作项目支撑,校企融合、引企入校、引研入校、引赛入校,深化完善实践教学管理模式和教学质量三方双向监督模式,教学质量互评及意见反馈模式等,有效保障了实践教学的顺利进行。

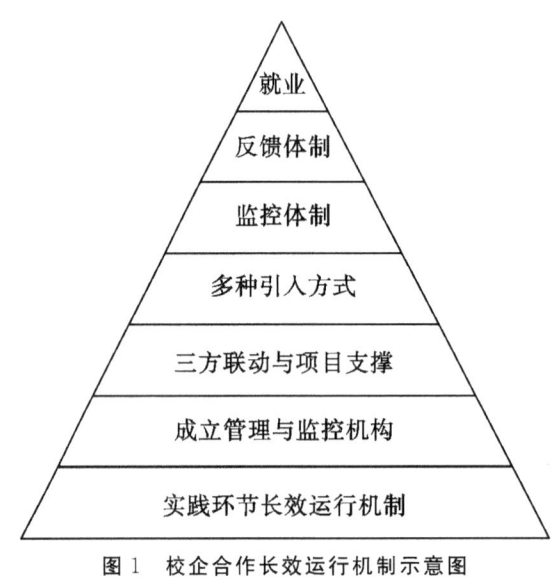

图1 校企合作长效运行机制示意图

三、"产、学、用、督、查"的特色教学

1.基于产业需求的认知实践

行业认知是通信工程专业本科生在入学时还未涉及到专业课知识时的一种基础实践教学环节。在行业认知实践中,通信工程专业主要采取了产学需求互补的方式,通过现阶段行业发展、人才需求,针对入校新生进行入学教育讲座,专业教育讲座,并开设《入学教育》《学业规划与学习方法指导》《通信工程专业导论》等综合类教育课程。在此,管理与监控机构充分发挥作用,与本科生导师制联手齐抓共管,引导学生对专业特色、知识体系、就业方向等有了初步了解,再通过组织企业参观、科创合作、社团宣传与展览等形式对通信工程专业发展现状有了进一步感性认知。为后续实践

环节打下良好的基础。

2. 基于实习实训应用型专业实践

通信工程专业在实习实训环节,是将抽象的专业发展概念具象化,除了校内的常规实验与课程设计以外,还通过与课程体系相适应的金工实习、电子工艺实习、专业实训、生产实习、毕业实习等环节,形成了大学四年"循序渐进"不间断式的实践教学方法。

本科生在学习了《工程制图》课程以后,通过校企合作进行了金工实习;在学习了《模拟电子技术》和《CAD》课程以后,通过校企合作进行了电子工艺实习;在学习了专业基础课和专业方向课程以后,通过校企合作进行了实操性较强的课程设计以及生产实习实训。以上实习环节均通过实习计划与进度安排、实习安全教育、实习协议、实习日志、实习考试、实习报告、实习作品、实习评价与质量反馈、实习评优与总结等环节,形成完备的质量监控体系,保障学生在实践环节过程中既巩固了专业理论知识,使累积知识定期回头望,又阶段性地强化了学生的实操能力。

通过与企业深度合作,培养学生完成从分立的知识点到有机化的知识体系的过渡。校内在硬件设施上给予了大力支持,通信工程专业依托校内新建的4G移动通信实训中心,与校外大唐移动设备有限公司西安分公司深度合作,通过"引企入校、引研入校、引赛入校"的方式指导新生专业认知指导讲座、公司实地参观学习与座谈、网络优化培训、基站测试工具以及网络服务器的使用集中指导,"双师型"教师技能培训、"大唐杯"全国大学生移动通信学科类、创新型竞赛的长期组织与辅导、产学研合作项目申报等一系列形式,这样不仅帮助学生、专业教师提高了工程技能的认知、操作与运维,同时也为企业根据行业需求了解学校的教学水平提供了信息平台,加强沟通、互通有无,最终实现学生在就业环节上能够准确定位,优质服务地方经济建设的目的。

3. 毕业实践的质量监控与评价体系

毕业实践是实践教学运行机制中的重要一环,是工程教育专业认证的顶层设计。其目的是发挥通信工程专业实践提升理论、理论反哺实践的教学作用,使大四的学生能够对大学四年的知识体系进行凝练与应用,为实现通信工程专业在人才培养方案中的毕业要求提供有利的支撑。

毕业实践是本着在实习过程中及时发现问题、客观分析问题并积极解决问题,提高实践意识和动手能力的宗旨,在大四与相关通信公司、企业进行洽谈与合作的前提下,在签订具体实习协议(包括实习时间、地点、人数、内容、要求和效果等)和保障安全生产的前提下,通过参观实习、分组实习、自主实习等灵活多样的毕业实习形式,取得了较好的效果。通过五届的校企合作,已经与相关企业形成了彼此沟通、相互信任、相互监督、相互扶持、共同发展、合作共赢的的毕业实践模式。实践质量监控与评价环节可通过学生层面、专业教师层面和企业层面之间的质量监控指标互评,包括企业的负责程度,是否按照实习计划安排进行实践教学活动?学生对专业实践参与度如何?完成度如何?通过问卷调查的形式,三位一体、双向互评,在质量监控体系的保障下,促进了企业和学校之间的相互了解,为学生顺利签约就业提供软着陆平台。

毕业设计是大学四年最后一个检验学生综合知识运用能力的重要环节;是工科毕业生总结性、独立性的教学活动。我校通信工程专业通过校企合作,从选题、开题、学术不端行为诚信告知、毕业设计、中期检查、结果调试、论文撰写与答辩展示等环节,融入了企业相关课题,需要企业协同完成毕业设计的指导、管理、审核与评价。此外,该专业还增加了"双创"题目,自主择业创业题目等,根据近五届毕业生题目分析,可以得到校企合作、大创项目类题目由2014届毕业生的10%以下提升到了25%以上。在设计过程中,该专业推行了新的教学管理与监督模式。包括提前发放毕业设计题目,安排企业工程师入校指导学生,学生亦可到企业锻炼并完成毕业设计,经过实践,受到三方好评,值得该专业在工程认证阶段进一步推广。

近五届我校通信工程专业的主要服务西部经济发展,毕业生的就业率平均达94%以上,通过校企合作,学生反馈来看,这样不仅对就业有利,还对考研、专业深造有推进作用,在考研面试环节,同等条件下,导师更看重本科阶段实践动手能力强的考生。所以,理论、实践、毕业、就业、深造等是相辅相成的,该专业考研上线率平均达9%以上,就业率在稳步提高。毕业生通过就业满意度调查,专业满意度也在逐年提高,成绩喜人。近五届的就业情况如下表所示,需要说明的是就业率中包含考研率。

通信工程专业近五届就业情况分布表

年份	2014年	2015年	2016年	2017年	2018年	平均值
就业率	92%	95%	96%	96%	93%	94%
考研率	4%	6%	8%	14%	12%	9%

四、存在问题分析

(1)毕业要求还需进一步从我校对工科的办学定位,服务地方经济角度出发,更有力地支撑培养目标。

(2)课程体系支撑方面还需进一步调整,部分课程在工程认证标准比对中,体现不出鲜明的特色,或没有紧密的关联度,需要后期出台相关举措,回归到以学生为中心的理念上来,杜绝因人设课,为实现专业知识掌握的全面化、系统化提供有效的支撑。

（3）"督"与"导"中加大"导"的比重。我校通信工程专业在发展过程中，制定了较善的质量监控体系，较好地发挥了"督"的作用；一旦出现问题，在解决问题的方式方法上还需要进一步探讨，因地制宜，不搞人云亦云。为了实现OBE（Outcome-Based Education）成果产出为导向的理念还需要充分发挥"导"的作用，考虑可以通过非技术专业考核指标找到合理的方法来应对，具体体现在修订的人才培养方案中去，提高就业相关度与满意度才是实现工程教育"育人"的根本。

五、结束语

通信工程专业秉承OBE教学理念，从实践意义、实施过程、信息反馈、教学成果、教学评价等方面是否科学来体现工程教育认证的工业体系的社会诉求。专业建设永远在路上，我校通信工程专业将在校企合作模式下，继续有针对性地进行教学改革与研究，为工科专业的工程教育认证提供更切合实际、符合新标准要求的实践教学平台。

【参考文献】

［1］杨统一,刘延鹏,陈芳艳,等.专业认证背景下高校环境工程培养方案的特色化构建——以江苏科技大学为例［J］.高师理科学刊,2018,38(10):84-88.

［2］刘钰,黄正均,张磊,等.面向工程教育认证的土力学实验教学［J］.中国冶金教育,2018,188(5):80-82.

［3］刘呈坤,孙润军,谢光银,等.纺织工程专业工程教育认证和新工科协同建设的思考［J］纺织科技进展,2018,39(10):62-64.

［4］马万征,谢越,肖新,等.工程教育专业认证背景下环境科学与工程专业实践教学体系构建［J］.西部素质教育,2018,3(10):169-175.

［5］黄晓寸.校企合作背景下通信工程专业实践教学的改革与分析［J］.沧州师范学院学报,2018,34(1):104-106.

基于 PBL 教学理念的《人机工程学》实训教学模式研究

王肖烨

(宝鸡文理学院 机械工程学院　陕西 宝鸡 721016)

【摘要】《人机工程学》是一门多学科交叉、多领域知识点融通的新兴学科,具有应用性强、知识点分散等特征,强调学生应用能力、动手操作能力的习得与掌握。面临日益严峻的高等教育改革局势,传统的人才培养模式及教学方法已难以满足工业设计专业创新型、复合型人才培养需求。本文尝试以 PBL 教学理念为依托,基于校企合作、人才协同共育思想,探讨《人机工程学》实训教学模式,使《人机工程学》课程更好的为专业人才培养服务。

【关键词】PBL 教学;《人机工程学》;实训教学

STEM 教育背景下,新工科人才培养是各国工业设计领域高端人才培养的大势所趋,对《人机工程学》实训教学也提出了更高的要求。不仅要求实训教学因时而进,因势而新,推出新的人机实验、特色课程、教学模块,而且要求实训教学能够挖掘学生的学习积极性与学习兴趣,培养学生未来职业发展的必备能力。传统的《人机工程学》教学普遍采用"理论讲授结合问答授课"的形式开展教学,不可避免的存在知行分离、理实脱节问题,制约了学生创新思维及能力的培养。而 PBL 教学理念是一种集实践式教学、体验式教学、项目式教学为一体的教学模式,具有"超学科"学习、"以生为本"、教学整体性强等特征,为《人机工程学》实训教学及工业设计专业的人才培养提供了新的人才培养路径。

一、PBL 理念在《人机工程学》实训教学中的应用内涵

1.培养模式层面:实现教学模式的翻转

PBL 教育注重以问题驱动或项目式教学为引领,能够缓解传统灌输式教学背景

下"教"与"学"关系的矛盾,改变"教师"与"学生"的角色,真正把学习"还给学生"。在PBL教学体系中,教师不仅是《人机工程学》学科的知识传授者,学生知识与困惑的反馈者,还是学生自主探究与合作讨论中开展人机实验的协助者。而学生也不再简单的承担着"被动学习者"的角色,而是工业设计专业人才培养中的亲身体验者、主动探索者,更新了人才培养理念,促进教学模式的翻转。

2.课堂教学方面,活跃实训课堂的气氛

受传统单一的理论式教学模式影响,不少学者在《人机工程学》学习中,对教师的课堂讲授产生的较强的依赖性,学生学习积极性与主动性不强,课堂气氛抑郁,学生在学习中承担的角色逐渐淡化,为乐学、善学的课堂气氛营造带来了困境。与之相比,PBL教学理念则有效的解决了以往教学模式的弊端,通过问题设计、学习小组划分、案例学习研讨,使学生在自主、合作探究中进行知识的获取与理论体系的建构,活跃课堂气氛,并将引导学生在实践课堂学习中,树立多学科学习及终身学习理念,积极的参与到学习过程。

3.能力提升层面:培养学生的多元智能

PBL教学理念不止是强调创新的教育,而且是知行合一、理实结合的教育,在知识点的自主探究中,能够激发学生的批判、质疑、反思能力,增强学生的自我管理、自我反思能力,还可以让学生在自主研讨中,主动发现问题与解决问题,增进对人体测量学、心理学、美学等学科领域知识的认识与理解。同时,通过PBL学习兴趣的建立,营造轻松、愉悦的学习环境,使学生在小组讨论、交流中,增强口头表达能力、交流沟通能力、动手操作能力、创新创造能力等,促进学生的多元智能培养与发展。

二、PBL理念在《人机工程学》实训课程中的应用原则

1.以生为本,开展个性化的问题设计

根据工业设计专业的人才培养定位、《人机工程学》学科特点及学生的职业发展需求等,紧密结合学生的兴趣、个性及学科定位设计适合学生自主研讨、合作探究的驱动式问题,引导学生通过查阅资料、调研、数据分析、总结归纳、小组讨论等途径,形成解决问题的有效路径,达到激发学生学习兴趣,培养综合能力、职业素养的目的。

2.协同共育,共建实训课程教学资源库

基于校企合作理念,针对工业设计专业的就业方向,通过开展广泛的市场调研,对目标企业进行调查访问,深入把握用人单位的人才选聘需求及岗位要求,在《人机工程学》教学中,建立涵盖技能目标、知识目标、素养目标及创新能力目标的多元化教学目标体系,并在此指导下与用人单位共建《人机工程学》项目资源库,筛选企业的经

典案例在课堂中穿插,使学生提前熟悉岗位需求,激励学生主动提升自己的意愿,提升学生的自我学习管控能力。

3. 创新驱动,建立实训课程创新平台

以人机新实验开发为主,案例分析为辅,在传统的人机实验实训项目基础上,借鉴 STEAM 教育、新工科人才培养的先进理念,开发反应时测定实验、闪光融合临界频率测定实验、视觉反应时测定实验、注意分配实验等丰富的人际新实验,满足不同学生的学习需求。此外,可依托工程设计专业的现有硬件条件,建立实训课程创新平台,供学生进行机械、计算机、硬件等方面的工科产品开发设计实践应用。

三、基于 PBL 理念的《人机工程学》实训教学模式构建

1. 内容设计,明确方向

在《人机工程学》实训教学中,可按照实训课程内容体系的不同,将实训课程划分为生活化人机实验实训、科学类人机实验实训及学生创意类实训 3 类。其中,生活化人机实验以生活中常见的物体,如桌椅等为素材,引导学生通过人体尺寸测量、产品分析、模型制作、产品设计方案改良等,加深学生对专业知识的理解与掌握。在科学类人机实验实训方面,主要借助声光反应测定仪等设备,开展反应时测定实验等,引导学生遵循实验流程,通过观察、动手实践等形式,记录实验数据等,丰富学生的知识认知。而在学生创意类实训方面,学生可以个人或 PBL 小组的形式,以实物方式展现创意成果,巩固学生的知识体系。

2. 巧设问题,引入课程

立足工业设计专业的定位、人才培养需求等进行驱动性问题设计,要求问题设计能够激发学生的兴趣与探索动力,易于评估问题的实施效果,并拥有一定的深入研讨、拓展价值,适合学生进行自主探究及合作探究,迎合学习的个性、学习需求。在问题设计过程中,应注重问题设计的多元化、丰富化,不仅应考虑学生的知识目标、技能目标掌握情况,而且需要结合学生的素养、职业能力发展要求,更加侧重于"用户—操纵系统—安全舒适—使用方法—使用环境"系统问题设计,促进问题设计与应用实践的融合与对接。

3. 自主探究,发散思维

围绕提出的问题,学生可通过调研分析手段,进行自主探究,期间,教师可根据学生的数据统计、调研分析及调研方法情况循循善诱,引导学生摆脱传统思维的桎梏,为学生提供一个大胆的创造性舞台,学生可以充分发挥自己的创意,运用不同的调研方式、设计思路获得对问题或知识的理解,培养学生发现、质疑、批判与反思能力,使

学生从不同的角度看待问题,掌握运用多学科知识理论、思维解决问题的能力。

4.合作研讨,互助学习

针对学生自主探究阶段遇到的问题,可借助PBL小组共同解决。PBL合作小组以兴趣互补、知识互补为基础建设准则,按照6－8人的数量进行PBL小组划分,每个小组设立组长、实行小组组长负责制,每个小组亦可设定个性化的小组名称,小组的实训表现、评分等通过排名的形式呈现,营造竞争性的学习氛围。PBL小组既可针对前期教师提出的问题进行研讨,又可以共同进行人机小实验的创新实践、创新创意产品的开发设计等,充分发挥不同学生的主观能动性,从而融入到学习讨论过程。

5.案例分析,头脑风暴

依托与用人单位建立的《人机工程学》项目案例库,由教师选择用人单位近3年以来的典型项目案例,带领学生进行实战操作。学生可充分发挥头脑风暴思维,各显其能,利用个人的创意与思维形成问题的解决路径及解决方式,并熟悉项目案例的设计思维、设计理念、基础理论,学会从多视角、跨学科思想分析问题,提升案例式教学的实效。

6.个性点拨,总结升华

在实训教学过程中,教师可紧密结合学生的学习状况、小组的合作探究情况及人机实验设计、完成进度,进行个性化的点拨、指导,使学生走出学习的误区,并指导学生努力对照课程的学习目标、专业的人才培养需求,寻找发展差距,从而提升自我。

7.创意设计,学以致用

依托专业及课程建立的创新设计实验室,学生可以个人或小组的形式,进行创新创意产品设计,亦可作为学生创新创业项目孵化的原始基地,定期开展学科知识竞赛、学科技能竞赛等,培养学生主动参与到实训学习过程中,进行知识的内化与学以致用。

四、结语

PBL教学理念在《人机工程学》实训教学中的应用,不仅将改变"教"与"学"的角色,激发学生学习学习,在实训中锻炼自我,进行能力的升华,而且将为学生提供更多培养自身能力的平台与机遇,有助于促进学生的全面发展,在未来具有广泛的应用前景。

【参考文献】

[1] 卢岚,宋志强.关于人机工程学教学实验的思考[J].工业工程,1999,2(4):57-59.

[2] 陈亦仁,郭星,马强.CDIO模式下工业设计专业人机工程学教学改革的实践性探索[J].河北工程大学学报(社会科学版),2013,30(3):113-116.

[3] 岳涵,徐靖涵.基于CDIO模式的工业设计人机工程学课程教学改革[J].中国冶金教育,2018(1):27-28,31.

[4] 戴娜娜.论实践教学环节在人机工程学教学中的重要性[J].科技资讯,2010(8):185-186.

[5] 阮毅,柳光磊,王维建.《安全人机工程学》课程改革思路探讨[J].青苹果,2017(2):167-168.

[6] 赵恩来,沈荣喜,刘晓斐等.安全人机工程"课程教学方法改革的探讨[J].高教学刊,2018(13):130-132.

[7] 冯雨果,赵倩,毕君.基于任务驱动教学法的人机工程学课程改革探索[J].现代职业教育,2018(4):62-63.

[8] 熊薇,默颖超.信息时代背景下环境设计专业《人机工程学》课程教学改革与探讨[J].教育现代化,2018(32):66-68,80.

[9] 郭林森.以产品为导向的人机工程学课程教学改革[J].湖南包装,2018(2):118-119.

[10] 郝南南,刘宗明."工作室课题制"产品人机学课程教学模式探究[J].绿色包装,2017(7):38-41.

[11] 于明玖.慕课环境下人机工程教学面临的问题与改革措施[C].2017全国工业设计教育研讨会暨国际工业设计高峰论坛论文集,2017:17-19.

[12] 王彩萍,罗振敏,魏子淇等.安全人机工程学课程混合式教学方法探索[J].考试周刊,2017,(75):24.

共享型物联网工程专业教学资源平台建设探讨

王 欢

(宝鸡文理学院 计算机学院 陕西 宝鸡 721016)

【摘要】 物联网工程专业设置的目的就是为了培养物联网工程技术人才,弥补当前市场联网工程技术领域的人才需求,从而不断促进物联网的发展。从该专业的开设情况来看,一方面共享型物联网工程专业的教学资源相对缺乏,另一方面已有资源之间的差异性非常明显,导致资源共享存在一定难度。所以,本文首先简要介绍物联网工程专业教学资源平台的建设现状,然后探寻以大数据和云计算为基础的共享型资源平台建设策略,以提高共享型物联网工程专业教学资源平台的建设进程和整体质量,进而提高物联网工程技术人才的专业素质。

【关键词】 共享型教学资源;物联网工程专业;大数据;云计算;资源平台

【项目基金】 宝鸡文理学院第十三批教学改革项目(18JGYB56)。

改革开放的这几十年时间里,我国科学技术得到了飞速发展,其改革成就在世界范围内可以称之为"为数不多的奇迹"。在互联网催生了物联网技术,而物联网技术又与产业发展相结合,对专业技术人才提出了更高的要求,进一步推动了高等院校物联网工程专业建设步伐,让这方面专业人才的培养得到了落实。但是,当前物联网工程专业教学资源平台的建设存在诸多问题,导致各大高校在该专业教学资源建设水平差距较大,所以如今不得不对此展开共享型物联网工程专业教学资源平台的建设策略的探究,从而以不断提高共享程度去消除各高校之间的差距,确保该专业的人才得到全面、均衡的培养。

一、物联网工程专业教学资源平台的建设现状及问题

1. 重视专业教学资源,忽略数字化教学资源

大数据和云计算等现代高科技数据信息处理技术出现以后,我国高校将财力、人力、物力投入重点放在了专业教学资源方面,而忽略了数字化教学资源。所以,就出现了专业教学资源公共平台建设较好而数字化教学资源建设不足的现象,导致师生

教与学过程中所需资源非常混乱，进而影响了教师优化资源平台建设的信心。

2. 专业层次过于细化，课程设置侧重点不同

物联网工程专业尽管是最近几年才设置，但在本科院校、高职院校甚至中职学校中有很多学校开设了这一专业。它们的办学层次有很大差异，而且专业层次过于细化，导致课程设置的侧重点各不相同，从而培养出来的人才在专业技能方面也不同。

3. 资源建设标准不同统一，难以实现有效共享

每个学校都制定了数字化资源平台建设标准，但这些标准只符合本校实际，各学校之间并不统一，这就导致获取元数据难上加难，从而让资源共享成为"鸡肋"。特别是各学校之间形成的竞争越来越激烈，导致他们更看重自身制定的标准，从而想依靠这点形成自己独特优势。

4. 学校和企业之间的合作还不够

有的高校在培养物联网工程专业人才时，选择了与企业合作的方式。尽管这种方式比较创新，但学校和企业之间的合作没有足够深入，在课程建设、专业建设、教学资源库建设等方面还未展开实际的合作。另外，一些学校资源，如习题、课件、试卷等，都仍是停留在学校理论教学层面，没有和企业实践结合起来。

5. 资源平台缺乏高质量的安全保障

随着我国网络安全工作的稳步推进，我国网络安全性有了较大提升，网络违法犯罪行为得到了一定程度的打击。但是，作为教育教学方面的资源平台建设，其机密性和安全性无法得到更有效的保障，导致资源平台使用中出现了一系列问题，如黑客攻击、隐私泄露等。

6. 资源多且复杂，投送服务不够精准

教学资源共享平台是开放性、公共性、公益性平台，任何人都能在注册登录后获得相关的信息。这就让其中的资源种类、层次不断增多，致使资源质量参差不齐。特别是用户在面对这么多且复杂的资源时，往往不清楚应该选哪个，致使资源投送服务不够精准。

二、探寻以大数据和云计算为基础的共享型资源平台建设策略

建设共享型教学资源平台是我国教育发展的需要，也是市场人才培养的需要。特别是在当前，大数据和云计算为资源平台的建设提供了技术保障。为此，本文提出在大数据和云计算基础上建设共享型资源平台的思想，借助云存储功能对教学资源实施管理和整合，再根据智能算法不断优化服务效果，真正让资源平台实现共享。

1. 在专业教学资源整合的基础上整合数字化教学资源

大数据和云计算让人们获得数据和信息变得更加便捷,所以原本没有整合的数字化教学资源可以在大数据和云计算技术的帮助下得到整合。这样一来,不仅为我国高校整合资源节省了人力、财力和物力成本,而且可以让各大高校的教师积极投入其中,在运用互联网技术的基础上实现资源共享。

2. 统一资源平台建设标准,不断提高资源共享程度

针对各个学校资源平台建设标准不统一的问题,需要各个高校在"求同存异"的原则下统一资源平台建设标准,进而不断提高资源共享程度。"求同"就是利用大数据和云计算收集各校资源数据,然后在分析数据的基础上制定出适应范围更广的标准,各大高校再以此标准同步建设资源平台。"求异"就是在建设资源平台的过程中允许学校特色存在,并且鼓励学校打造特色。这样一来,各高校之间的差距会逐渐缩小,从而更有利于资源共享。

3. 加强和不断深化校企合作

校企合作不能只停留在表面上,要让企业的相关资源在高校中得到体现,而高校中的资源在企业中也得到体现。为此,高校不仅要利用云计算处理高校相关信息,而且高校同样需要不断对企业的相关信息进行搜集和处理,并且将之体现在日常使用的教学资源上。例如,一些案例分析资源则可从企业中获得,进而放在学校制定的试卷中,让学生对该案例进行分析。再如,一些课件在制作时,高校教师可以深入企业中了解实际情况,从而让理论教学和实践联系起来,让学生养成理论联系实践的习惯。

4. 提高资源平台的安全性

尽管我国网络安全有了较大提升,网络违法犯罪现象有所下降,但并不能说明教学资源共享就非常安全。现实中,黑客攻击资源网站导致数据被盗取等负面新闻不断出现,说明我国网络安全工作还需常抓不懈,以不断提高资源平台的安全性。特别是大数据时代的云计算技术依靠的也是互联网,一旦某个网络出现问题,那么相关网络也难以逃脱,继而给整个网络安全构成威胁。所以,一方面要提高云计算的技术等级,另一方面要研发专门的网络防护技术,从而确保教学资源平台的安全性。

5. 专业教学资源要实现"移动化"

当前智能手机越来越普及,让人们获得数据和信息的渠道更多,特别是在大数据和云计算技术的作用下,数据和信息的传递和接收更加灵敏。这种背景下的教师和学生是平等的,为了教师能给予学生更全面的指导,教师要借助手机提高数据和信息

的掌握程度,特别是要实现专业教学资源的"移动化"。

三、结语

综上所述,针对物联网工程专业教学资源平台建设过程中出现的问题,如重视专业教学资源,忽略数字化教学资源、专业层次过于细化,课程设置侧重点不同等,我们应该在大数据和云计算技术基础上,切实做好相关工作。首先,在专业教学资源整合的基础上整合数字化教学资源;其次,统一资源平台建设标准,不断提高资源共享程度;然后,加强和不断深化校企合作;再次,提高资源平台的安全性;最后,专业教学资源要实现"移动化"。

【参考文献】

[1] 杨浩,朱立才,蔡长安等.计算机网络在物联网工程专业中的教学改革与教学资源平台建设[J].计算机教育,2015(2):56-59.

[2] 朱静宜.新兴产业下高校物联网应用技术专业共享型教学资源库建设[J].计算机教育,2012(19):60-63.

[3] 彭维平,宋成,倪水平.共享型物联网工程专业教学资源平台建设探讨[J].科技视界,2017(12):71.

基于成果导向教育理念的实践类课程教学改革

王 利

(宝鸡文理学院 电子电气工程学院　陕西 宝鸡 721013)

【摘要】EDA课程属于对理论知识理解和实践能力要求较高的专业课程,在EDA工程人才的培养中占据重要的地位。然而在具体的课程教学过程中还存在着许多不足,因此本文结合成果导向教育理念以及EDA课程的特点,针对EDA课程教学中存在的问题,从课程教学目标、教学内容设计、课程学习评价方面进行了改革探索,进一步完善了EDA课程教学的方法。

【关键词】成果导向;EDA课程;反向设计

电子设计自动化(electronic design automation, EDA)课程属于电气工程本科专业的一门重要的专业教育课程,知识点涉及面广,在电子通信、工业自动化、智能仪表及计算机等领域应用广泛。学生对该课程的学习与掌握程度直接影响着能否培养出符合社会需求、具有实践和创新能力的EDA技术人才。为此,许多学者都对提高EDA课程的教学质量进行了研究,并取得了一定的成效。但是,在国家逐步全面开展工程教育专业认证的背景下,如何使EDA课程的教育与社会需求相适应、与国家的工程教育目标相一致,还有待进一步的探索和研究。成果导向教育(Outcome Based Education, OBE)是spady等人于1981年提出的一种以学生学习产出为导向的教育理念,即就是将学生通过教育所取得的学习成果作为教学设计和教学实施的目标,已较好地应用到国内多个专业课程教学改革中。本文在前人研究的基础上,将成果导向教育引入到EDA技术的课程教学中取得了显著的效果。

一、成果导向教育的模式

成果导向教育的模式是以学生需要获得的能力为中心来实施教学过程的方式。它的先进性主要体现在:

(1)以学生的学习成果来制定课程设置、教学过程、教学评价等,使课程的教育目标更加全面清晰。

(2)以学生的学习绩效来衡量是否达到毕业要求,使毕业标准更加完善具体。

(3)以反向设计为原则进行教学设计,从而将课程的学习与知识结构相呼应,使教学内容更加注重知识的整合。

(4)以合作式学习为中心,通过团队合作、协同学习共同提高学生达到成果标准的能力。

二、EDA 课程教学中存在的问题

EDA 课程是一门实践性与理论性较强的课程,对知识的理解能力和实际的动手能力要求较高。从教学实践的效果来看,主要存在以下 3 个方面的问题。

1. 教学目标与社会需求存在脱节

传统的制定 EDA 教学目标的方法受采用的课程教材的影响较大,没有考虑实际中的社会需求,仅围绕教材确定教学目标,容易导致培养出来的学生不具备服务社会的能力。

2. 理论教学与实践教学内容衔接不紧密

EDA 课程内容由理论教学和实践教学两部分组成。在实际的教学过程中,理论教学与实践教学是分开进行的。教师通常在完成理论教学后,再根据安排的实验时间进行实践教学。这种模式下,理论教学与实践教学在衔接上会存在差异。这是因为理论授课时,学生仅仅只是被动的接受理论知识,限制了理论转化为实践的思考能力。另外,由于课时有限,授课不可能面面俱到,很多理论在实践中应用的细节问题往往需要学生自主的去发现和解决。而实践授课时,学生又要根据教学内容的需要,只能对课堂理论教学要求的内容进行实验验证,缺乏对 EDA 工程项目的总体认识。

3. 课程学习评价机制不完善

课程学习评价是检测课程教学效果的重要途径,目的是为了深入了解学生的学习效果和促进教师对教学方法的改进。EDA 课程同大部分课程一样,课程学习的评价机制比较单一,主要以平时成绩、实验成绩和考试成绩为评价主体。课程考试的内容大多还停留在考查理论知识的记忆层面上,难以科学有效的评定学生是否能够达到 EDA 课程的教学目标。

三、基于成果导向理念的课程改革

针对上述 EDA 课程教学存在的问题,采用成果导向教育理念从教学目标、教学内容、教学评价 3 个方面进行相应的课程改革。

1. 以社会需求为依据,制定课程的教学目标

成果导向教育采用反向设计原则,具体指以社会需求为依据,反向设计课程目标、课程体系等内容,从而使学生的知识体系与社会需求相匹配。因此,可以借鉴成果导向教育的反向设计原则,定位 EDA 课程的教学目标。依据当前社会对 EDA 技术人才的需求,以能力的培养作为教学目标的核心,具体包含工程知识的掌握能力、问题的分析与解决能力、相关现代工具的应用能力、个人与团队的合作能力以及沟通交流能力等。

2. 以教学目标为指导,反向设计课程的教学内容

根据教学目标,在 EDA 课程的理论教学过程中注重知识整合,加强各教学内容之间的联系,结合案例,做到理论联系实践,以自主学习和课程小组交流的方式进行教学,提高学生分析问题的能力。在实践教学过程中采用以学生为主体的教学模式,让学生自由讨论方案的设计、实施以及成果的验收,充分发挥学生的积极主动性。在讲解与实践密切相关的理论知识时,可以在实验室中进行理论内容和实践内容同时兼顾讲解,有助于学生及时发现问题和解决问题,从而培养学生利用课程知识解决 EDA 工程问题的能力。

3. 以学习成果为导向,组建课程评价标准

合理的课程评价标准能够更加客观的反映学生的学习效果,促进教学目标的达成。成果导向教育理念对学习效果的评价机制已经趋于完善,因此可以借助成果导向教育的评价体系来建立 EDA 课程的评价标准。评价主体可以覆盖素质、技能、知识的考核,从不同层次对 EDA 课程的学习进行评价。

四、结束语

成果导向教育的理念是对传统教育理念的革新,对教学目标、教学设计、教学评价都具有重要的指导意义。结合课程教学的具体实践,采用成果导向教育的方法对 EDA 课程教学中存在的问题进行了改进,进一步完善了 EDA 课程教学的改革。

【参考文献】

[1] 唐绫,赵芳斌.单片机与 EDA 综合实验教学整合的探索与实践[J].实验室研究与探索,2014,33(1):252-254.

[2] 谷善茂,杜德,刘云龙等.EDA 课程创新实验教学方法探索[J].实验技术与管理,2015,32(3):41-43,46.

[3] 李志义.成果导向的教学设计[J].中国大学教学,2015,(3):32-39.

[4] 孙莉,马鸣潇.成果导向教育模式在动物免疫学实验教学中的应用[J].中国免疫学杂志,2017,33(10):1563-1564.

[5] 汤俊.面向OBE模式的"GNSS原理与应用"课程教学改革与实践[J].测绘工程,2018,27(10):71-75.

[6] 晏涌,刘学君,蓝波,等.基于OBE模式的"电子工程设计"课程改革[J].测绘工程,2018,35(1):194-198.

以工程实践能力培养为核心的机制专业实践教学体系构建

郭 便

(宝鸡文理学院 机械工程学院　陕西 宝鸡 721016)

【摘要】工程实践能力是机制专业应用型人才必须具备的基本能力,工程实践能力的培养主要通过实践教学来实现。分析了机制专业学生工程实践能力培养的重要性以及机制专业学生工程实践能力培养的现状,提出通过拓宽实施机制专业实践教学的途径,提高教师工程实践教育能力,校企共建实践教学基地,完善实践教学质量评价机制等措施,建立以工程实践能力培养为核心的机制专业实践教学体系,为提高机制专业人才培养质量奠定基础。

【关键词】工程实践能力;机制专业;实践教学体系

《国家中长期教育改革和发展规划纲要(2010－2020年)》的整体战略中明确指出,应着力提高学生"勇于探索的创新精神和善于解决问题的实践能力",这既是高等教育人才培养的必然趋势,也是贯彻科教兴国战略和人才强国战略,建设创新驱动型国家和社会的迫切需求。工程实践能力是能够理论联系实际,将所学理论知识应用于设计、制造等工程实践环节解决实际问题的能力,如何培养具有工程实践能力的高校毕业生,满足工业企业对工程教育人才培养的需求,是高等工程教育亟待解决的问题。实践教学作为机制专业人才培养的重要组成部分,是教学过程中不可替代的重要环节,对实现机制专业人才培养目标、提高人才培养质量具有重要作用。通过对机制专业实践教学体系的现状进行调查,指出其存在的问题与不足,提出构建以工程实践能力培养为核心的实践教学体系,提升学生的实践动手能力和工程应用能力,提高机制专业人才培养质量。

一、机制专业学生工程实践能力培养的重要性

1.体现了机制专业教育的本质特征

以工程实践能力培养为核心,构建机制专业实践教学体系,是机制专业教育内在

发展的要求,体现了工程教育回归工程向导的目标,有利于提高机制专业人才培养的质量。机制专业主要是培养学生具有宽厚的基础理论和坚实的机械设计、制造及自动化的专门知识,能在机械工程及自动化领域从事工程设计、机械制造、技术开发、生产组织和管理等方面工作的高级专门人才,构建以工程实践能力培养为核心的实践教学体系是实现培养目标的根本途径。

2. 是为振兴装备制造业储备优秀工程技术人才的必然选择

党的十八大报告提出要坚持走中国特色新型工业化道路,实施创新驱动发展战略,推动先进制造业健康发展,全面振兴装备制造业,这是保持我国综合国力持续增长的重要举措,同时这也需要高等工程教育培养出大批具有工程实践能力的毕业生,为中国工程科技进步做好人力资源储备。经过多年坚持不懈的努力,工程教育取得了一定的成绩,但同时也存在着很多棘手的问题,提出构建以工程实践能力培养为核心的机制专业实践教学体系将在很大程度上解决这些问题,同时也能解决目前工业企业中优秀工程师匮乏的困境,对振兴装备制造业具有重要意义。

二、机制专业学生工程实践能力培养的现状

原教育部周济部长在第二次全国普通高等学校本科教学工作会议上指出:"当前实践教学环节非常薄弱,严重制约了教学质量的进一步提高,我国本科教育在世界上是先进的,但是也有严重不足,最突出的就是实践能力较差"。以我校为例,近几年,机制专业实践教学取得了一定进步,但是随着招生规模不断扩大,相应的办学资源投入又不足,实践教学环节还存在很多亟待解决的问题,直接导致高校培养出的毕业生工程实践能力偏弱,与企业需求不相符,最终导致毕业生的就业难问题。

1. 基础性实践教学较多,综合性、设计性较少

目前很多地方高校机制专业实践教学内容相对落后,达不到培养学生工程实践能力和创新能力的要求,基础性、验证性实践占了很大比例,而综合性、设计性实践较少,很难激发起学生动手实践的兴趣,工程实践能力的培养难以保障。以我校《机械制造技术基础》实验课为例,目前开设4个实验,分别是车刀几何角度测量、切削力测量、加工误差统计分析法、装配尺寸链实验,四个实验基本都是验证性实验,而让学生实际动手操作,从零件加工工艺设计到生产出合格产品的综合性、设计性实验没有。

2. 机制专业实践环节的教学质量有待提高

目前机制专业实践教学的途径主要由三部分组成,一是以校内各种基础实验室和专业实验室为主进行的各种课程需要的实验实践;二是以训练学生掌握工程专业知识的课程设计;三是企业工程实践,如生产实习、毕业实习、毕业设计等。以我校机

制专业课程设计为例,由于空间资源以及师资力量的匮乏,大部分学生的课程设计质量并不高,并没有起到培养学生工程实践能力的目的;同时企业工程实践环节目前更多的流于形式,以学生去企业参观实习为主,并没有为学生提供动手实践的机会。

3. 教师普遍缺乏工程实践经验

作为机制专业工程实践教育体系的重要组成部分,担任机制专业实践教学环节的教师应该具有丰富的工程实践经历,目前,高校机制专业教师大多是博士毕业从学校到学校,普遍缺乏工程实践经历,以我校机制专业为例,专任教师中有企业工作经验的只有5人;同时企业中有工程实践经历的工程师又很难进入高校工作。虽然很多高校从企业聘请兼职教师,但由于其实践教学时间无法保证,对提升学生的工程实践能力很难起到作用。

4. 校内工程训练中心和校外工程实践教育中心建设不理想

机制专业的工程训练对学生工程实践能力的培养起着至关重要的作用。工程训练的组织和实施是通过校内工程训练中心进行的,但是我校还没有建立工程训练中心,学生的工程训练都是借助外校的工程训练中心进行,在一定程度上不利于学生工程实践能力的培养。同时高校和企业密切合作开展工程技术人才培养的综合平台—校外工程实践教育中心建设也不理想,目前主要体现在企业接收高校学生参观实习,而参观实习和动手实践还是有很大差别,对培养学生的工程实践能力和创新能力作用很小。

5. 实践教学质量的评价指标体系尚不健全

目前我校还没有建立规范的实践教学评价指标体系,甚至有些实践内容不进行考核,这也直接导致了学生对实践教学的重要性缺乏足够的重视,一定程度上影响了实践教学的质量。同时实践教学质量监控体系还不健全,缺乏统一标准对教师的实践教学水平进行评价,对教师的行为无法进行有效的监督和管理,实践教学质量受到严重影响。

三、机制专业学生工程实践能力培养实践教学体系的构建

根据行业企业的发展需求以及地方高校机制专业实践教学的实际情况提出从拓宽实施机制专业实践教学的途径,提高教师工程实践教育能力,校企共建实践教学基地,完善实践教学质量评价机制等四个方面构建以工程实践能力培养为核心的机制专业实践教学体系。

1. 拓宽实施机制专业实践教学的途径

高校应该结合社会经济发展的实际,全面、系统地考虑校内外各种可能的机制专

业实践教学资源,将其整合成开展机制专业实践教学的有效途径。以我校为例,目前机制专业实践教学实施的途径主要由课程实验、课程设计、毕业设计、金工实习、生产实习、毕业实习等方面组成,实施途径相对单一,学生在校内外参与到企业实际工程项目中的机会非常少,可以从以下几个方面拓宽机制专业实践教学途径:第一,创新学科竞赛实践。在机制专业人才培养方案中加入1－2个工程实践学分,鼓励学生积极参与学科竞赛,通过创新创业训练项目、机械创新设计大赛、大学生工程训练综合能力竞赛等课外活动的形式或者将学科竞赛的设计内容融入到专业课课程设计中,使学生能够综合运用课内所学专业知识,在项目中锻炼自己的工程实践能力和创新能力;第二,企业工程实践。由于企业所拥有的各种资源优势是校内实践所无法提供的,所以企业工程实践的重要性是不言而喻的。但是目前我校机制专业的企业工程实践更多的是以参观为主,并没有零距离地开展实践教学活动。应该将生产实习、毕业实习等实践环节深入企业内部,使学生直接参与企业的设计生产活动,从而使学生的工程实践能力得到极大地提高。第三,工程项目实践。毕业设计可以通过让学生参与企业委托教师的横向课题;生产实习、毕业实习等不再是走马观花式的参观,而是直接深入到企业内部,参与企业的实际工程项目,使学生的工程创新能力得到实质性地提高,改善机制专业毕业设计质量整体偏低、实习效果不明显的现状。

2. 提高教师工程实践能力

师资队伍的状况直接关系到人才培养的质量。高校应努力提升机制专业教师的工程实践能力,制定相关制度鼓励教师到企业中挂职锻炼,积累工程实践经验。同时制定相应的人事政策,引进或聘请企业中具有丰富工程实践经历和工程实践能力强的工程师到教师队伍中来,提升教师工程实践能力的整体水平,促进机制专业实践教学质量的提升。

3. 校企共建实践教学基地

机制专业学生的工程实践能力的培养,很大程度上依赖于工程训练。工程训练主要在校内实训中心和校外实践教学基地进行。通过校企共建实践教学基地,学生通过在实践教学基地的培养,不仅学到了合作企业需求的专业知识和核心能力,工程实践能力和就业竞争力得到很大程度的提升。另一方面通过实践教学基地平台,教师可以深入到行业企业了解生产一线的情况,了解机制专业的前沿技术,提高工程实践能力,同时也可以丰富教师的理论教学。

4. 建立机制专业实践教学质量的评价指标体系

判断机制专业实践教学体系的构建是否成功要通过对机制专业实践教学质量进行评价,评价标准整体反映在实践教学环节完成后,学生的工程实践能力的提升上。

改革机制专业实践教学的考核方式,提出多元化考核评价体系,把评价点放在整个实践过程中。第一,课程实验教学采用"平时＋操作＋实验报告"的考核方式,强调学生实际动手能力的考察。第二,工程训练以实际动手操作水平为主要的考核方式,即在规定的时间和条件下完成考核任务的水平。第三,课程设计采用"设计说明书＋图纸＋答辩"的考核方式。第四,创新创业项目和机械创新设计大赛等课外活动采用"作品模型＋报告＋答辩"的考核方式,主要考查方案的原创性与特色,测试方案及其完备性及作品的完成程度等,全方位考察学生的工程创新能力。

四、结束语

培养具有工程实践能力的应用型工程技术人才是高等工程教育的根本目标。本文对机制专业实践教学体系改革进行了探索,提出了通过拓宽实施机制专业实践教学的途径,提高教师工程实践教育能力,校企共建实践教学基地,完善实践教学评价体系等措施,建立以工程实践能力培养为核心的机制专业实践教学体系,对提升机制专业学生的工程实践能力、提高人才培养质量奠定了基础。

【参考文献】

[1] 张凤.地方理工科大学实践教学的现状分析与对策研究[D].石家庄:河北科技大学,2012.

[2] 吴鸣,熊光晶.以工程实践能力培养为导向的工程教育改革研究[J].理工高教研究,2010,29(3):54-58.

[3] 张继红.教学型大学工科专业学生实践教学模式研究[D].长沙:湖南师范大学,2008.

[4] 张国云,丁跃浇,李宏民等.地方院校电子信息工程实验教学改革与探索[J].实验科学与技术,2016,14(3):65-68.

[5] 郭便,魏宏波,侯永春等.地方高校校企联合培养工程技术人才的现状分析与对策研究[J].中国现代教育装备,2015,(7):94-96.

[6] 林健.构建工程实践教育体系 培养造就卓越工程师[J].中国高等教育,2012(13):15-17,30.

[7] 何雄明."工学结合、校企合作"模式下工商管理类专业实践教学体系的构建[J].教育与职业,2011,(26):155-156.

[8] 袁银男,许桢英,刘会霞等.完善实践教学体系 强化创新能力培养[J].实验室研究与探索,2010,29(4):92-94.

[9] 毛智勇,赵林惠,王玮,等.校企共建校外实践教学基地的探索与实践[J].北京教育(高教),2010(10):71－72.

[10] 卢清华,李先祥,叶树林."四位一体"式机电专业实践教学体系改革探索[J].高校实验室工作研究,2013,(1):4-5,9.

人文地理与城乡规划专业实践类教学活动初探
——以城市总体规划实习为例

党建华[1]　炊雯[2]

(1.宝鸡文理学院 教务处,陕西 宝鸡 721013
2.宝鸡文理学院 地理与环境学院,陕西 宝鸡 721013)

【摘要】本文根据目前人文地理与城乡规划专业的专业实际和现状,结合具体的专业城市总体规划实习,分析了目前该专业实践类教学活动存在的四点问题,进而针对问题,从专业课程设置、实习实践类课程安排、实习实践基地建设和课堂改革四个方面提出了具体可行的建议和意见,为人文地理和城乡规划转的实践类教学活动更有效的开展给予了建设性的发展分析。

【关键词】人文;规划;实践;改革

一、引言

资源环境与城乡规划管理专业前身是建国后设立的经济地理专业,1980年代后更名为人文地理专业,部分综合类高校地理学类学院上世纪八十年代设置了国土规划与整治专业。之后,又先后调整为经济地理类专业或者城乡规划类专业,到1999年,国家教育部统筹设置资源环境与城乡规划管理专业。2012年国家对高校本科专业目录进行调整,将资源环境与城乡规划管理专业拆分为:人文地理与城乡规划、自然地理与资源环境两个本科专业。该专业是以人口、资源、环境与区域可持续发展的研究、应用、管理为内容的基础性和应用性相结合的专业,具有"培养具备扎实的专业知识、良好的业务素质和专业技能的、能从事城乡建设、区域规划、开发的高素质人才"的专业特色。普通高等学校本科专业类教学质量国家标准(上册)中的地理科学类教学质量国家标准指出,人文地理与城乡规划专业知识应立足于人文地理学各分支学科的理论,结合城市规划的技术路径与基本方法,以人地关系理论为指导,掌握城乡规划专业的基础知识与基本技能。主要课程包括：经济地理学、城市地理学、城市规划原理、规划CAD、土地资源管理学、计量地理学、区域规划、城市设计等。还需具备满足教学需求的完备实践教学体系，主要包括实验课程、课程实习、毕业综合实习、教育教学实习、创新创业训练等。

二、总规实习现状

我校地理与环境学院人文地理与城乡规划专业在第四学期末为期两周的城市总体规划实习，就属于该专业实践教学体系的环节之一。依照学校的本科专业人才培养计划，人文地理与城乡规划专业城市总体规划实习是学生在学习了《城市规划概论》《城市总体规划》《城市社会调查与方法》等专业主干课后，在所进行的外出实习。通过实习将城市总体规划课程中所学的有关理论与实际的实践相对照，加强学生对总体规划的理解和认识。在实习的同时会安排社会调查内容，以此培养学生的独立思考、对外交流等方面的能力，并形成团队合作的精神。城市总体规划实习是人文地理与城乡规划专业学生，课程培养体系中十分重要的组成部分。该实习一般分为两个环节，一周时间安排为城市总体规划编制前期需开展的城市社会调查工作，第二周安排为城市周边各城镇的城市总体规划及其他相关规划的参观。成果分为小组的社会调查研究报告和个人的参观实习报告。通过参观，访谈，与专家思想交流，实际规划案例解读等手段，使学生对城乡规划的工作模式，工作内容，工作成果等有了一个深刻的认知；使学生的课堂理论向实际设计思维开始转化；同时使学生提前认知到了当前规划领域的发展新动向，为学生未来的成功就业打下良好的基础。通过该项实习进而引申到专业的各类实习内，分析了目前人文地理与城乡规划专业实践教学中存在的一些问题。

三、实践类教学活动存在的问题

通过和学生一起进行16级人文地理与资源环境专业的城市总体规划实习实践，以及和相关教师、学生的讨论分析，发现实践类教学活动存在以下问题：

(1)课程体系结构有待进一步优化，"人地城规"专业应用性较强，实习实践类课程开设的数量、学时丰富，但在实践教学的环节中，重理论、轻实践、重课内、轻课外，实践性不足是很多院校人文地理与城乡规划专业的普遍为问题，学科体系建设主要基于地理学的学科背景和传统优势，核心课程多为地理类课程，而以实践为特征的城乡规划类内容普遍偏少。

(2)学生对于专业实践的整体认识不足，前期准备不够充分，对于问卷调研的过程认识不足，文献资料查阅少，调查报告书写条理性不强，导致实践类教学活动效果不佳,学生会产生"实习即旅游"的错觉,继而使学生对专业产生不同程度的怀疑和不自信。在实习报告中,大部分学生都只仅仅对实习的具体过程进行了论述,对各个实习点的实习过程介绍也只局限于单纯的地名景点介绍,没有将自己在实习过程中的所见所得和自身的学习领会相结合,缺乏自身的感悟体会。

(3)受诸多因素的影响,该专业的实习基地建设相对滞后,到对口的城乡规划设计院参观学习的次数有限,只限于表面的参观,不能够全方面的深入进行专业性的规划学习,缺少和对口单位的资源共享机制。

(4)实践类教学的内容和形式单一,过程以知识的灌输为主,实践教学方法比较单一,演示性和验证性的实验项目偏多,综合性和设计性的实验偏少,各个实践项目之间相互独立、缺乏联系。个别实践环节还停留在认识性实践阶段,生产性实践实践环节不足,不利于学生的创新思维和创造能力的培养也不利于学生主动性的发挥。

四、建议与意见

针对上述问题分别给与如下建议:

根据国标和专业认证标准,进一步优化专业人才培养方案,对于实践类教学活动的学时、学分予以倾斜。本专业现有研究成果表明,人文地理与城乡规划专业与工科性质的城乡规划相比,更突出人文地理思想对城乡规划的指导作用,学生更具有地理学的专业视角,易从宏观整体上把握城乡规划。因此和工科的城乡规划专业相比,人文地理与城乡规划专业即有自己的优势,又存在一定的不足,应在充分发挥专业优势的基础上,强化学生规划设计能力较弱的不足。基于人文地理与城乡规划专业的就业定位重视实践环节教学,对专业发展具有积极意义;同时,人文地理与城乡规划专业不是培养具有解决实际问题能力的单纯技术型人才,而是需要设计符合区域自然、社会、文化审美及功能于一体的,具有"艺术型"的创新人才,因此在强调专业实践性的同时,还需重视学生的对人居环境、人文历史之间相互影响的理解,所以在专业课程的设置中,文化类课程也应占有一定的比重;构建城市规划模拟实验室,开展对城市总体规划和控制性详细规划实践教学,使学生基本掌握 CAD、ArcGIS、3Dmax、Photoshop 软件。

专业实践往往安排在学期的末尾,建议将实习的思维贯穿在整个学期的课程学习中,不仅仅只在学期末的安排社会调研和问卷调查,而是在开学初期,分组布置社会调查选题,给予充分的时间进行调研前的各项准备工作,从选题分析、调研地点、调研方法深入分析,多查阅相关资料和往年已经完成的优秀调研报告,使学生学习到什么是一篇优秀的调研报告,为了完成一篇优秀的实习报告该做哪些工作。对于专业实习,不能使学生单纯的认为是一次班级的集体出行,要从学期中的课堂里渗透出什么是专业实习,专业实习都要去什么地方,做什么事情,学生在实习中应该重点学习什么。作为学生,更应该在实习之前,对于实习的各个地点做足功课,查阅大量的资料,在实习过程中收集大量资料,在做最终的实习报告是不流于形式,要求学生围绕城市形成发展、城市规划思想演变趋势、城市规划编制任务和体系以及城市规划行政和管理等核心内容将自己真是的实习心得完成实习报告。从而提升自己的专业素养和实际运用能力。

增加规划设计单位和规划设计公司的实习基地建设,让学生学期期间参与到一次规划当中,学习具体的实际操作流程,从而增加城乡规划实践动手环节的份量,主要体现在城乡规划实习环节和规划设计业务实践环节。

采用形式多样的课堂实践教学形式,运用混合式课堂模式,利用校内外网络课程平台,如超星尔雅、智慧树、陕西省高等教育MOOC中心、学堂在线等,或是我校已建成的省校级精品课程和精品资源共享课程,将生动的知识课堂运用学习到理论知识点的学习中。也可从传统的讲授式课堂向启发讨论式转变,通过查阅文献和学生中实际运用发现,该教学方式更易被学生接受,教学效果优于传统的教学方法。

五、结语

1949年－2017年中国人口从5.4亿增长到13.9亿,城镇化率由10.64%增长至58.52%,城市规模不断扩大,集约、智能、绿色、低碳的新型城镇化发展迅速,对人文地理与城乡规划相关领域的工作者提出了更高的要求,地理学科背景下的专业型人才有更大的优势,应在突出自身优势的基础上,完善在专业在实践能力等方面的不足,提高专业培养质量,立足地方,对国家的新型城镇化建设做贡献。

【参考文献】

[1] 刘静玉,王丽坤.地理学视角下的人文地理与城乡规划专业课程体系构建研究[J].人力资源管理,2014(12):210-212.

[2] 张军以,苏维词,李孝坤.人文地理与城乡规划专业教学改革的思考[J].教育现代化.2017,8(35):19-21.

[3] 教育部高等学校教学指导委员会.普通高等学校本科专业类教学质量国家标准(上册)[M].北京:高等教育出版社.

[4] 孙海军,解伏菊,刘靖,等.应用型人才培养导向下人文地理与城乡规划专业课程体系优化研究[J].高等建筑教育,2017,26(5):33-37.

[5] 刘庆广.人文地理与城乡规划专业多层次实践教学模式探讨.赤峰学院学报(自然科学版)[J].2018,34(5):147-148.

[6] 贾卓,陈兴鹏,马振邦,等.基于任务导向型的城市规划原理实践教学研究——以人文地理与城

乡规划专业为例[J].高师理科学刊,2018(10):99-102.

[7] 赵永峰,郑慧.地方院校人文地理与城乡规划专业实践教学体系构建研究——以集宁师范学院为例[J].安徽农学通报,2018,24(11):142-145.

[8] 刘淑娟,魏兴琥.基于学生视角的教学方法与考核方式调查研究——以"人文地理与城乡规划"专业为例[J].文化创新比较研究,2018,2(9):105-106.

地方本科院校环境工程专业实践教学体系改革研究

易文利

(宝鸡文理学院　陕西 宝鸡 721013)

【摘　要】地方本科院校环境工程专业实践教学中存在六方面的共性问题,影响了人才培养的质量。为解决这些问题,有效提高环境工程专业人才培养质量,学校不断加强专业建设与管理水平,积极探索提高实践教学质量的有效方法和途径,构建出了环境工程专业实践教学 3 个一级平台并下设 5 个实践训练模的系统性教学新体系。这一新的体系通过面向本专业全体学生广角度、多层次地运行实施,取得了良好的实践效果,对地方院校具有一定的借鉴参和考价值。

【关键词】环境工程专业;实践教学;改革

环境工程专业是 21 世纪我国重点发展的高新科技专业之一。习近平总书记指出"建设美丽中国,改善生态环境就是发展生产力",将环境保护提升到了更加重要的地位,同时社会对环境工程人才的需求和素质要求逐年提升。在这一环境背景下,作为地方本科院校的环境工程专业应更加充分认识到人才培养的重要意义,针对该专业所具有的多学科交叉性、理论性、技术性、实践性较强等特点,强调培养学生动手操作能力,从专业实践教学方法改革入手,为地方社会积极培养废水、废固、废气科学处理及环境污染修复等方面的专门人才,还地方一片"绿水蓝天"是新时期党赋予的重要任务。

一、实践教学存在的问题

通过对地方院校的调研发现,目前在环境科学专业建设与教学实践中普遍存在一些共性的问题,限制了教学效果和实践意义,特别是在经济欠发达地区的地方院校中表现更为突出。这些问题主要表现在六个方面:

1. 实验教学内容不合理

实验教学内容不合理,多为课程基本理论和原理的简单验证性实验。我校环境工程专业实验教学仍是重理论轻实践,这种现象直接导致高等工程教育培养的人才不能满足社会对应用型人才的渴求,使毕业学生的"可雇性"下降。教学内容和工程实际的脱节,使得所培养出的学生工程素方面也薄弱。

2. 实践教学硬件资源不足

由于实验经费所限,实验设备投入有限,实验教学单次人数过多,实施过程中有些同学"走马观花","眼高手低"。虽每门课实验课程的通过率和等级较高,但学生的实际动手能力还很薄弱,实验成绩并不能真实反映出实验教学的效果。

3. 工程训练薄弱

实习基地多数不固定,工程训练薄弱。工程训练薄弱是导致我校工程实践能力欠缺的重要原因。高校与企业没有形成一种互相依存、互惠互利、协调发展的局面,因而使得高校走产学研道路更是纸上谈兵。再加上教师工程背景缺乏,流于形式的生产实习导致大学生的工程训练内容简单或脱离社会生产实际,学生的工程实践能力的培养得不到很好的培养。

4. 毕业论文质量难以保证

毕业设计启动晚,学生有效完成时间不足,毕业论文松散,质量较差;我校该专业的毕业设计是安排在第7学期中后期至来年5月初完场论文的答辩,有效持续时间只有4~5个月时间,再加上高等教育普及化、市场化及高校管理的国语人性化,该专业学生在毕业前近一年就已不在学校,即使在学校也因为考研、找工作等早已心猿意马。自然我校环境工程专业毕业设计质量总体较差。

5. 课程设计质量较差

课程设计质量较差,达不到训练的目的。对环境工程专业来说,课程设计是十分重要的实践环节,不仅是对专业课程知识原理的深化,而且更是为毕业设计和毕业后从事该领域的工作打下坚实的基础。但我校本专业程课程设计一般为期2周,但都是安排在学期的最后2周,由于最后2周,学生还需要复习期末考试的课程,使得学生的一些课程就形成了应付差事的形式,从网上拷贝来完成任务。虽然指导教师提出各种修改,但最终交上来的设计仍是一份份拼凑的设计,设计质量整体低劣,与教学目标相差甚远。

6. 实践教学考评机制不健全

实践教学考评机制不健全,革动力不足。这些问题的存在尽管和院校师资队伍建设水平、学科专业建设管理水平以及实践教学投入水平等多方面因素有关,但是在院校现有客观条件下通过科学建立实践教学新体系来提高实训效能才是解决问题最直接的办法。

二、实践教学改革措施

1. 构建实践教学新体系

针对本专业实践教学存在的一系列问题,我们不断加强专业建设与管理水平,积极探索提高环境科学专业实践教学有效性的方法和途径,构建了"3＋5"实践教学新体系,克服了实践教学中存在的普遍问题,使环境科学专业实践教学水平和效果得到显著提高。

"3＋5"实践教学体系是针对环境工程专业实践教学,以提高学生综合素养、知识应用与创新能力的为目标,系统构建基础教学、实践教学和科技创新教学3个一级平台,在一级平台下分别设立基础实验、课程设计、生产实习、社会实践和创新设计5个实践训练模块,并通过强化模块功能、深化过程管理、发挥模块间协同效应等手段,建立起的一套面向全体学生、多角度多层次的实践教学新体系(图1)。

2. 制定实践教学新体系运行的保障措施

科学制定全方位配套保障措施是"3＋5"实践教学体系实现良好运转的关键。

(1)应根据各模块具体特点制定有利于模块功能发挥的相应措施:①在基础实验模块,应打破以往验证性和重复性实验为主的课程内容,采取合并相近课程实验为综合实验,整合部分课程实验室为综合实验室,设法保证为学生综合设计类实验教学内容的比例不低于50%,并由学生组成实验小组在老师的指导下独立进行实验,提高学生的自主设计能力;比如在水污染控制工程实验中,增加了某废水水质测定的实验,测试某废水COD测试、氮磷测定,学生可自主设计实验方案,不但使学生掌握一些大型仪器的操作技术和环境监测方面的理论知识,而且也锻炼了学生自主设计的能力。②在课程设计模块,应着力强调教学内容与实际工程接近,重点突出环境工程中的主要工艺、设备的运行实验,突出学生创新能力和工程能力的培养,同时要求教师可结合典型的工程案例或自己的研究项目安排设计内容,使学生能够体会理论联系实际的内涵,提高对实际问题解决能力和创新能力。同时对课程设计的时间可弹性安排,比如可将设计时间可安排在整个学期的后半学期,避免期末和其他课程复习时间起冲突;③在生产实习模块,一是要不断加强与地方政府、环境监测部门、环保企业等的交流与合作,在交流与合作中逐步建立、巩固和扩大实习基地,从而保证实习场所固定性和实习条件优良性。同时在制定实习方案时,可让学生结合毕业设计课题的一项和专业导师意见选择平台实习单位,并聘请该单位1－2名高级工程师作为学生校外实习的教学指导老师;同时学校与实习单位签订三方协议,保证实践教学计划顺利进行；二是要加大督导和考核力度，促使教师切实深化生产实习内容，让学生能够有效结合专业知识对各项生产工艺和设备等产生深刻的认识。为提高实习教学效果，要求学生跟班实习，严格实行考勤制度。④在社会实践和科技创新模块，重点应加大对学生自主参与工程项目研究提供较为充分和全面的支持。一是推行教师顾问制度，为学生参与社会工程项目研究、考取环境影响评价上岗证书和评价工程师等资格证书提供一定的智力支持。职业资格证书是学生职业能力的体现，更是在社会实践中社会对人才评定的重要指标。因此为鼓励我校环境工程专业学生在就业应聘时处于优势地位，可推行导师顾问制度，让学有能力的学生参加一些资格考试，如注册环保工程师、环境影响评价工程师、注册造价工程师等，通过考证，以考促学，提升学生的专业技术。

（2）开设开放性实验室，鼓励教师将自己科研项目设计为开放性实验内容，可以有效的培养学生的创新能力，促进科研与教学互动，实现科研资源的教学共享。在这方面，学院可鼓励学生课后以多种形式参与教师科研项目，老师与学生形成一对一或已对多的课题辅导模式。到毕业设计阶段，较多的同学就可以以教师科研项目为选题，积极进行相应的毕业设计活动。这也为学生参与社会工程项目研究提供一定的自主实验条件。

（3）采取与学生学分、与指导教师绩效工资挂钩等措施，鼓励学生考取相关资格证书和申请参与"大学生创新创业训练计划""挑战杯""全国大学生课外学术科技作品竞赛"和"创业计划大赛"等。另一方面应根据实践教学体系的运行逻辑从宏观上制定具体管理措施，充分发挥模块间的协同效应和教学体系的整体功能。①应建立严格的实践教学监控机制，对实践教学体系的三个教学平台运行全过程实施监控，查漏补缺不断夯实平台基础；②应建立客观的教学质量评估机制，定期对实践教学效果进行360度评价，认真收集各方面意见和建议，不断完善和更新实践教学体系；③应建立公平的考核制度，对所有参与实践教学的教师，制定以教学效果为主导的系统性考核指标体系，考核结果与教师绩效工资和职称晋升挂钩，奖优罚劣有效提高师资队伍力量。比如可以学生发表科研论文或提交实验报告完成的设定相应的科研学分等。

三、实践教学取得的成效

自我校环境工程专业"3＋5"实践教学体系建立以来，已经在该专业四个年级学生中进行了全面实施，并取得了良好的实践效果，极大促进了该专业地发展建设。首先，学生学习兴趣和自主实践操作能力显著提高，与往年相比学生课程设计质量得到了明显改善，优秀率大幅增加。其次，学生实习基地从原来的3个增加到7－8个，且均已和学校形成了稳定的良好合作关系,不仅能够完全满足学生生产实习需要,而且一些学习优秀学生还参与到了实习基地的部分工程项目实施之中。第三,学生平均每学年考取各类职业资格证书人数与教学改革前相比有所提高,大创项目及各类创新设计竞赛学生参与率上升20-30%,获批、获奖人数较教学改革前增长。第四,该专业连续三年毕业生就业率和就业质量稳步提高。第五,教师工作积极性得以充分调动,实践教学内容得到了彻底改善,教学时间得到了有效保证,教学场地利用率显著提高,实践教学教师参与指导学生开展社会实践的参与率达到了100%。

四、结语

实践教学是环境工程专业人才培养中至关重要的环节,发挥着决定性的作用。在院校现有条件下,通过科学建立实践教学新体系来提高实践教学质量是最为直接和有效的办法。实践证明,我校环境工程专业"3+5"实践教学体系是一套具有自身特色的规范性实践教学新体系,能够为地方同类院校环境工程专业实践教学工作发展提供一定的借鉴价值。

【参考文献】

[1] 王帅,单德臣,李明,等.应用型本科高校环境工程专业实践教学体系的改革构建与探索[J].黑龙江教育(理论与实践),2015(9):72-75.

[2] 万均,白卯娟.环境工程专业实践教学体系改革初探[J].广东化工,2015(24):175-178.

[3] 葛艳辉,闵笛,刘桐芬.环境科学专业实践教学体系的改革与探索—以天津理工大学为例[J].安徽农业科学,2016,44(24):241-243.

[4] 陈男,胡伟武,冯传平,等.以工程实践和创新能力培养为导向的教学体系探索[J].中国地质教育,2015(45):142-147.

融合工科实践教育的地方高校学科竞赛组织管理模式改革探讨

王 辉

(宝鸡文理学院 化学化工学院 陕西 宝鸡 721013)

【摘要】 针对地方高校学科竞赛中存在的问题,进行深入调研。探讨了学科竞赛组织管理模式的改革措施,提出提出了多层次的学科竞赛体系,使学科竞赛始终贯穿大学生教育中,反馈并丰富实践教学,切实培养大学生创新创业能力。

【关键词】 地方高校;学科竞赛;组织管理;改革

学科竞赛是在课堂教学的基础上,以竞赛的方式来提高学生理论联系实际和独立工作的能力。是解决实际问题,增强学生学习能力,培养创新型人才的有效途径。我国教育部明确规定,要把加强科技竞赛工作纳入"实践教学与人才培养模式改革创新"中。而如何开展好各学院的学科竞赛,并形成科学规范化的组织管理模式,是值得各高校思考的问题。

一、学科竞赛在人才培养中的作用

1.激发大学生的创新创业能力

学科竞赛通常是在教师的指导下,学生通过查阅文献资料,创新性地开展研究工作。在学科竞赛过程中,学生往往会发现一些新的现象,取得一些创新性的成果。更重要的是在竞赛过程中,学生需要通过付出大量的心血和汗水,并克服种种困难才能取得一定的成绩,这对献身于科学研究的意志品质也是一种锻炼,为大学生创新创业精神的培养提供了广阔的舞台。

2.培养大学生的实践能力

大学生学科竞赛活动是增强大学生创新和实践能力的重要途径。创新的思路来源于实践,创新的成果也必须动手实践。因此,从本质上来看,创新创业能力和实践能力是一致的。在创新精神下指导的实践才是真正的实践,经过实践检验的创新也才是真正的创新。在学科竞赛中,学生需要通过全方位的构思、设计并实施来完成竞赛,因此实践能力得到大大的提高。

3. 提高大学生的团队合作能力

大学生学科竞赛一般需要 3－6 人完成,整个竞赛一般需要半年甚至一年的时间才能完成。在竞赛工程中,整个团队的队长和队员之间需要相互交流、沟通,大家必须齐心合力才能完成整个竞赛,每个成员在竞赛过程中都起到不可或缺重要的作用,在竞赛过程中,使大学生的团队合作能力得到很大的提高。

二、地方高校学科竞赛存在的问题

以宝鸡文理学院制药工程专业为例,近年来,我院制药工程专业连续几年组织学生参加全国大学生制药工程设计竞赛,虽然取得了一定的成绩,初步形成了"以活动促创新,以创新促成才"的基本理念。但是在管理上,也仅限于为学生提供资金、场地等硬件条件的支持,缺乏从工科实践教育和人才培养的高度进行系统的监督管理,也缺乏相应的理论支持。总的来说,学科竞赛存在以下几个方面问题:①学科竞赛大部分都是由个别教师组织有兴趣的学生参赛,缺乏统一的教育引导和管理;②学生刚开始参赛时兴趣较浓,由于工科的学科竞赛大多需要大量的计算及较丰富的实践经验才能较好完成,而学生缺乏把所学理论知识与实践相结合的经验,因此使得学生的兴趣大大降低;③地方高校工科学科竞赛总体上学生的参与度较低,且大都没有和现有的工程实践教学相结合,没有真正把学生的科技竞赛活动纳入高等工程教育理论体系中去,使得其系统化、规模化发展存在一定的瓶颈和障碍。

因此,进一步探讨地方高校学科竞赛存在的问题,提出改进的措施,对增强创新实践成果,促进创新人才培养具有重要的意义。

三、地方高校学科竞赛组织管理模式的改革措施

地方高校学科竞赛组织管理模式改革的思路为致力于建立一个能让所有学生接受的竞赛过程训练的教学体系,建立一个能激励学生和教师参与竞赛的制度体系。将学科竞赛融入到工科实践教育中去,并将学科竞赛打造成为提高学员办学质量,培养合格的应用型工科人才的平台。

1. 以培养方案引导学科竞赛,以学科竞赛反馈专业建设

本科的人才培养方案要注重知识传授、能力培养和素质教育的协调统一。培养

方案的制定不仅让学生能够学会理论知识,还应加强实践教学环节,要正确处理好理论与实践,课内与课外,基础与专业之间的关系。学生在校学习期间除课内完成必修课、选修课、实践环节学分外,还必须取得创新实践与课外活动学分方准予毕业。

本文以我院制药工程专业为例,针对学科竞赛中的问题,结合本科人才培养方案,提出图1所示的多层次学科竞赛体系。在大学一年级,学生开设的课程多为通识课程和专业课程导论,在一年级阶段,学生对所学专业有一定的了解,因此这个阶段主要注重竞赛的宣传,鼓励学生参加数学建模,英语等普及性的竞赛,使学生具有一定的创新意识。在大学生二年级阶段,学生开设了物理化学、有机化学、化工原理等专业基础课程,是专业知识的储备阶段,应鼓励学生参与竞赛中门开比较低的组,如进行简单的计算。通过竞赛加强培养学生理论联系实际的能力,培养创新思维能力,形成创新精神。大学生三年级学习了大量的专业知识,实践能力也得到了锻炼,因此应以三年级学生作为竞赛的主力军,鼓励学生多参与学科竞赛,使创新能力得到提升。大学社四年级阶段,学生多处于企业中进行实习,接触了很多实际的问题。因此,这个阶段应多鼓励学生参与难度及综合要求较高的学科竞赛,并且应将学科竞赛与毕业论文和大学生创新创业项目结合起来,使创新能力得到进一步提升。这样,在整个大学生教育中,学科竞赛始终贯穿其中,学科竞赛也能融入到专业课、实践课、创新创业项目以及毕业设计中,并始终对专业建设进行反馈,形成了一个"理论知识扩展—技术方法创新—综合能力提升"三者相互影响、相互补充的过程。

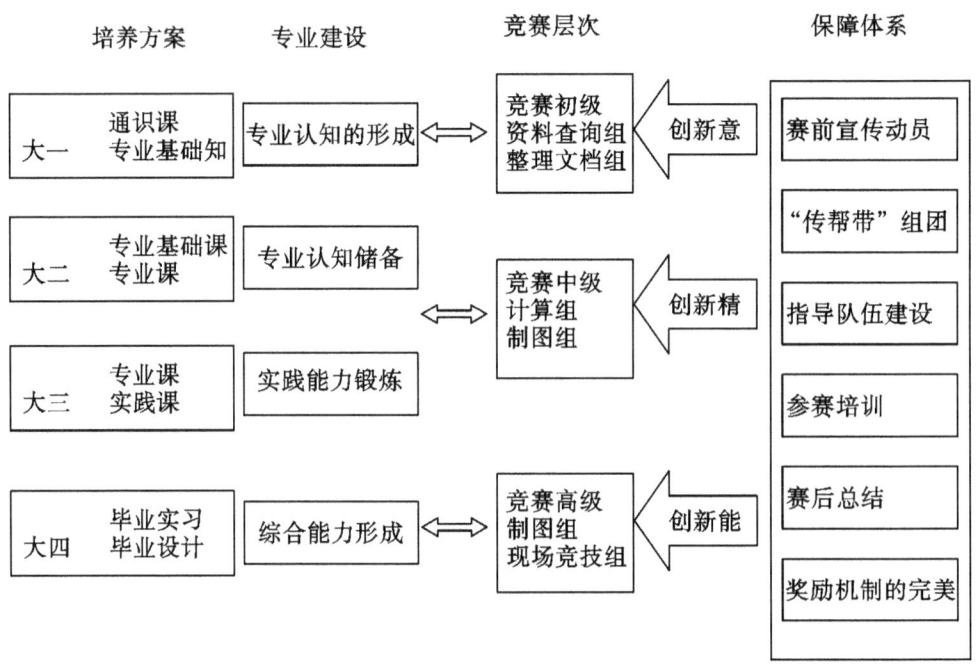

图1　多层次学科竞赛体系

2.加强学科竞赛的组织协调工作,推动学科竞赛发展

学科竞赛是一项复杂的工作,它不仅需要专门的管理机构进行组织,还需要各个部门之间相互合作。因此,针对不同层次的学科竞赛,其组织管理机构也应有所不同。例如,国家和省部级的学科竞赛,应有教务处带头,各二级学院负责;校级学科竞赛应直接由二级学院领头,二级学院学生管理处负责;而院级的竞赛则由各学院学生社团组织,各个班委负责。在这种分级领导、逐层实施的管理模式下,各组织部门能够紧密结合,相互配合,对推动学校学科竞赛的发展具有重要意义。

3.加强教师队伍建设,促进学科竞赛发展

学科竞赛是教与学紧密联系的过程,也是师与生相互配合的过程。由于工科的学科竞赛大多需要大量的计算及较丰富的实践经验才能较好完成,而学生缺乏把所学理论知识与实践相结合的经验,无法独立完成,这就需要专业和的教师进行强化训练和实际指导。特别是一些国家级的竞赛,往往涉及多个学科,多个专业,需要不同学科背景,不同专业领域的教师共同参与才能完成。因此组建一支经验丰富、技术过硬的教师队伍至关重要。学校应进一步加大教师培训力度,不断提高教师创新能力和业务水平,鼓励教师参于产业化实践项目,只有教师掌握了科学前沿,学到了先进技术,才能指导学生在学科竞赛中取得优异成绩。

4.健全学科竞赛管理制度,保障学科竞赛的正常开展

学科竞赛是一种特殊的实践教学形式,要组织和管理好学科竞赛,一方面需要有健全的管理制度,另一方面需要有详细的奖惩细则。健全的学科竞赛管理制度,不仅仅是提供充足的经费,还应规范学生及相关指导老师的行为准则,对组织、培训等学科竞赛各个环节都有详细的操作规程。详细完善的奖惩制度是对老师和学生工作的一种肯定,它能够调动老师和学生的积极性,因此,健全的学科竞赛管理制度,对保障学科竞赛的开展具有重要意义。

四、结论

开展多学科交叉、共同协作的学科竞赛有利于培养大学生的实践能力、激发大学生的创新创业能力、提高大学生的团队合作能力。本文以宝鸡文理学院化学化工学院制药工程专业为了,分析了地方高校学科竞赛中存在的问题,在此基础上,提出了学科竞赛组织管理模式的改革措施,提出了多层次的学科竞赛体系,使得学科竞赛始终贯穿大学生教育中,反馈并丰富实践教学,切实培养大学生创新创业能力。

基于OBE理念人才培养体系的构建

【参考文献】

[1] 蒲传金,陈晓玲.大学生参加课外科技竞赛的组织与管理[J].中国教育技术装备,2013,34(303):108-109.

[2] 赵富伟,王建军.地方高校科技竞赛三级管理体系研究[J].宁波大学学报,2014,12(1):69-71.

[3] 王香婷.深化人才培养模式改革提升大学生创新实践能力[J].实验技术与管理,2014,31(9):19-22.

[4] 贾永兴,杨宇,薛红.浅谈学生创新意识的培养与实践[J].高教学刊,2017,32(8):79-80.

大学生创业学习对创业导向的影响研究
——基于创业自我效能的中介作用

刘 辉 张育人 杨若男

（宝鸡文理学院 经济管理学院 陕西 宝鸡 721013）

【摘要】在双创背景下，大学生创业活动已逐渐成为当下的趋势，对国家的经济发展和解决部分就业问题至关重要。本文选取大学生作为研究对象，对大学生创业学习、创业自我效能与创业导向之间的关系进行研究。研究发现创业学习和创业自我效能对创业导向产生积极影响，创业学习对创业自我效能产生积极影响，创业自我效能在创业学习对创业导向的影响中起部分中介作用。本研究探究了通过大学生创业学习增强大学生的创业自我效能，进而加强其未来的创业导向的这一大学创业教育内在作用机理，对于高校有效开展创业教育具有一定的实践指导价值。

【关键词】创业学习；创业自我效能；创业导向；大学生

【项目基金】陕西省高等教育教学改革研究项目，"开放、融合、多元"的地方院校创新创业三阶协同育人体系的构建与实践(19BY116)。

一、引言

以创新、创业为代表的"双创"政策是推动新旧动能转换和经济结构转型升级的重要手段。大量研究表明，创业活动对科技进步、经济发展、就业岗位创造以及就业结构改善具有重要作用。近年来，高校毕业生呈现出逐年增加的趋势，再加上国际经济形势的影响，毕业大学生就业也越来越难，毕业生们承受着巨大的压力。因此，引导和鼓励大学生创业，可以有效解决自身就业问题，同时还能提供新的就业岗位，给他人带来新的就业机会，缓解社会就业压力，是社会发展的内在需求。鼓励大学生通过创业，将自己的兴趣和创业梦想很好地结合在一起，可以直接做出最适合自己的性格、兴趣的一件事情，通过自己的努力，他们可以找到一条实现梦想的成功之路。因此，大学生创业不仅能实现自己的人生价值，还能在某种程度上缓解社会就业压力。

我国首次创业的群体和国外相比，总体成功率很低、创业水平很低，其中大学生群体是我国首次群体中的重要组成部分。据调查在我国所有的创业者中拥有大学学历的人仅占3.7%,发达国家的创业者中有大学学历的是我国的6～8倍。因此,迫切需要进一步提高我国大学生参与创业活动学习的质量和有效性,帮助大学生确立合适的创业导向,进而将大学生的创业热情转化为创业成果;另一方面,随着经济社会的发展,人类逐步发展进入了知识经济的时代,创新学习成为知识经济时代的重要发展主题,突破中等收入的陷阱必须充分依靠学习和创新加以推动。在这种双重的背景下,以鼓励大学生创业为主题,探究如何通过大学生创业学习增强大学生的创业自我效能,进而加强其创业导向的内在机理研究,对于大学有效开展大学生创业教育具有非常重要的现实意义。

二、文献综述与研究假设

1. 创业学习对创业导向的影响

所谓创业学习,就是学习如何创业,创业学习的结果就是得到创业的知识以及提高创业热情,最后转化为创业行动。Ajzen认为创业者个体可以通过学习获得更多的创业知识和经验,从而增强对创业行为实施的信心,从而影响个体的创业导向。创业学习主要基于经验和观察,经验学习包括从过去的经验中学习,以增加他们的知识储备和创造新的知识。在学习创业经验的过程中,通过学习、反省现有的创业活动经历,不断积累长期经验,增强对潜在创业者的信心,提高对创业的积极态度。在进行创业认知学习的过程中,学生参加学校所开设的创业教育课程,通过课程或翻阅相关书籍、密切关注成功创业者的企业、参加创业相关的研讨会,提高自己的创业意识,明确对创业活动的认识。许昆鹏认为创业榜样的经历能够激发他人的创业可能性,不同的榜样对他人的影响方式不同,影响强度也不同。李厚锐等人基于对创业园区大学生创业者的研究提出个体通过实践性学习,将过去的经验转化为创业知识,是一个探索、试错的过程,而过去的经验或多或少都能使大学生的创业想法提高。结合以上学者的研究,可以得出这样的结论:大学生可以通过创业学习增加知识和经验的积累,提升自身的技能和能力,从而对自己进行创业活动进行感知,进而直接或间接影响到自己的创业导向。因此,提出以下假设:

H1:大学生创业学习对创业导向产生显著正向影响。

2. 创业学习对创业自我效能的影响

不少研究表明创业知识的学习对创业效能感的提升有着显著影响。创业榜样的示范会使个体的自我效能感增强,榜样与自己的相似度越高,自身想替代的的想法也就越强。周必或和池仁勇认为自我效能感与家庭、社会、学校教育学习均相关,且相关性水平都较高。现在的文献中很多都认为学习创业知识有助于提高大学生的创业欲望。Kuip&Verheul认为高等学校可以开设创业相关课程内容,让学生学习创业知识,了解创业过程,增加兴趣最终达到提高学生创业效能感的目的。与没有接受创业教育的个体相比,有学习经历的个体具有较高的创业效能感,通过学习获得所需的知识和技能,使其增强创业的信心。由此可见,个人创业者通过长期的创业实践和学习,可以极大地增强其创业意识和个人内在的自信和创业勇气,从而对真正的创业活动进行自我评价。同时,创业模范也能对自我效能感的增加产生积极作用。因此,提出以下假设:

H2:大学生创业学习对创业自我效能产生显著正向影响作用。

3.创业自我效能对创业导向的影响

国外学者很早以前就开始关注这两者之间的关系。最初在Chen提出创业自我效能的定义时,提出创业的效能感对个人从事创业活动的可能性有着显著的影响。国内学者对于两者之间的研究起步稍晚,虽然在创业自我效能的维度划分上有所出入,但都认同创业个体的自我效能感越高,其创业的想法也就越强烈。创业自我效能是影响创业行为的关键变量之一,对阐明创业导向有重要影响。例如,自我效能感较高的个体,有一定的能力和经验并对取得创业成功有信心,在未来成为一名成功的创业者的可能性就越高。当个体进行创业行为时会不断地做出各种选择,在创业的不同时期有不同的心理状态,而自我效能感能在个体创业的不同时期起到关键性的作用。自我效能感能够解释创业个体在其创业不同时期和阶段的思想和行为,并且效能感可以直接影响创业过程中个体的创业选择,高自我效能感的人比低自我效能感的人更容易坚持某个目标,直到取得成功。由此可以看出,创业效率高的人通常比其他人更有能力,这有助于增强他们对实现创业目标的信心,从而对自己的创业活动做出积极评价,最终促进创业欲望的增强。基于大学生这类初创群体的特殊性,本文主要分析大学生创业自我评估效能对创业导向的影响。因此,假设如下:

H3:创业自我效能对创业导向产生显著正向影响。

4.创业自我效能的中介作用

Chen等认为,个人接受的教育水平越高,对创业活动越有自信,将来创业的成功率也越高。因此,本文在以上假设的基础上,对创业自我效能的中介作用进行探究。从文献综述可得现有学者对创业学习、创业自我效能和创业导向之间的关系研究集中在两个两个变量之间,本文在此基础上将创业自我效能作为中介变量,来探究创业学习对创业导向的影响能否通过创业自我效能这一中介变量实现。提出假设如下:

H4:创业自我效能在创业学习对创业导向的影响中起部分中介作用。

基于以上研究假设,本研究的研究框架模型如图所示:

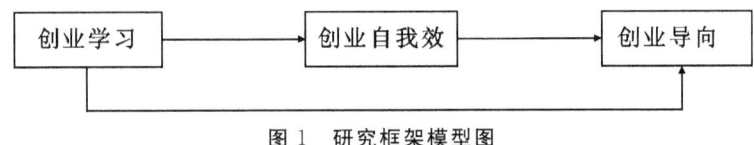

图1 研究框架模型图

三、研究方法

1.问卷设计

本文的研究方法主要采用问卷调查法,此种方法的好处在于能在短时间内捕获多个研究对象,接收大量数据,量化数据,节省时间。在问卷调查法中,问卷的设计是关键也是前提,如果设计不合理,将直接影响到问卷的合理性和科学性。在浏览大量相关文献的基础上,结合本文的研究目的和已有的成熟量表,初步设计问卷并不断修改完善。

本文所用的调查问卷主要分为四个部分,第一部分是研究对象的基本情况,包括性别、年龄、文化程度、所学专业和社会关系;第二部分是对大学生创业学习的变量进行测量;第三部分是对大学生创业自我效能的相关变量进行测量;第四部分是对大学生创业导向的变量进行测量。

2.问卷的发放和回收

本研究主要针对在校大学生发放问卷,主要对象包括博士、研究生、本科生以及大专学生。调查问卷主要以问卷星电子问卷的方式进行发放并及时回收,问卷发放主要在陕西省内的高校,一部分让在省内上学的朋友帮忙填写并扩散,另一部分在本学校的一些人数较多的微信群里发放让大家帮忙填写,为了保证问卷的真实有效性和质量,进行有偿的问卷调查;其他来自陕西省外的数据主要来源于问卷星应用上的互填问卷。最终共发放问卷272份,实际回收的样本235份,回收有效率达86.4%。用SPSS20.0的无效问卷筛选,筛选出27份无效问卷,有效问卷为208份,问卷有效性为88.5%,符合研究要求。

3.研究工具

从上述关于创业学习、创业自我效能和创业导向的相关研究中可看出,目前对于三者的概念并没有统一的定义,其中创业导向是创业者对公司未来发展的方向的判断,创业学习分为经验、认知和实践三个维度进行阐述,创业自我效能则着重突出自身的创业信念。本文的研究对象选择的是在校大学生这一类初创群体,基本没有创业经验和创业实践,为了确保研究的普适性,根据大学生的特点将创业学习界定为大学生了解创业过程以及学习创业知识的过程;将创业自我效能界定为大学生对成功创业的信心以及自我能力的评价;创业导向定义为大学生未来进行创业活动的可能性和意愿。

(1)创业学习的测量。研究相关文献可以发现,对于创业学习的概念目前学术界还未有统一的概念,但学者们对于创业学习的研究视角有相同的认知,主要有经验学习、认知学习和实践学习。相比于成熟的创业者,本文主要侧重于大学生这一类初创群体,大学生的创业学习在于学习创业相关的知识、经验及能力,是一个积累、认知的过程。本文主要借鉴了周必彧、师晓慧等学者编制的量表,其量表有较好的信效度。在这一借鉴的基础上,并充分考虑到本研究对象的特殊性,对量表进行增减调整,最后形成了关于创业认知学习共5个题的量表。采用Likert5点计分法,从1到5满意度逐渐加强。具体量表如下表1所示。

表1 创业学习量表

测量维度	编号	题 项
认知学习	A1	我个人认为我现在所学的的专业知识能够帮助创业
	A2	我觉得能够识别创业机会对创业成功至关重要
	A3	我经常寻找并阅读有关书籍和相关文献来了解具有价值的创业信息
	A4	不断学习创业知识在创业过程中是必不可少的
	A5	在创业行动开始之前,必须制定一项详细且有针对性的计划

(2)创业自我效能的测量。基于研究对象的特殊性,本文将创业自我效能定义为大学生对成功创业的信心以及自我能力的评价。本文主要借鉴了周必彧、余志香等的学者编制的量表,其量表有较好的信效度。在这一基础上,并考虑到大学生这类初创群体的特殊性,对量表进行适当的增减调整,最后形成了有关于创业自我效能的量表。具体量表如下表2所示。

表2 创业自我效能量表

测量维度	编号	题 项
自我评估效能	B1	我对进行创业活动充满信心
	B2	我有自信能处理创业过程中出现的问题

(3)创业导向的测量。本文将大学生创业导向定义为大学生在创业过程中,反映其有计划、有目的的进行创业的一种心理状态。本文主要借鉴了芮李婷、师晓慧等学者编制的测量量表,结合研究对象对测量量表进行删减改动。此量表共5个题,具体量表如下表3所示。

表3 创业导向测量量表

测量维度	编号	题项
创业意愿	C1	我有将来创业的计划和想法
	C2	对于创业,有详细的计划
	C3	经常寻找创业有关的机会
	C4	我已经具有创业的部分必要条件,创业方向、资金等
	C5	我坚信自己能成为一名成功的创业者

四、统计分析与研究结果

1.描述性统计分析

首先使用统计学软件SPSS20.0对收到的问卷结果进行频数分析,其中包括性别、年龄、文化程度、所学专业、社会关系,具体分析见下表4。

表4 描述性统计分析

变量	类别	样本数	百分比
性别	男	78	37.50%
	女	130	62.50%
年龄	20岁以下	17	8.17%
	20~25岁	155	74.52%
	26~30岁	23	11.06%
	30岁以上	13	6.25%
文化程度	大专及以下	31	14.90%
	本科	156	75.00%
	硕士	16	7.69%
	博士	5	2.40%
所学专业	理工类	66	31.73%
	经管类	79	37.98%
	人文类	46	22.12%
	其他	17	8.17%
社会关系	是	117	56.25%
	否	91	43.75%

根据上表可得出,从样本的性别来看,女生所占百分比要比男生高出25%,女生人数明显高于男生。从样本年龄来看,20-25岁之间所占比最大为74.52%,其次是26-30岁之间的,20岁以下及30岁以上可忽略不计。从文化程度的样本来看,所占

比例最大的是本科生为75.00%,博士最少。从所学专业看,经管类和理工类所占比例较大,两者仅差6.25%,其他两类占比次之。从社会关系样本看,有社会关系的人数较多,比没有社会关系的高出12.5%。

2.相关性分析

使用Pearson相关系数去描述分析项之间的大小以及强弱情况,相关系数越大其分析项之间相关性就越大,相关系数值的正负也代表正负相关,如果取值为0,则两变量间无关。具体分析结果见下表5:

表5 相关分析表

	平均值	标准差	创业学习	创业自我效能	创业导向
创业学习	3.831	0.690	1		
创业自我效能	3.329	0.842	0.305**	1	
创业导向	3.408	0.776	0.259**	0.693**	1

注:* 表示 $p<0.05$;** 表示 $p<0.01$。

从上表得知,创业学习和创业自我效能之间的相关系数值为0.305,并且$p<0.01$,表示分析项创业学习和创业自我效能之间有着一种正向相关关系并具有显著性,因此假设H1可能成立。

创业学习和创业导向之间的相关系数值为0.259,$p<0.01$,说明创业学习和创业导向之间仍然存在一种有着显著的正向性相关和显著的线性关系,假设H2可能正确。

创业自我效能和创业导向之间的相关系数值为0.693,p大于0.01,意味着创业自我效能和创业导向之间有一种正向相关关系,并且呈现出显著性。因此假设H3的可能正确。

3.回归分析

(1)创业学习对创业自我效能的回归分析。回归分析的步骤为首先要进行F值的检验,看回归分析是否有意义,如果F值小于0.05,则说明通过检验;然后看R^2值,它代表回归方程模型拟合的好坏,这个值一般在0~1之间,越大越好;同时VIF值用来检测模型是否有多重共线性,严格来说这个值如果全部小于5,就说明模型构建良好,并没有多重共线性的问题;$D-W$值用来检验变量有没有自相关性,一般在2附近,表示变量没有自相关性且模型构建良好,反之则模型构建较差;接着分析显著性(P值判断),如果显著,则说明具有影响关系,反之无影响关系;最后看回归系数B值判断影响关系方向,大于0说明正向影响,反之负向影响。

创业学习与创业自我效能的关系具体见表6。

表6 创业学习与创业自我效能回归分析结果

	非标准化系数		标准化系数	t	p	VIF	R^2	调整 R^2	F
	B	标准误	Beta						
常数	2.439	0.420	—	5.813	0.000**	—	0.206	0.181	$F=8.451$ $p=0.000$
①性别	−0.221	0.116	−0.127	−1.901	0.059	1.108			
②年龄	0.163	0.087	0.124	1.867	0.063	1.091			
③文化程度	−0.179	0.117	−0.101	−1.527	0.128	1.085			
④专业	0.045	0.059	0.050	0.768	0.443	1.040			
⑤社会关系	−0.364	0.113	−0.214	−3.223	0.001**	1.089			
创业学习	0.434	0.079	0.355	5.464	0.000**	1.040			
因变量:创业自我效能									
D-W值:1.672									

注:* 表示 $p<0.05$;** 表示 $p<0.01$。

从上表中的数据可以清晰看出,回归分析的自变量包括性别、年龄、文化程度、专业、社会关系和创业学习,因变量是创业自我效能。从表中数据看 F 值为 8.451($p=0.000<0.05$),说明此回归分析有意义可做;R^2 值为 0.206,说明自变量可以解释自我效能感的 20.6% 变化原因;VIF 值全部在 1 附近,远远小于 5,说明此回归分析并没有多重共线性问题;D-W 值为 1.672,说明不存在自相关性并且模型构建较好。

根据回归分析结果的,性别、年龄、文化程度、专业的回归系数值分别为 −0.221、0.163、−0.179、0.045 四者 P 值皆大于 0.05,说明四者并不会对创业自我效能产生影响。

社会关系的回归系数值为 −0.364,p 值为 0.001 小于 0.01,说明社会关系与创业自我效能之间是负向影响关系,且呈现出显著性。

创业学习的回归系数为 0.434,与创业自我效能之间是正向影响,p 值为 0.000 小于 0.01,具有显著性,所以两者间是显著正向影响关系。所以假设 H1 成立。

(2)创业学习对创业导向的回归分析。从表7可知,回归分析的自变量包括将性别、年龄、文化程度、专业、社会关系和创业学习,因变量是创业导向。从表中数据看 F 值为 5.934($p=0.000<0.05$),说明此回归分析有意义可做;R^2 值为 0.154,说明自变量可以解释自我评估效能的 15.4% 变化原因;VIF 值均在 1~1.2,D-W 值为 1.801,表示此回归分析模型较好,不存在多重共线性和自相关性问题。

从表中可看出年龄、文化程度、专业的回归系数值分别为 0.112、0.044、0.033 三

者 P 值皆大于 0.05,说明三者对创业导向无影响。

性别和社会关系的 B 值为 $-0.317(p=0.009<0.01)$ 和 $-0.339(p=0.004<0.01)$,表示性别和社会关系与创业导向之间是显著的负向影响关系。

创业学习的回归系数值为 $0.310(p=0.000<0.01)$,表示创业学习会对创业导向产生显著的正向影响关系。因此假设 H2 成立。

表7 创业学习与创业导向回归分析结果

	非标准化系数		标准化系数	t	p	VIF	R^2	调整 R^2	F
	B	标准误	Beta						
常数	2.802	0.431	—	6.497	0.000**	—			
①性别	-0.317	0.120	-0.183	-2.651	0.009**	1.108			
②年龄	0.112	0.090	0.086	1.247	0.214	1.091			
③文化程度	0.044	0.121	0.025	0.363	0.717	1.085	0.154	0.128	$F=5.934$ $p=0.000$
④专业	0.033	0.060	0.036	0.539	0.590	1.040			
⑤社会关系	-0.339	0.116	-0.201	-2.925	0.004**	1.089			
创业学习	0.310	0.082	0.255	3.805	0.000**	1.040			
因变量:创业导向									
D-W 值:1.801									

注:* 表示 $p<0.05$;** 表示 $p<0.01$。

(3)创业自我效能对创业导向的回归分析。从下表8可知,本次回归分析将性别、年龄、文化程度、专业、社会关系、创业自我效能作为自变量,将创业导向作为因变量。从表中数据看 F 值为 $30.356(p=0.000<0.05)$,说明此回归分析有意义可做;R^2 值为 0.482,说明自变量可以解释创业自我效能的 48.2% 变化原因;模型中 VIF 值都在 1.1 附近,远远小于 5,意味着模型良好,多重共线性的问题并不存在;D-W 值为 1.839,说明模型较好且没有自相关性问题。

从回归分析的结果可以看出,性别、年龄、文化程度、专业、社会关系的回归系数值分别为 -0.172、0.007、0.165、0.004、-0.098,所有变量的 P 值都大于 0.05,说明都并不会对创业导向产生影响。

创业自我效能的回归系数值为 0.650,对应的 p 值是 0.000 小于 0.01,说明创业自我效能与创业导向之间是显著的正向影响关系。

所以假设 H3 经验证成立。

表 8　创业自我效能与创业导向的回归分析结果

	非标准化系数		标准化系数	t	p	VIF	R^2	调整 R^2	F
	B	标准误	Beta						
常数	1.303	0.341	—	3.825	0.000**	—	0.482	0.466	$F=30.356$ $p=0.000$
①性别	−0.172	0.094	−0.099	−1.826	0.069	1.122			
②年龄	0.007	0.071	0.005	0.096	0.924	1.110			
③文化程度	0.165	0.094	0.094	1.754	0.081	1.076			
④专业	0.004	0.047	0.005	0.090	0.929	1.042			
⑤社会关系	−0.098	0.091	−0.058	−1.070	0.286	1.105			
创业自我效能	0.650	0.054	0.653	12.151	0.000**	1.092			
因变量:创业导向									
D−W 值:1.893									

注:* 表示 $p<0.05$;** 表示 $p<0.01$。

(4)创业自我效能的中介作用分析。本小节采用了分层回归方法进行分析,此回归分析主要用于预测模型研究过程中自变量增加时可能带来的模型变化,通常可以用于检验模型的稳定性,研究中介作用或者调节作用。中介作用分析的理论来源为温忠麟学者。本研究的主要变量:自变量(X)创业学习、中介变量(M)创业自我效能、因变量(Y)创业导向。

在上文中假设了创业自我效能有中介作用,接下来对创业自我效能的中介作用进行检验分析,具体结果见表 9。

表 9　创业自我效能的中介作用分析结果

变量	模型 3 创业自我效能	模型 1 创业导向	模型 2 创业导向
常数	2.439**	2.704**	1.215**
①性别	−0.221	−0.276*	−0.141
②年龄	0.163	0.102	0.003
③文化程度	−0.179	0.041	0.150
④专业	0.045	0.028	0.000
⑤社会关系	−0.364**	−0.327**	−0.105
创业学习	0.434**	0.329**	0.064*
创业自我效能			0.611**
R^2	0.206	0.167	0.511
F 值	$F=8.451, p=0.000$	$F=6.568, p=0.000$	$F=29.114, p=0.000$
$\triangle R^2$	0.121	0.081	0.344
因变量:创业导向			

注:* 表示 $p<0.05$;** 表示 $p<0.01$。

通过上表我们可以看出在模型1中,创业学习与创业导向之间是显著正向影响关系,回归系数为0.329;模型3中,创业学习会对创业自我效能产生显著正向影响,回归系数为0.434;模型2中,创业自我效能对创业导向的回归系数为0.611,为显著。在检验创业自我效能在创业学习和创业导向之间的中介作用时,未加入创业自我效能时创业学习对创业导向的回归系数为0.329,加入创业自我效能后,创业学习对创业导向的回归系数变为0.064,与之前相比有所减少,但P值为0.036小于0.05,仍然具有显著性,所以创业自我效能在创业学习对创业导向的影响中起部分中介作用。因此验证假设$H4$成立。

五、研究结论与讨论

1. 研究结论

第一,创业学习对创业自我效能产生积极影响。本文是对在校大学生进行研究,在校大学生很少有机会参加创业实践,从中得到经验和锻炼自己的机会少之又少,因此本文选取大学生普遍都有的对创业的认知学习维度来进行研究。大学生在校期间通过课程和查阅资料来了解创业相关理论知识,培育创新意识,从而提高自身的创业可能性。本文采用调查分析的方式来研究创业学习和创业自我效能之间的影响关系,数据分析结果表明创业学习与创业自我效能之间是显著正向影响的关系。

第二,创业学习对创业导向产生积极影响。基于本文研究对象是大学生这类初创群体,所以将创业导向默认为大学生的创业意愿,对未来进行创业活动的可能性和意愿。在上文的数据研究中发现在控制变量中社会关系会对创业学习产生显著的负向影响关系;通过回归分析结果发现创业学习与创业导向之间是显著的正向关系。因此大学生可通过创业知识的学习来确定自己进行创业活动的可能性。

第三,创业自我效能对创业导向产生积极影响。对于在校大学生来说,没有进行过创业活动,因此在创业自我效能的机会识别、关系协调、风险承受等方面的维度上不能很清晰的对自己进行评估,所以本文只选取自我评估一个方面来对大学生的创业自我效能进行研究。一般来说,那些对自己创业抱有良好期望并相信自己一定会成功的人,最终会对从事创业活动表现出强烈的意愿。本研究通过对获得的数据进行分析,得出创业自我效能对创业导向产生显著的正向影响。

第四,创业学习对创业导向的积极影响部分通过创业自我效能的中介效应得到实现。在研究此中介效应时构建了三个模型,将创业自我效能当做中介变量与创业学习和创业导向一起进行层次回归分析,将其结果与创业学习和创业导向的回归分析结果以及创业学习与创业自我效能的回归结果进行比对,分析得出在创业自我效能作为中介变量时,创业学习和创业导向之间仍是明显的正向影响关系。因此创业自我效能在创业学习对创业导向的影响中起到部分中介作用。

2. 启示和建议

(1)高校角度。大学生创业知识的直接来源是所在高等大学的教育,高校不仅能为大学生提供创业知识学习机会,而且能给一部分有创业准备的大学生提供创业平台。所以学校方面提供的创业教育可以有效提高大学生的创业认知学习和对自身进行创业的评估。首先,学校应加强大学生的创业教育。当今政府和社会为大学生创业提供一系列便利条件和政策,高校创业教育更在大学生创业中起着重要的作用。因此我国每一所高校都应认识到大学生创业的功能,积极为大学生提供丰富的创业教育资源。如设置不同类型的创业课程,在社会上寻找有一定创业实践经验并取得创业成功的人来学校做演讲激发大学生的成就感等。其次,学校也要注重大学生的创业实践教育,为学生提供创业相关讲座和培训,积极组织学生进行相应的创业规划,宣传大学生创业的典型成功案例,鼓励大学生积极参加地区性、全国性的创业竞赛,为有创业意向的学生提供咨询和服务,积极培养大学生一定的创业认知,从而推动大学生的创业导向。

(2)大学生角度。从上述研究中发现大学生的创业导向与创业学习和自我效能之间有显著的正向影响关系,因此从这两方面入手对大学生自身提高创业意愿给出几点建议。首先,大学生要积极关注国家发布的创业政策,主动寻找并了解创业的相关知识,增加知识储备,适时更新自己对创业的认知和看法。对自己的创业可行性进行分析,通过创业实践活动对创业形成自我感知,以此来确定自己的创业想法。其次,大学生要提高自身能力。作为大学生首先是要在创业中树立理想和远大目标,通过不断学习知识和专业技能以及通过参加各种创业技能竞赛等各种活动的方式来培养和提高自己的创新能力;大学生还要锻炼自己的创业机会和市场识别的能力,学会通过观察和了解消费者没有被满足的创业需求以及去了解市场上的各种创业需求和机会,为自己寻找未来的创业方向;大学生还要正确看待创业中的失败并以积极的态度面对,多参加创业实践来锻炼自己的抗压能力和处理问题的能力,为创业做好充分准备。

3. 研究不足与展望

本文通过一系列的数据分析,研究了在校大学生创业学习和创业自我效能、创业导向之间的影响关系,并得到了一些符合实际的结论。但在此次研究中仍存在一些有待完善的不足之处:第一,在问卷的发放是选择随机发放,从数据来源看全国大多省份都有,但也有部分地区未涉及,所以本研究对于全国大学生的创业学习、自我效能以及创业导向之间的关系研究参考意义不大。因此,在以后进行研究时要针对某一地区进行调查,保证问卷对某地区在校大学生创业学习、创业自我效能和创业导向之间关系的调查有参考价值;第二,在设计调查问卷时,选取的控制变量有限,本研究只选取了大学生的性别、年龄、文化程度、所学专业、社会关系作为控制变量进行研究分析,但这只是影响研究主体的部分因素,其他因素比如经济水平、人脉资源等并未涉及,在未来研究时可加入更多影响因素;第三,本次研究的对象是没有进行创业实践的在校大学生,所以对于已经进行过创业实践或正在创业的大学生,本研究的参考价值不大。在未来研究时要扩大研究对象的范围,要将在校大学生中有过创业实践或正在进行创业的学生包括在研究范围内,适当调整创业学习以及自我效能的维度,使其能反应出具有创业经验学生的情况,研究不同维度的创业学习和自我效能感对创业导向的影响关系,得到更加可靠细致的研究结论。

【参考文献】

[1] 周必彧.创业学习、创业自我效能与大学生创业导向研究[D].杭州:浙江工业大学,2015.

[2] Ajzen I. Attitudes, personality, and behavior[M]. McGraw-Hill International, 2005.

[3] Holcomb T R, Ireland R D, Holmes Jr R M, et al. Architecture of entrepreneurial learning: Exploring the link among heuristics, knowledge, and action[J]. Entrepreneurship Theory and Practice, 2009, 33(1): 167-192.

[4] Kolb D A. Experiential Learning[M]. Englewood Cliffs, N J: Prentice-Hall, 1984.

[5] 许昆鹏.创业榜样对创业意愿的影响机制[J].技术经济与管理研究,2017(7):35-38.

[6] 李厚锐,朱健,李旭.创业学习对大学生创业意愿的影响研究——基于创业自我效能的中介作用[J].现代管理科学,2018(3):97-99.

[7] 韩力争.创业自我效能感的理论界定[J].南京财经大学学报,2006(6):83-86.

[8] 周必彧,池仁勇.大学生创业学习影响创业自我效能的调节效应研究[J].高等工程教育研究,2016(2):80-85.

[9] Kuip I, Verheul I. Early development of entrepreneurial qualities: the role of initial education[J]. EIM Business & Policy Research, 2003(11).

[10] 宁德鹏,葛宝山.创业教育对创业行为的影响机理研究[J].中国高等教育,2017(10):55-57.

[11] Chen C C, Greene PG, Crick A. Does entrepreneurial self-efficacy distinguish entrepreneurs from managers[J]. Journal of Business Venturing, 1998, 13(4): 295-316.

[12] 许慧,郝丽.大学生创业教育对创业意愿的影响研究——基于创业自我效能感的多重中介效应[J].科技和产业,2019,19(8):103-109.

[13] 汤明.创业自我效能感的维度划分及其与创业之关系探究[J].邵阳学院学报(社会科学版),2009,8(2):66-68.

[14] Garter W. B. What are we talking about when we talk about entrepreneurship[J]. Social Science Electronic Publishing, 1990, 5(1): 15-28.

[15] Boyd N G, Vozikis G S. The Influence of Self-efficacy on the Development of Entrepreneurial Intentions and Actions[J]. Entrepreneurship:Theory and Practice,1994,18(4):63-90.

[16] 张厚粲,徐建平.现代心理与教育统计学.[M].北京:北京师范大学出版社,2009.

[17] 周俊.问卷数据分析——破解 SPSS 的六类分析思路[M].北京:电子工业出版社,2017.

[18] 温忠麟,候杰泰,张雷.调节效应与中介效应的比较和应用[J].心理学报,2005,37(2):268-274.